古典文獻研究輯刊

三十編

潘美月・杜潔祥 主編

第7冊

《唐會要》考校

黃麗婧 著

國家圖書館出版品預行編目資料

《唐會要》考校／黃麗婧 著 — 初版 — 新北市：花木蘭文化事業

有限公司，2020〔民 109〕

目 2+180 面；19×26 公分

（古典文獻研究輯刊 三十編；第 7 冊）

ISBN 978-986-518-092-8（精裝）

1. 中國政治制度 2. 唐代 3. 研究考訂

011.08   109000644

ISBN-978-986-518-092-8

9 789865 180928

古典文獻研究輯刊

三十編 第 七 冊   ISBN：978-986-518-092-8

《唐會要》考校

作　　者	黃麗婧
主　　編	潘美月　杜潔祥
總 編 輯	杜潔祥
副總編輯	楊嘉樂
編　　輯	許郁翎、張雅淋　美術編輯　陳逸婷
出　　版	花木蘭文化事業有限公司
發 行 人	高小娟
聯絡地址	235 新北市中和區中安街七二號十三樓
	電話：02-2923-1455／傳真：02-2923-1452
網　　址	http://www.huamulan.tw 信箱 hml810518@gmail.com
印　　刷	普羅文化出版廣告事業
初　　版	2020 年 3 月
全書字數	145827 字
定　　價	三十編 18 冊（精裝）新台幣 40,000 元

《唐會要》考校

黃麗婧　著

作者簡介

黃麗婧（1985～），女，江蘇師範大學圖書館研究館員，研究方向：中國古典文獻學。公開發表《〈唐會要〉後人僞撰考》、《〈唐會要〉校誤》、《〈愛日精廬藏書志〉四卷本考略》、《「絾一寸」》、《類書研究的一部力作——〈《太平御覽》研究〉評介》、《宋代女性悼亡詞考述》等論文。

提　　要

　　王溥《唐會要》是我國現存的第一部「會要體」史書，也是研究唐代典章制度最重要的史料之一。《唐會要》的成書，從蘇冕到崔鉉等人，再到王溥，出於眾手，歷時久遠，過程複雜。蘇冕在繼承前人的基礎上，首次以《會要》爲書名，開創了「會要體」史書編纂的新形式。其弟蘇弁嗜學好藏書，在《會要》的編撰過程中也應當做出過一定的貢獻。大中年間，崔鉉、楊紹復等奉詔撰《續會要》四十卷，在《會要》的基礎上續增唐德宗至宣宗七朝事蹟。至北宋建隆初，王溥探宣宗以後故事，並蘇、崔等所錄，補其漏闕，終成百卷本《唐會要》。由於出於眾手，歷時久遠，故今本舛誤乖謬，甚至有多卷的殘闕。前人研究《唐會要》的成果豐碩，涉及到《唐會要》成書、流傳、版本、校勘及史料價值等方面。但如對於該書的流傳脈絡，後人僞撰與補撰，現存鈔本的價值與佚文的輯考等問題仍然缺乏系統探討。尤其是今本《唐會要》卷九二之後半部分，以及卷九三、卷九四全卷一直被視爲原書，但是實際上皆非原書所有，當爲後人補亡所作。由於補撰不做任何說明，亦可視之爲僞作。因此，梳理清楚《唐會要》版本的源流關係，辨析《唐會要》僞作部分，校正《唐會要》的訛誤文字，輯考《唐會要》的佚文，對恢復《唐會要》的原貌、進一步研究《唐會要》以及唐代的歷史有著重要的意義。

欽定四庫全書　史部　唐會要卷一至六

詳校官編修臣溫汝适
編修臣程嘉謨覆勘
總校官降調編修臣倉聖脉
校對官中書臣陸　相
謄錄監生臣王　宮

欽定四庫全書

唐會要　　　　　　　　史部十三

提要　　　　　　　　政書類一　通制之屬

臣等謹案唐會要一百卷宋王溥撰溥字齊
物并州人漢乾祐中發進士第周廣順初
拜端明殿學士恭帝嗣位官右僕射入宋仍
故官進司空同平章事監修國史加太子太
師封祁國公卒諡康定事迹具宋史本傳初
唐蘇冕嘗次高祖至德宗九朝之事為會要
四十卷宣宗大中七年又詔楊紹復等次德
宗以來事為續會要四十卷以崔鉉監修設
公路北戶錄所稱會要即冕等之書也惟宣
宗以後記載尚缺溥固復採宣宗至唐末事
續之為新編唐會要一百卷建隆二年正月
奏御詔藏史館書凡分目五百十有四於唐
代沿革損益之制極其詳核官號內有識量

《四庫全書》本《〈唐會要〉提要》

—圖1—

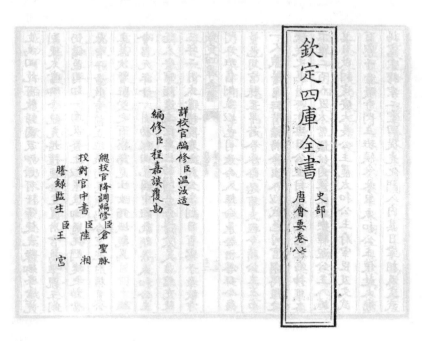

《四庫全書》本《唐會要》卷七

—圖2—

商議其料錢雜給等錢望每賞割留二百文與攝官其
職田祿米全還正官從之
會昌二年中書門下奏河東隴右廊坊邠等道同比遠
官加給課料河東等道或與王傅邠或陪京近地州縣
之職人合樂為祇緣俸薄官同比遠伏準元和六
年閏十二月十二日及元和七年十二月二十日勑河
東鳳翔麟坊邠州易定等道令户部加給課料錢其當

欽定四庫全書　唐會要　卷九十二

六萬二千五百貫文曹省出得平流官數百員時議
以為至當自後訪聞户部聽給寒碎魚不及峙觀察使
以其廬折皆別將破用使有加給不及官人近地好官
依前北遠等商議伏望今日以後令户部與實物仍
及時支遣諸道並委觀察判官遠貶觀察使奏
人不得別將破用如有遺越觀察判官專判此案隨月加給官
取進止選人官成後皆于城中舉債到任填還致其貪
求周不由此其今年河東隴西麟坊邠州新授比遠官
等固許連狀相保户部各借兩月加給料錢至任

內外官職田

原闕

上田各得十二畝五品以下各得田八畝四品以下各
五品以上田各得十畝四品以
得田十一畝一品各得三十五
三品各得田二十畝六品以下得田七畝六品以上
各得田八畝七品各得田五畝七品以下附內閣殿宇
勑俸以上俱內官

欽定四庫全書　唐會要　卷九十二

貞觀元年秋七月勑刺史頒行天下凡屬外任官員田
依職授官凡一品各得田四十畝二品各得田三十畝
三品各得田二十五畝四品各得田二十畝五品田同
四品六品各得田十八畝七品各得田十五畝七品以
下附一品內授俸銀四兩穀十二擔
景龍四年春三月勑音頒行天下凡屬文武官員五品
以下各加田五畝五品以上各加田四畝

《四庫全書》本《唐會要》卷九二

—圖3—

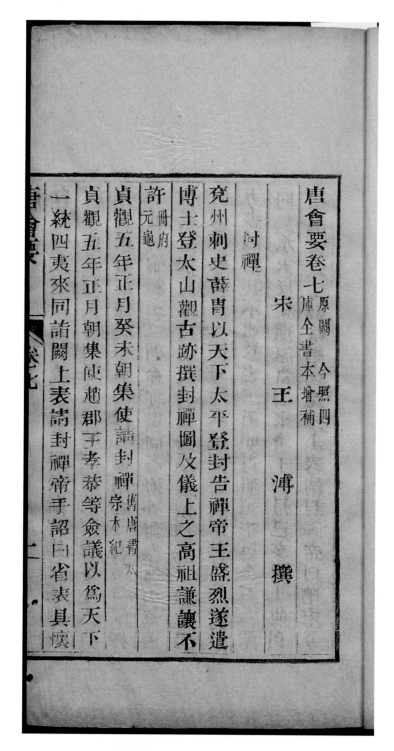

一統四夷來同諸闕上表請封禪帝手詔曰省表具懷

貞觀五年正月朝集使趙郡王孝恭等僉議以爲天下

貞觀五年正月癸未朝集使滿封禪舊唐書

許元龜

博士登太山觀古跡撰封禪圖及儀上之高祖謙讓不

兖州刺史薛胄以天下太平登封告禪帝王盛烈遂遣

封禪

宋　王溥　撰

唐會要卷七　原闕四　今照四庫全書本增補

武英殿聚珍本《唐會要》卷七

—圖4—

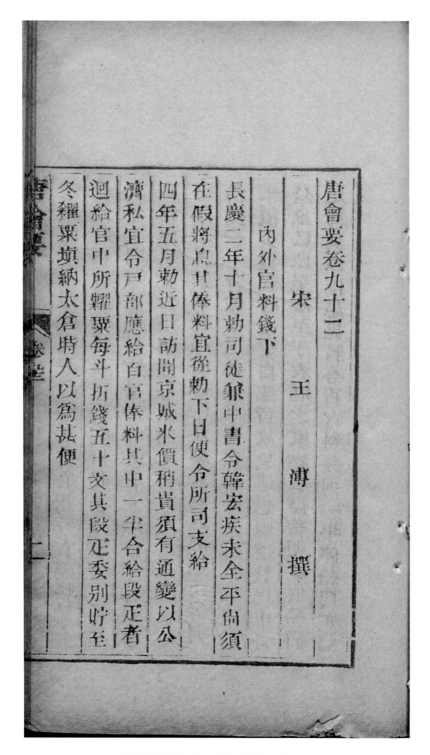

唐會要卷九十二

宋 王溥 撰

內外官料錢下

長慶二年十月勅司徒兼中書令韓宏疾未全平尚須

在假將息其俸料宜從勅下日便令所司支給

四年五月勅近日訪聞京城米價稍貴須有通變以公

濟私宜令戶部應給百官俸料其中一半合給段定者

迴給官中所糶粟每斗折錢五十文其段定委別貯至

冬糶粟填納太倉耗人以爲甚便

武英殿聚珍本《唐會要》卷九二

—圖5—

目

次

緒 論

　　章學誠《文史通義》云：「史學亡於唐，而史法亦莫具於唐。歐陽《唐志》未出，而唐人已有窺於典章制度，不可求全於史志也。劉氏有《政典》，杜氏有《通典》，並仿《周官》六典，包羅典章，鉅細兼收，書盈百帙。未嘗不曰君臣事蹟，紀傳可詳，制度名數，書志難於賅備，故修之至汲汲也。至於宋初，王氏有《唐會要》、《五代會要》，其後徐氏更爲兩漢《會要》，則補其前古，括代爲書，雖與劉、杜之典，同源異流，要皆綜核典章，別於史志，義例昭然，不可易矣。」〔註1〕精準地反映了唐宋時期典章會要之學大興的盛況，高度地評價了典章會要類書籍補充書志之闕失，豐富書志之記載，與書志相輔相成的重要作用。

　　《唐會要》作爲現存第一部「會要體」史書，綜覈典章，發明大旨，補於書志而微於書志，可謂書志之骨骼。〔註2〕《唐會要》編纂成書後，歷代都頗爲關注，尤其是南宋以來，對《唐會要》材料的徵引及內容的考辨不勝枚舉，但對《唐會要》的刊刻及版本流傳的記載，文獻則相對闕少。

〔註1〕　〔清〕章學誠著《文史通義》外篇五《亳州志・掌故例議中》，浙江古籍出版社，2008 年，頁 1003。

〔註2〕　案：見章學誠《文史通義》外篇四《方志立三書議》：「或曰『志既取簿牘以爲之骨矣，何又刪簿牘而爲掌故乎？』曰『說詳《亳州掌故》之例議矣……各有官守而存其掌故，史文不能一概而收耳。惜無劉秩、杜佑其人，別刪掌故而裁爲典要。故求漢典者，僅有班《書》，而名數不能如唐代之詳，其效易見也。則別刪掌故以輔志，猶《唐書》之有《唐會要》，《宋史》之有《宋會要》，《元史》之有《元典章》，《明史》之有《明會典》而已矣。」頁 830。

雖然如此，但可以確定的是，宋代已經有刊本《唐會要》流傳。文彥博跋
《五代會要》云：「本朝故相王公溥，撰唐及五代《會要》，凡當時制度沿
革，粲然條陳無遺。《唐會要》已鏤版於吳，而《五代會要》未甚傳。」〔註
3〕據此可知，北宋時至少已經有一個吳刻本。晁公武、陳振孫都見到過《唐
會要》，《郡齋讀書志》後志卷二著錄：「《唐會要》一百卷，右皇朝王溥撰。
初唐蘇冕敘高祖至德宗九朝沿革損益之制，大中七年詔崔鉉等撰次德宗以
來事，至宣宗大中六年以續冕書。溥又採宣宗以後事，共成百卷。建隆二
年正月奏御，詞簡禮備，太祖覽而嘉之，詔藏於史閣，賜物有差。」〔註4〕
又卷二稱《唐六典》：「蓋唐極治之書也。雖不能悉行於世，而諸司遵用殆
將過半。觀《唐會要》，請事者往往援據以爲實。」〔註5〕陳振孫《直齋書
錄解題》卷五記載的稍有不同：「司空平章事、晉陽王溥齊物撰。初唐德宗
時，蘇冕撰四十卷，武宗朝崔續四十卷。至是，溥又採宣宗以降故事共成
百卷。建隆二年正月上之。案，《唐志》：『蘇冕《會要》四十卷，續《會要》
四十卷楊紹復等撰，崔鉉監修』，而《會要》稱『杭州刺史蘇弁與兄冕纂國
朝故事爲是書。弁聚書至二萬卷，次於集賢芸閣。』弁字元容，武功人。
武后宰相良嗣之從孫。冕仕爲京兆士曹，弁判度支，以腐粟給邊坐貶。冕
亦廢。」〔註6〕而元、明兩代，則幾乎很難考查到《唐會要》的流傳信息。
明朝公私書目十數家，僅《文淵閣書目》簡明著錄「《唐會要》一部一冊，
《唐會要》一部三十冊，《唐會要》一部二十五冊」〔註7〕。可知《唐會要》
在明代已經非常罕見。至明末清初，則更爲珍貴，朱彝尊《曝書亭集》卷
四五《唐會要跋》記錄了《唐會要》在當時的版本流傳狀況：「今雕本罕有，
予購之四十年，近始借抄常熟錢氏寫本，惜乎第七卷至第九卷失去，雜以
他書，第十卷亦有錯雜文字。九十二卷闕第二翻以後，九十三、九十四兩

〔註3〕〔清〕陸心源《皕宋樓藏書志》卷三五，《清人書目題跋叢刊》本，中華書局，
　　　　1990年，頁392。

〔註4〕〔宋〕晁公武撰，孫猛校証《郡齋讀書志校証》卷一三，上海古籍出版社，
　　　　1990年，頁658。

〔註5〕《郡齋讀書志校証》卷一三，頁309。

〔註6〕《直齋書錄解題》卷五，頁161。

〔註7〕〔明〕楊士奇等《文淵閣書目》卷二，書目文獻出版社，1993年，頁60。案：
　　　　今題明人書目者，《秘閣書目》、《玄賞齋書目》、《篆竹堂書目》皆有簡要著錄，
　　　　然《秘閣書目》著錄之圖書與《文淵閣書目》同出一源，爲秘閣藏書。《玄賞
　　　　齋書目》、《篆竹堂書目》皆爲僞書，不足爲信。

卷全闕。」〔註8〕由此可窺見是書在明末清初之珍稀。

　　因此，研究《唐會要》首先面對的難題是《唐會要》的版本流傳問題。進入二十世紀以來，考查《唐會要》的版本及流傳的專文撰寫主要有：鄭明先生撰《〈唐會要〉初探》，文章認爲武英殿本是現存最早的印本，「也可能是最早的印本」〔註9〕，現通行的《國學基本叢書》本《唐會要》，是根據聚珍覆刻本排印的。文章考查了北京圖書館、上海圖書館所藏幾種《唐會要》鈔本，肯定了這幾種舊鈔本的價值。鄭明先生認爲舊鈔本的錯誤雖然很多，但畢竟早於印本，可以補校一些印本誤漏之處，具有比較重要的價值。周殿杰先生撰《關於〈唐會要〉的流傳和版本》，此即上海古籍出版社出版的點校本《唐會要》前言。他提出最遲在慶曆年間，《唐會要》在蘇州地區已流傳了。關於《唐會要》在宋代流傳的情況，周先生提出了新觀點，他認爲《唐會要》在宋代尚不止一個本子，同時根據《玉海》所引異文，指出各本《唐會要》有三方面的不同。且判斷出上海圖書館四個鈔本皆屬於常熟錢氏鈔本系統，汪啓淑藏本的第七、八、九、十卷，錯雜情況與常熟錢氏寫本基本相同。它的優點是第九十二卷不殘闕，九十三、九十四兩卷亦首尾完全。後來學者基本上繼承了這一說法。邢永革先生的《〈唐會要〉版本考略》，主要考查了《唐會要》在宋代的流傳狀況，反駁了周殿杰先生「這部書在南宋版本尚不止一個，而且至宋末，這些版本還都存在」的觀點，其証據是：「《玉海》在引用《唐會要》時所謂的『一本』也當爲另書中的材料，而非謂《唐會要》的別本。」〔註10〕文章也注意到《永樂大典》引了《唐會要》的文字，其中有屬於闕卷內容的現象，進而判斷《唐會要》在明代前期並未殘闕。牛繼清師《〈唐會要校証〉前言》，是爲三秦出版社出版的《唐會要校証》所作的前言，文章鉤稽了《唐會要》版本流傳狀況，尤其考述了蘇冕《會要》在宋代的流傳，通過《玉海》引《續會要》與今本《唐會要》相較，考証出當時確實流傳有

〔註8〕　〔清〕朱彝尊《曝書亭集》卷四五《唐會要跋》，《四部叢刊初編》本。案：
　　　　　錢謙益《絳雲樓書目》，錢曾《錢遵王述古堂藏書目錄》皆著錄《唐會要》，《讀
　　　　　書敏求記》卷二云：「王溥撰，建隆二年二月奏御。明初人鈔，絳雲藏本勘過。」
　　　　　則錢曾所藏當爲明鈔本，而以絳雲樓藏本校勘無疑。順治七年（1650）絳雲
　　　　　樓大火，藏書焚燒殆盡，朱彝尊（1629～1709）稱「予購之四十年」，其所見
　　　　　「錢氏寫本」，當爲錢曾藏本也。
〔註9〕　鄭明《〈唐會要〉初探》，《唐史學會論文集》，1993年。
〔註10〕　邢永革《〈唐會要〉版本考略》，《中國典籍與文化》，2004年6月。

與今傳《唐會要》不同的本子〔註11〕。廈門大學董興豔的博士論文《〈唐會要〉研究》（廈門大學博士論文，2007年）第五章第二節探討了《唐會要》的流傳狀況，基本上沿用了周、邢的觀點，需要注意的是，董文提出了江蘇書局本、中華書局版和上海古籍版大至相同，《四庫》本與其他幾個版本則存在不少差異，並舉出數例以証其說。

（一）《會要》撰者及成書考。關於《會要》撰者，黃永年《唐史史料學》、謝保成《隋唐五代史學》提出蘇冕、蘇弁共撰的說法。黃永年先生提出，《新唐書‧藝文志》僅記載蘇冕撰《會要》，當是所題銜名蘇冕以其兄居首之故。瞿林東先生《蘇冕與〈會要〉》一文否定了蘇冕、蘇弁共同修撰《會要》的觀點，文章依據《唐會要》載：「崔氏日：蘇冕所載《封建》篇」云云，以及新舊《唐書》、《通典》諸書所載蘇冕之卓越史識，証明《會要》一書的作者是蘇冕而非蘇弁。〔註12〕瞿文同時校訂了晁公武《郡齋讀書志》及李燾《續資治通鑑長編》記載崔鉉續《會要》的譌誤兩則。董興豔博士論文《〈唐會要〉研究》中也考述了蘇冕、蘇弁的生平事蹟，辯証了關於蘇弁生平事蹟的四個問題：1. 關於蘇弁擔任「副知度支」與「判度支」的問題。2. 蘇弁判度支的政績。3. 蘇弁是否任過汴州司戶參軍以及蘇弁的藏書與著作。朱仲玉《王溥和〈會要〉體史書》、李淑芬《唐五代王溥考辨與述評》則探討了王溥生平事蹟，肯定了他對《唐會要》成書的重要作用。

（二）《唐會要》文字及所載史料的辨証。《唐會要》的修撰，歷時既久，且書出眾手，過程比較複雜，且後世主要以鈔本的形式流傳。故難免舛誤嚴重，影響了該書的使用價值。這一方面近人研究成果較爲豐碩。陳寅恪《隋唐制度淵源略論稿》、呂思勉《讀史札記》、岑仲勉《郎官石柱題名新考訂》、傅璇琮《李德裕全集校箋》、郁賢皓《唐刺史考》等等皆有校訂。專文有陳冠明《〈唐會要〉人名校考》（《古籍整理研究學刊》，1994年第1期），作者據新舊《唐書》、《資治通鑑》、《冊府元龜》等12種古籍，對《唐會要》中62個人名進行了校考。邢永革《〈唐會要〉譌誤校訂舉例》（《南京農業大學學報》社科版，2007年6月第2期），案《唐會要》卷次先後，辯証了三十餘例《唐

〔註11〕 牛繼清師《〈唐會要校証〉前言》，《古典文獻學術論叢》，2010年11月。
〔註12〕 瞿林東《蘇冕與〈會要〉》，《安徽大學學學報》，2003年第5期。

會要》的譌誤文字，分譌，脫，衍等情況各列數例。《〈唐會要〉正文錯誤類型及成因探析》（《荷澤學院學報》，2006 年 8 月第 4 期）一文，又歸納了今本《唐會要》的錯誤類型。上海社會科學院歷史研究所整理的《唐會要》點校本，嘉惠後學，然亦有不如人意處。故點校本出版以後，陸續有文章對於點校本《唐會要》進行校勘整理。文華《〈唐會要〉糾誤一則》糾正了點校本《唐會要》標點錯誤一則（《煙臺師範學院學報》，1993 年 7 月）朱海《〈唐會要〉獻疑數則》指出《唐會要》書中訛誤十餘條，包括文字之譌，史實辯証，以及對於中華書局本、上海古籍出版社的點校本標點的校改。董興豔《〈唐會要〉研究》第六章《〈唐會要〉校讀舉隅——以經濟史料爲例》，考辨了卷八三至九三的內容，補充了邢永革關於《唐會要》正文錯誤類型的分析，增加了職官名誤、文書誤、門類歸屬不當、注文疑誤四種類型。此外，董文指出致誤之因有王溥編撰《唐會要》時門類歸屬不當，因意省文而造成表意不明等錯誤、傳抄之誤、今人誤點等，並以《群書考索後集》所引《會要》引文對校《唐會要・內外官職田》，以《四庫》本對校上海古籍版《唐會要》數條。程霞《〈唐會要〉勘誤札記》（《古籍整理研究學刊》，2012 年 1 月第 1 期）參照唐代相關文獻，以及 1955 年中華書局排印本、《文淵閣〈四庫全書〉》本，對點校本《唐會要》進行校勘，舉出誤例十六條。

（三）《唐會要》價值的探討。「《會要》體」一詞，實發端於陳振孫《直齋書錄解題》，《直齋書錄解題》卷五載：「《西漢會要》七十卷，《東漢會要》四十卷。武學博士、清江徐天麟仲祥撰。以二史所載漢家制度典章散於紀傳表志者，倣唐以來《會要》體，分門編纂，其力勤矣。」〔註13〕首先，《唐會要》一個重要的貢獻就是開創了《會要》體的史法。周少川《約論〈會要〉體史籍》（《北京師範大學學報》，1989 年第 5 期）認爲《會要》體雖爲蘇冕創始，但編纂體例卻爲王溥最後完成。瞿林東《唐代史家對信史的追求—重讀〈唐會要・史館雜錄〉》（《史學集刊》，2006 年 7 月第 4 期）從史學角度探索了《會要》體的產生、發展過程，及其在古代史學中的地位，考述了《會要》體在各個朝代的發展狀況，肯定了《會要》體作爲古代史籍的一個獨立系統，對古代史的研究發揮了巨大的作用。其次，《唐會要》的作用還在於能通過其所載史料考察史實，在某些史料已經亡佚的情況下，《唐會要》的文獻價值就更爲突出。袁本海《試述開天之際河東節度使相關狀況——以〈唐會要〉和

〔註13〕《直齋書錄解題》卷五，頁 160。

〈新唐書〉所載爲中心》（《黑龍江史志》，2009 年 17 月），據《唐會要》所載天寶元年形成的十節度使中的河東節度使的有關情況，從其首任節度使、建置沿革及權力狀況和所轄軍州方面，作了簡單的梳理。廈門大學陳玲的博士論文《〈唐會要〉科技思想研究》，以《唐會要》爲例，將唐朝科技思想進行領域分類，列出重要的人物、事件等，再從《唐會要》中尋找與科技思想緊密相關的史料，參閱新、舊《唐書》等文獻，對《唐會要》中的科技思想進行考查，探究《唐會要》的科學思想、技術思想的價值及科學社會學意義。

（四）綜述類研究。卓越《中國古代〈會要〉體史籍研究綜述》（《陰山學刊》，2008 年 10 月第 5 期），綜述了 20 世紀以來學界對《會要》體的研究狀況，肯定了《會要》體的價值，但其所論三個研究階段，尤其是前兩個階段，都以《宋會要》的研究狀況爲重點，關於《唐會要》研究狀況的探討則很少涉及。2009 年，卓越先生又撰《論王溥〈唐會要〉的歷史編纂學成就》（《史學史研究》，2009 年第 2 期）一文，從歷史編撰學的角度，深入分析了《唐會要》一書的體裁、體例，探討其所蘊含「龜鑑當世」的編撰目的、「指事說實」的取材原則、「以疑傳疑」的編撰原則，以及襃善抑惡、頌揚功德的義例觀等豐富的編纂思想。

綜之，《唐會要》研究成果雖然比較豐碩，但並非已稱完備。《唐會要》的修撰，從蘇冕到崔鉉等，再到王溥，出於眾手，編撰過程相當複雜，又經歷了上千年的流傳過程，並且極可能在較長的時間內僅以鈔本形式流傳，難免舛誤乖謬，甚至存在多卷殘闕的問題。學界的研究雖然涉及到《唐會要》成書、流傳、版本、校勘及史料價值等方面，但尚未有綜合研究者。即便研究者已經論述的部份，亦有可資深入探究之處。如對於該書的流傳脈絡，後人偽撰與補撰，現存鈔本的價值與佚文的輯考等問題仍然缺乏系統探討。因此，研究《唐會要》這一課題仍然意義重大。

第一章 《唐會要》編撰考

《唐會要》是現存最早的《會要》體史書，記載了有唐一代政治、經濟、禮制、兵刑等典章制度的沿革損益以及相關故實。該書採摭宏富，保存了許多唐代國史、實錄中失傳的文獻，是研究唐代歷史的重要典籍。《唐會要》的成書，標誌著《會要》體史書編纂體例的最終確立。《唐會要》問世以後，歷代《會要》體史書接踵而起，北宋還專設「會要所」，前後十次大規模地編修《會要》。從南宋徐天麟以《漢書》和《後漢書》爲基礎，將有關漢代的典章制度分類編輯，修成《西漢會要》、《東漢會要》二書起，至元、明、清時期，私人修撰《會要》蔚然成風。《唐會要》於此實有發軔之功。《會要》體史書也因《唐會要》的編撰，逐漸在古代史書中自成系統，成爲傳統史學的一個重要門類，極大的豐富了傳統史學的表現能力。

《唐會要》的成書，由宋代王溥在蘇冕《會要》，崔鉉、楊紹復等《續會要》的基礎上編撰而成。《會要》編撰始於唐代德宗朝的蘇冕、蘇弁兄弟，蘇氏採高祖至德宗朝典章制度，撰成《會要》四十卷。唐宣宗大中七年（853），弘文館大學士崔鉉又進楊紹復、崔瑑等所修《續會要》四十卷。至北宋建隆初，王溥博採宣宗以後故事，合蘇、崔所錄，補其漏闕，是爲今天我們所見的一百卷《唐會要》。

第一節 《會要》、《續會要》的成書

短暫的隋王朝不僅留下一個百廢待興的國家，也警醒了唐王朝統治者，他們極力倡導纂修國史，試圖借鑒歷史，以明得失。唐高祖下詔云：「司典序言，史官記事，考論得失，究盡變通，所以裁成義類，懲惡勸善，多識前古，貽鑑

將來。」〔註1〕故詔令史官修撰六代史,唐太宗也有以史爲鑑可以知興替治亂之論。在唐帝王的支持下,唐代建立了一套相對完善的修史制度。武德初循隋舊制,史官尚屬祕書省,貞觀三年閏十二月移史館於門下省,太宗別置史館於禁中,史官無常員,擇取有史材者任之,位卑有史材者則以直館稱之,《唐六典》明确記載史官職責:「史官掌修國史,不虛美,不隱惡,直書其事。凡天地日月之祥,山川封域之分,昭穆繼代之序,禮樂師旅之事,誅賞廢興之政,皆本於起居注,以爲實錄。然後立編年之體,爲褒貶焉。既終,藏之於府。」〔註2〕國史的修定,貞觀以後多以宰相監修。開元二十五年,宰相李林甫監修國史,主張中書地切樞密,復將史館移至中書省。在完備的修史制度下,史館遂修撰了《梁書》、《陳書》、《隋書》等五代史及國史、實錄、起居注、時政記等。這一時期,官修紀傳體的國史基本上處於獨尊的正統地位。安史之亂後,政治詭譎變幻,全國呈現殘敗蕭瑟之象,皇權衰落,國力贏弱。雖然德宗即位之後,採取一系列的政策,減少雜供支出,加強政府財力;遏制宦官權力,「疏斥宦官,親任朝士」〔註3〕;緩和藩鎮與中央的矛盾,加強中央集權等。但收效甚微,朝廷斂財無度,宦官專政,藩鎮跋扈,朋黨之爭加劇,集團之間互相排擠打擊,鬥爭激烈。盛唐的繁榮氣象已不復存在。文人群體相應呈現低迷傾向,尚空崇無。但有志文人仍然寄希望於朝廷,渴望恢復盛唐氣象,文學領域出現復古浪潮,古文運動興起。史學領域內私人修史興起,打破官府壟斷,典制體史書大興。在這一歷史背景下,蘇冕、蘇弁兄弟搜羅貞觀以後典制故實,傚做《春秋》,編撰了《會要》四十卷。《新唐書》卷五九《藝文志》載:「蘇冕《會要》四十卷。《續會要》四十卷。」〔註4〕蘇冕《會要》四十卷大約成書於唐德宗貞元年間,記載了從唐高祖至唐代宗共九朝的制度沿革。在繼承前人的基礎上,首次以《會要》爲書名,開創了「會要」體史書編纂的新形式。唐宣宗大中七年(853),宰相崔鉉進《續會要》四十卷,續增唐德宗至宣宗七朝史實。

「會」者,《說文解字》卷五下云:「合也,从亼,曾省。曾,益也。凡會之屬皆从會。」〔註5〕段注:「《禮經》:器之蓋曰會,爲其上下相合也。凡

〔註1〕《舊唐書》卷七三,頁2597。
〔註2〕〔唐〕李林甫等《唐六典》卷九,中華書局,1992年,頁281。
〔註3〕〔宋〕司馬光《資治通鑑》卷二二六,中華書局,2011年,頁7270。
〔註4〕〔宋〕歐陽修、宋祁《新唐書》卷五九,中華書局,1975年,頁1562。
〔註5〕〔漢〕許慎著,姜人傑編《《說文解字》集注》上海古籍出版社,1996年,頁1069。

日會計者，謂合計之也。」又云：「會，聚也。」「要」者，《周禮》卷七云：「大役與慮，事屬其植。受其要，以待考而賞誅。」〔註6〕鄭玄注：「要者，簿書也。考，謂考較其功。」董仲舒《春秋繁露》有「盟會要第十」。王弼《周易略例·明象》：「故處璿璣以觀大運，則天地之動未足怪也；據會要以觀方來，則六合輻輳未足多也。」〔註7〕「會要」與「璇璣」相對，謂處樞紐也。編纂者以《會要》命名，意在通過如實記載典章制度，觀古今盛衰，以龜鑑當世。

《會要》的修撰，始於唐德宗朝蘇冕、蘇弁兄弟。《舊唐書·蘇弁傳》記載蘇冕根據國朝故事編修了《會要》四十卷，並且在當時流傳：「冕纘國朝政事，撰《會要》四十卷，行於時。」〔註8〕然而《唐會要》卷三十六《修撰》的記載與《蘇弁傳》有所不同：「杭州刺史蘇弁，撰《會要》四十卷。弁與兄冕纘國朝故事爲是書。弁先聚書至二萬卷，皆手自刊正。」〔註9〕蘇冕的生平事跡史書記載簡略，主要附於兩《唐書·蘇弁傳》後。蘇冕，京兆武功（今陝西武功）人，京兆府士曹。因蘇弁坐腐軍糧事受到牽連，貶至信州司戶參軍（今江西上饒）。蘇冕才學過人，精於國史，李肇《唐國史補》載：「大曆已後，專學者有蔡廣成《周易》，強象《論語》，啖助、趙匡、陸質《春秋》，施士丐《毛詩》，刁彝、仲子陵、韋彤、裴茝講《禮》，章廷珪、薛伯高、徐潤並通經。其餘地理則賈僕射，兵賦則杜太保，故事則蘇冕、蔣乂，曆算則董和，天文則徐澤，氏族則林寶。」〔註10〕《舊唐書》也載：「初，冕既坐弁貶官，或有人言冕才學，上悔不早知。」〔註11〕可見蘇冕在當時已經久負盛名。除了《會要》四十卷，《宋史·藝文志》還載其編撰《古今國典》一百卷。〔註12〕蘇弁，字元容。舉進士，授祕書省正字，轉奉天主簿，遷戶部侍郎、判度支，改太子詹事，坐以腐爛糧粟給長武城軍，貶汀州司戶參軍。起爲滁州刺史，又轉爲杭州刺史。蘇弁藏書豐贍，喜好勘正書籍，《河東先生集》卷一二《先君石表陰先友記》載：「蘇弁，武功人，好聚書，至三萬卷。與先君

〔註6〕 〔漢〕鄭玄注，〔唐〕賈公彥疏《周禮注疏》卷三〇，中華書局，1980年，頁839。

〔註7〕 〔晉〕王弼《周易略例》，影印文淵閣《四庫》本，第1冊，頁587。

〔註8〕 《舊唐書》卷一八九，頁4976。

〔註9〕 〔宋〕王溥《唐會要》卷三六，上海古籍出版社，2006年，頁769。本文所引皆據此本，不另注。

〔註10〕 〔唐〕李肇《唐國史補》，影印文淵閣《四庫》本，1035冊，頁443。

〔註11〕 《舊唐書》卷一八九，頁4977。

〔註12〕 〔元〕脫脫《宋史》卷二〇七，中華書局，1977年，頁5294。

通書。以戶部侍郎貶，復爲刺史。」〔註13〕《唐會要》云：「弁先聚書至二萬卷，皆手自刊正。」《舊唐書》又稱其「少有才學」。據蘇氏兄弟二人之才學言，《會要》的成書，很可能是由兄弟二人共同完成。黃永年、謝寶成等學者以爲蘇氏兄弟合作編撰《會要》，而冠之兄長蘇冕的名字，或爲不誤。

　　唐宣宗大中七年（853），宰相崔鉉進楊紹復、崔瑑、薛逢等奉詔撰《續會要》四十卷，續增唐德宗至宣宗大中六年七朝事蹟。《舊唐書》卷一八《宣宗本紀》載：「（大中七年）十月，尙書左僕射、門下侍郎、平章事、太淸宮使、弘文館大學士崔鉉進《續會要》四十卷。修撰官楊紹復、崔瑑、薛逢等賜物有差。」崔鉉，會昌三年（843），以翰林學士承旨遷中書侍郎、同平章事。五年（845），罷知政事，出爲陝、虢觀察使。楊紹復，弘農（今河南省靈寶）人。擢進士第，登宏詞科，位終中書舍人。憲宗朝戶部侍郎、左僕射楊於陵之子。崔瑑，左拾遺，充史館修撰。天祐末，以堂叔母老抱疾，無人奉養乞假。薛逢，字陶臣。河東人，父倚逢。會昌初進士，與楊收、王鐸同年。褐祕書省校書郎。崔鉉罷相，鎭河中，辟爲從事。授萬年尉、直弘文館。累遷侍御史尙書郎，終秘書監。唐史載其爲人褊忿，但文辭峻拔。有《薛逢詩集》十卷，又《別紙》十三卷，《賦集》十四卷。

第二節　王溥與《唐會要》的編撰

　　宋代出版業的發展以及史學的繁榮爲王溥編纂《唐會要》創造了重要的歷史環境。在五代官刻經書的影響下，宋代讀書風氣大盛，爲滿足讀書的需求，印刷量激增。且紙、墨與刻版所用木料更爲精細，經、史、子、集四部印本開始大量增加，官刻、家刻與坊刻等印刷機構日漸興盛，出版業有了長足的進步。宋太祖即位後，鑑於唐末五代擁兵割據，社會政治動盪的教訓，一方面削奪武臣的兵權，加強中央集權的力量；另一方面又沿襲隋唐以來官修國史的史學政策，提倡編修史書。宋太祖嘗頒布詔令云：「唐季以來興亡相繼，非靑編之所紀，使後世以何觀？近屬亂離，未遑纂集。將使垂楷模於百代，必須正褒貶於一時。宜委近臣，俾專厥職。其梁氏及後唐、晉、漢、周五代史，宜令參知政事薛居正監修。」〔註14〕從而建立了完備的修史機構，

〔註13〕〔宋〕柳宗元《柳河東集》卷二一，上海古籍出版社，2008年，頁193。
〔註14〕《宋大詔令集》卷一五〇《修〈五代史〉詔》，中華書局，1962年，頁555。

逐漸形成了以史館為最高修史機構，起居院、時政記房、玉牒所、日曆所等常設機構並行的修史體制。纂修前代正史或其他重要史書時，還隨時設置編修院、修史局等，形成了一套嚴謹的修史程序。宋代史學的創作也隨之進入了繁榮階段，宋人在繼承前人已有成果的基礎上，創造了新的高峰。北宋的史書，卷帙浩博，門類繁多，史著體例更為豐富，典制會要體史書也蓬勃發展。宋代修纂歷朝會要多達三千餘卷。陳寅恪即稱「中國史學，莫盛於宋」，「元明及清，治史者之學識更不逮宋」〔註15〕。

王溥的生平經歷為編撰《唐會要》提供了得天獨厚的條件。王溥，字齊物，并州祁人。〔註16〕自幼好讀書，手不釋卷，《宋史》本傳載王溥刀筆家子，而好學始終不倦。後漢乾祐元年（948），舉進士甲科。乾祐二年（949），仕秘書郎。郭威率兵討伐三叛，召王溥為幕府從事。廣順三年（953），遷中書侍郎、平章事。顯德元年（954），又為中書侍郎、同中書門下平章事。卒後諡號文獻。皇祐三年（1051），改諡為文康。王溥具備深厚的文化修養，又有豐富的政治經驗，對歷代典章制度很熟悉。多年宦歷，十年作相，三遷一品，親歷了唐末五代政權更替頻繁的亂象。王溥目睹經年戰亂不僅破壞了社會經濟，使百姓備受摧殘，也蕩毀了人們的傳統道德和社會秩序。通過對唐代典章制度深入研究，王溥思考歷史，考察得失，酌古御今，尋求國家經濟的恢復與發展，也為趙宋統治者穩定統治秩序、強邦固本提供借鑑。

建隆二年（961）正月，司空平章監修國史王溥上新編《唐會要》一百卷，文簡理備，太祖詔令藏於史館，賜物有差。是書以蘇冕《會要》四十卷和崔鉉、楊嗣復等《續會要》四十卷為基礎，補續宣宗到唐末史實，並合蘇冕、崔鉉等所編內容，重加整理，共一百卷，名《唐會要》。《四庫全書總目提要》評《唐會要》云：「於唐代沿革損益之制，極其詳核。官號內有識量、忠諫、舉賢、委任、崇獎諸條，亦頗載事蹟。其細瑣典故不能概以定目者，則別為雜錄，附於各條之後。又間載蘇冕駁議，義例該備，有裨考証。」〔註17〕周中孚評云：「斷代而為會要，實始於此。」〔註18〕《唐會要》以帝系開端，四

〔註15〕陳寅恪《金明館叢稿二編》，上海古籍出版社，1980年，頁240。
〔註16〕案：《資治通鑑》卷二八八《後漢紀》三：「秘書郎榆次王溥。」《太平寰宇記》卷四〇：「武德元年改為并州。總管并州，領晉陽、太原、榆次、太谷、祁陽……榆社十六縣。」榆次縣、祁縣同屬並州太原郡。
〔註17〕〔清〕永瑢等《四庫全書總目》，中華書局，1965年，頁1077。
〔註18〕〔清〕周中孚《鄭堂讀書記》，中華書局，1993年，頁141。

夷終卷，分爲五百五十四項細目，大至可分爲十五個大類：1、帝系；2、禮制；3、輿服；4、音樂；5、學校；6、刑法；7、曆數；8、災異；9、封建；10、宗教；11、職官；12、選舉；13、食貨；14、民政；15、四裔外國。因類排比，細碎難以分類的條目，則歸於「雜錄」。每一類內容按時間順序排列。在類目的設立上，創造性的設立「帝系」一門，豐富了斷代典制史籍的形式。以《會要》命名，使史書的體例更爲明晰，也更便於檢索。《唐會要》專述唐代典章制度，條理清晰，自成體例。有唐一代政治、經濟、軍事、文化、疆域沿革等，靡不俱載。除了《唐會要》一百卷外，王溥還編撰了《五代會要》三十卷，以及《周世宗實錄》四十卷、《王溥集》二十卷，後兩種書今已失傳。

（一）王溥的政治生涯

1、意氣風發的五代時期

　　王溥仕後周期間，頗有功績。初入仕途，就顯示出敏銳的政治眼光。在跟隨周太祖郭威平定河中叛亂時，搜剿到一批朝廷貴冑大臣與叛軍的來往書信，王溥力諫將書信焚燒，既安定了人心，同時也得到當權者的賞識。郭威戰勝師還，王溥即遷太常承。周世宗即位，政局仍不穩定，劉旻勾結契丹軍隊，攻打澤州（今山西晉城）、潞州（今山西長治）二州，企圖南下以攻河南。對於是否出兵，群臣有很大的分歧，大多數朝臣持否定意見。其中以馮道爲代表的朝臣反對出兵，並表現出對新帝的不信任。《新五代史》卷五四《馮道傳》載：「世宗初即位。劉旻攻上黨，世宗曰：『劉旻少我，謂我新立，而國有大喪，必不能出兵以戰。且善用兵者，出其不意，吾當自將擊之。』道乃切諫，以爲不可。世宗曰：『吾見唐太宗平定天下，敵無大小，皆親征。』道曰：『陛下未可比唐太宗。』世宗曰：『劉旻烏合之眾，若遇我師，如山壓卵。』道曰：『陛下作得山定否？』世宗怒起去。」〔註19〕澤州、潞州一旦被攻下，叛軍及契丹鐵騎就可直取河南，攻佔開封，顛覆新生的後周政權。攻打劉旻是穩定新帝政權的重要手段，也是統一中國的必要途徑。因此，出兵勢在必行，只是缺少朝臣們輿論上的支持。王溥正是充當了這一角色，在敵我懸殊，眾心危懼的情況下，他堅決支持世宗出兵。這場戰役的勝利，提高了世宗的政治威望，充實了後周的軍事實力，爲後周最終收復十六州打下堅實的基礎。

〔註19〕〔宋〕歐陽修《新五代史》卷五四，中華書局，1974年，頁615。

顯德元年（954），蜀州攻陷秦、鳳州，周世宗密謀討伐後蜀。王溥又推薦向拱討伐叛軍，大破蜀軍於上邽，斬敵方首級數萬。平定秦（今甘肅天水）、鳳（今陝西鳳縣）、階（今甘肅隴南）三州，迫使後蜀勢力退至興州。世宗賜宴，親自酌酒賜予王溥，稱其能舉薦賢能：「邊功之成，卿擇帥之力也。」〔註20〕此後，世宗又南征壽州，王溥從征，立下汗馬功勞。壽州濱臨淮河，東枕肥水，西接正陽。地勢險要，歷來是兵家必爭之地。攻佔壽州，就可打通淮河南、北地區，連接淮河、潁河等各水道，揮軍南下，擊破南唐。在後周時期，王溥積極政事，留下了輝煌的業績。

2、邊緣人：貳臣與權貴的矛盾

貳臣作為一個特殊的群體，常常苦苦掙扎於故國與新朝的矛盾間，道德和心理意識呈現出多面性及複雜性。五代時期，風雲變幻，君臣之義、天理倫常的傳統儒家道德觀念相對薄弱。一人仕幾朝也比較常見。歐陽修即云「五代無全臣」〔註21〕，入宋以後，王溥得到了宋朝統治者的重用。建隆元年（960），王溥自右僕射平章事、監修國史參知樞密院事。雖然位極人臣，但王溥仍然非常在意自己貳臣的身份。他清醒的認識到朝廷重用自己，兼有希賢用材與籠絡人心的雙重用意。自己未必能夠手握重權，大有所為。「貳臣」與「權貴」雙重自我的糾纏，甚至導至王溥處於惶惶不可終日的痛苦境地。因此入相不到一年，就屢次上表辭官。乾德二年（962），王溥再次上表請退，罷為太子太保。即使身處相位，王溥仍然十分謹慎，時時懷有憂患意識。史書中記載了一段看似很風趣的故事，《續資治通鑑長編》卷五載：

> （乾德二年）左僕射王溥數勸其父宿州防禦使祚（祚初見顯德
> 四年）請老。祚不得已乃上章，且意朝廷未之許也。己未，以祚為
> 左領軍衛上將軍，至仕。祚大罵溥曰：「我筋力未衰，汝欲自固名位
> 而幽囚我？」大挺擊之，親戚勸解乃止。〔註22〕

王溥勸父請老，隱含著難以訴說的良苦用心。王祚連任三朝，貪污不法，名聲不佳。與王晏、王彥超之父恣橫洛陽，人稱「十阿父」。王溥勸父親辭官隱退，不過是明哲保身的最佳選擇。王溥作《自問詩序》也明確的表達了他閑雅宰相身份中隱藏的深沉憂患：

〔註20〕　《資治通鑑》卷二九二，頁 9663。
〔註21〕　〔宋〕歐陽修《新五代史》卷二一，中華書局，1986 年，頁 207。
〔註22〕　〔宋〕李燾《續資治通鑑長編》卷五，上海古籍出版社，1985 年，頁 49。

予年二十有五，舉進士甲科，從周祖征河中，改太常丞。登朝時同年生尚未釋褐，不日作相。在廊廟凡有十有一年，歷事四朝。去春恩制，改太子太保。每思菲陋，當此榮遇。十五年間，遂躋極品。儒者之幸，殆無以過。今行年四十三歲，自朝請之暇，但宴居讀佛書，歌詠承平，因作《自問詩》十五章，以誌本末。〔註23〕

王溥非常明白貳臣的身份難以被趙宋君臣爲首的主流道德群體所容納，研讀佛經、歌詠詩詞不過是急流勇退，保全自身的權宜之計。《涑水記聞》卷一載：「俄而士擁質及宰相王溥、魏仁浦等皆至……質頗誚讓太祖，且不肯拜。王溥先拜，質不得已，從之。且稱萬歲……及太祖即位，先命溥至仕，蓋薄其爲人也。」〔註24〕陳橋兵變非常迅速，沒有漫長的戰亂時間去深化悼念故國的悲情。王溥與趙匡胤又都是後周同僚，因此很難對新政權有強烈的敵視，對故國眷念也沒有像經歷過一朝長期統治後的貳臣那樣慘痛，相對容易在心理上接受新王朝。但是儒家以禮樂爲內核，重視崇高道德修養的傳統，使他不能夠徹底的融入新王朝。在面對傳統儒學賦予的使命與現實的遭遇時，必然會產生心理衝突。向趙宋稱臣的舉動，成爲王溥趨生惡死的污點，備受遵從儒家倫理傳統和人格觀念的士人譏誚。以至於皇祐三年（1051），朝臣們以王溥作爲後周宰相，後周滅亡卻不能以身殉國，有失忠臣之道，故而反對改王溥諡號爲「文忠」，最終以諡文康公作罷。

（二）王溥交遊考

1、師友王仁裕

王仁裕，字德輦，秦州長道縣漢陽里（今禮縣石橋鄉）人。生於廣明元年（880），卒於後周顯德三年（956）。年幼喪父，爲人性情孤傲，不喜讀書，整日以狗馬彈射爲樂。年二十五始就學，以文辭俊美而知名於秦、隴間。入仕後唐，爲翰林學士。仕晉爲郎中，遷至諫議大夫。後漢爲戶部尚書，以兵部尚書告老。所著《開元天寶遺事》、《玉堂閒話》、《王氏見聞錄》等軼事小說代表了五代雜史瑣聞類筆記小說的最高成就，是中國小說發展的重要階段。

乾祐元年（948），王仁裕知貢舉，選拔王溥等登第，以知舉時賢公允而受到稱贊。《增修詩話總龜》載乾祐元年，戶部侍郎王仁裕放王溥狀元及第。王溥不數年拜相。仁裕時爲太子少保，有詩賀曰：

〔註23〕〔宋〕洪邁《容齋隨筆》卷九，中華書局，2009年，頁528。
〔註24〕〔宋〕司馬光《涑水記聞》卷一，大象出版社，2003年，頁8。

> 一戰文場拔趙旗，便攜金鼎佐無爲。白麻驟降恩何厚，黃閣初
> 聞喜可知。跋敕案前人到少，築沙堤上馬行遲。押班長幸遙相見，
> 親狎爭如未貴時。

王溥和曰：

> 揮毫文戰偶搴旗，待詔金華亦偶爲。白社遽當宗伯選，赤心旋
> 遇聖人知。九霄得路榮雖極，三接承恩出每遲。職在臺司多少暇，
> 親師不及舞雩時。〔註25〕

師生二人詩歌唱和，交往甚篤。《苕溪漁隱叢話》載王溥任丞相的時候，每逢休息，必然拜訪王仁裕。二人飲酒暢談，從容終日，師生和樂之情可見。

2、同年鄧洵美、李昉、李惲

鄧洵美，連州（今廣東省）人，年少有才思，工於詩詞賦頌。湖南朱昂以博學聞於當時，士人皆認爲他的學識無人能比，惟獨鄧洵美以爲自己的才學更勝過朱昂。乾祐二年（948），鄧洵美與王溥、李昉同年及第。但鄧洵美仕途曲折，沒有像李昉、王溥那樣受到朝廷的重用，因此落寞地回到武陵，成爲周行逢的幕僚。鄧洵美性格孤僻，又背傴，時謂之「鄧駝」，故頗受同僚排擠，抑鬱不得志。王溥得聞鄧洵美境遇困頓，便修書給周行逢，以期周能有所照顧。之後周行逢對鄧洵美稍有優待，但王溥與鄧洵美這番深厚的同年情誼也最終給鄧洵美帶來了殺身之禍。

李昉出使武陵，與鄧洵美詩歌酬唱，賦詩云：

> 憶昔詞場共著鞭，當時鶯谷喜同遷。關河契闊三千里，音信稀
> 疏二十年。君遇己知依玉帳，我無才藻步花磚。時情人事堪惆悵，
> 天外相逢一泫然。

洵美和云：

> 詞場幾度讓長鞭，又向清朝賀九遷。品秩雖然殊此日，歲寒終
> 不改當年。馳名早已超三院，侍直仍忻步八塼。今日相逢番自愧，
> 閒吟對酒倍清然。

後李昉回京，邀請鄧洵美同行，但洵美以身患疾病不能遠行爲由，推辭了李昉的邀請。李昉回到京城後，將鄧洵美的境況告之王溥，王溥又和詩云：

> 衡陽歸雁別重湖，銜到同人一紙書。忽見姓名雙淚落，不知消

〔註25〕〔宋〕阮閱《詩話總龜》卷一五，《四部叢刊初編》本，435 冊，頁 87。

息十年餘。綵衣我已登黃閣，白社君猶茸舊居〔註26〕。南望荊門千
里外，暮雲重疊滿晴虛。

此時正值周行逢密謀叛亂，見到三人唱和的詩句，故而懷疑鄧洵美通過詩歌
向朝廷傳遞消息。周行逢急令追捕，並且派遣刺客將鄧洵美殺害。建隆初，
李昉隨大軍南下湖湘，路經衡陽，作弔唱詩云曰：

侯門寂寞非知己，澤國棲惶似旅人，今日向君墳畔過，不勝懷
抱暗酸辛。〔註27〕

詩人在追悼故人的悲痛情感中，暗含入宋以後被排擠在權力圈外缺乏知己的
孤寂心理，傳遞出身在仕途的無可奈何，以及心靈無處依託的棲惶愁慘。

李惲，字孟深，開封陽武（今河南元陽）人。年少勤學好爲文，世祖劉
旻在位時，拜知制誥、翰林學士。入宋官至殿中監。因上書請求追服母喪，
被貶至廣州。又遷司農卿，授忠武軍行軍司馬。李惲性格豁達，樂於談論名
理之事，無心政治。早年入幕府時期，曾回鄉里侍奉母親，以弈棋飲酒爲趣，
政事多荒廢。劉繼元頻頻訓誡，而李惲仍然我行我素。一日，李惲正與一老
僧對弈，劉繼元命近侍將棋局焚燒，李惲緩步至帳前謝罪。但是第二天又別
造新局，弈棋如故。李惲爲人有器度，王溥、薛居正、李昉與他都有往來。
王溥官居宰相時，二人時常相見，共敘舊情，私交甚篤。

3、同僚范質、徐鉉

范質（911～964），字文素，大名宗城（今河北威縣）人。後唐明宗長興
四年（933）進士中第。晉天福中，因文章峻拔受到宰相桑維翰器重，奏爲監
察御史。後漢初，任中書舍人、戶部侍郎。周廣順初，拜中書侍郎、平章事。
宋太祖乾德四年（963），爲太子太傅，封魯國公。著《五代通錄》六十五卷、
《晉朝獻蕃記》四卷、《桑維翰傳》三卷、《魏公家傳》三卷，今皆不存。

范質博聞強識，手不釋卷，爲官公正廉明，不受四方饋獻祿賕，親族歿
後皆無餘財，太祖稱嘆曰：「眞宰相也！」〔註28〕王溥與范質同在後周爲相，
淵源極深。陳橋兵變後，王溥的選擇很大程度上影響了范質的政治態度。《東
都事略》卷十八載：「時質方就食閣中，聞太祖入，率王溥、魏仁浦就府謁
見。質執溥手曰：『倉卒遣將，吾儕之罪也。』爪入溥手，幾出血。溥無語。」

〔註26〕 《登科記考》卷二十六作「白社君猶因故廬」。
〔註27〕 〔清〕王士禛《五代詩話》卷二，書目文獻出版社，1989 年，頁 271。
〔註28〕 〔宋〕曾鞏《隆平集》卷四，中華書局，2012 年，頁 139。

〔註29〕入宋後，二人同時封官，身居顯要，私下詩歌唱和不斷。

徐鉉（916～991），字鼎臣，先世會稽人，後遷居廣陵（今江蘇揚州）。少有文名，十六歲始仕吳，授吳校書郎。仕南唐，授以御史大夫，累官至吏部尚書。太宗太平興國初，直學士院。八年（983）出爲右散騎常侍，遷左常侍。淳化二年（991），因廬州女尼道安誣陷事，貶靜難軍節度行軍司馬，卒。徐鉉素以博雅著稱，著述頗豐。參與修纂《說文解字》、《江表事蹟》、《太平御覽》、《文苑英華》等。有《徐騎省集》三十卷。徐鉉參與編纂的《說文》對後世影響極大，李慈銘曰：「二徐《說文》，紹千載之絕學，迄今海內家有其書。」〔註30〕徐鉉與王溥也多有唱和往來，李昉《徐公墓誌銘》云：「故相太子太師王公溥，一見（鉉）如舊相識，每有經史異議，多質疑於公。由是琴樽嘯歌，筆硯酬唱，無有虛日。」〔註31〕

歌詩酬唱是文人士大夫重要的交流方式，徐鉉、王溥、李昉與其他館閣文士的唱和之作今已失傳，《通志》卷七○《藝文略》：「《翰林酬唱集》一卷，宋朝王溥與李昉、湯悅、徐鉉等。」〔註32〕其書久佚，已難以考察詩文具體內容。大致是受元白詩風的影響，文人雅士之間的詩賦唱和，首開宋初館閣酬唱之風。王溥、徐鉉等同爲五代舊臣，雖然入宋後仕途不同，王溥位高而無權，徐鉉職卑位輕，但都處在進退維谷的降臣生涯中。宦海飄零、政治苦悶，對於往事的追憶和作爲貳臣誠惶誠恐的生命焦慮等心理體驗難以紓解，只能將胸中的喜怒哀樂寄情於山水名物，將詩詞唱和作爲他們的精神支柱和情感寄託處。

與王溥交遊往來的還有陶晟、張翼。陶晟，虢州（今河南靈寶）人。開運末，歸順劉志遠，並進表擁戴劉爲帝。後漢授虢州刺史。建隆三年（962），自延安軍司馬，改任華州行軍。終於荊州副使、知州事。工詩文，自言尤工五言詩。與王溥善常有詩歌往來屬和。陶晟晚年知進士，召張翼入其門下，禮遇有加。張翼善詩，陶晟嘗曰：「七言詩我不如翼，五言詩翼不如我。」張翼嘗向王溥投詩兩帙，王溥和以詩云：「清河詩客本賢良，惠我清吟六十章。詞格宛同羅給事，工夫深似賈司倉。登山始覺天高廣，到海方知浪渺茫。好

〔註29〕 〔宋〕王稱《東都事略》卷一八，影印文淵閣《四庫》本，382冊，頁131。
〔註30〕 〔清〕李慈銘《越縵堂讀書記》（同治癸亥正月十八日），上海書店出版社，2000年，頁902。
〔註31〕 〔宋〕徐鉉《徐文公集》（附），《四部叢刊初編》本，第793冊，頁216。
〔註32〕 〔宋〕鄭樵《通志》卷七○，中華書局，1987年，頁825。

去蟾宮是歸路，明年應折桂枝香。〔註33〕」

第三節 《會要》、《續會要》與《唐會要》的關係及在唐宋時期的流傳

　　學界共知，《會要》、《續會要》皆已經亡佚，今人考察《會要》、《續會要》與《唐會要》關係尤爲不便。學人對此主要有兩種看法：一是《唐會要》在體例和內容上都基本繼承了《會要》、《續會要》。二是《唐會要》在續編《會要》、《續會要》的基礎上進行了體例的改進。相較之下，第二種說法更爲可信。首先，《唐會要》並非從首卷開始就嚴格依照時間編排，而是分爲五百五十四項細目，細目之下以年繫事。王溥必須將《會要》、《續會要》二書的結構打亂，重新進行編排組合，進而在各類目中依時間先後述事。其次，各項類目的設置，並非王溥一人獨創，其中一部份應當是蘇冕《會要》原先已經設立，王溥在《會要》原有基礎上再將各條文字以類相從。顯德五年（958），周世宗敕令竇儼修撰《大周通禮》，竇儼上疏曰：「依《唐會要》所設門類，自五帝迄於聖朝。悉令編次，《開元禮》、《通典》之書，包綜於內，名曰《大周禮》。」〔註34〕此時王溥《唐會要》尚未完成，竇儼所云「依《唐會要》所設門類」，應當是指依據蘇冕《會要》設立的門類。

　　《會要》的編撰在當時產生了一定的影響，因此宣宗才下詔令續寫。蘇冕編纂的《會要》直至唐代末期或許仍舊單獨流傳於世。而《續會要》是否刊行，今已不可考。《舊唐書》云《會要》成書以後，「行於世」。而《續會要》文字則不見於唐、五代文獻。考唐人文獻，段公路《北戶錄》、李涪《刊誤》均引用了《會要》的材料。段公路（生卒年不詳），曾任萬年縣尉，《苕溪漁隱叢話後集》稱唐萬年尉段公路，《新唐書·藝文志》載：「段公路《北戶雜錄》三卷（文昌孫）。」〔註35〕蓋唐懿宗時人。段公路《北戶錄》引《會要》「東女國」、「都播國」、「大食國」事共六條，與《唐會要》文字略同。兩《唐書》記載武德中，東女國女王湯滂氏遣使來唐。貞觀末，都播國朝貢使至，貢呈方物。《北戶錄》卷一載大食國事：

〔註33〕〔宋〕張齊賢《洛陽縉紳舊聞記》卷一，影印文淵閣《四庫》本，第1036冊，頁140。

〔註34〕〔清〕董誥等《全唐文》八六三，中華書局，1983年，頁9043。

〔註35〕《新唐書》，頁1507。

又《會要》云：「大食國，西鄰大海，嘗遣人乘船，經八年，未
極西岸。中有一方石，石上有樹幹，赤葉青樹，生小兒，長六七寸，
見人皆笑，動其手腳，著樹枝。偶使摘取一枝，小兒即死也。」〔註36〕

此條引文見於《唐會要》卷一百：「（大食）西鄰大海，常遣人乘船，將衣糧
入海，經八年而未極西岸。海中有一方石，上有樹，幹赤葉青，上總生小兒，
長六寸，見人皆笑，動其手腳，既著樹枝。若使摘取一枝，小兒便死。」《通
典》卷一九三《邊防》載：「大食，大唐永徽中，遣使朝貢。云其國在波斯之
西……又云其王常遣人乘船，將衣糧入海，經涉八年，未極西岸。於海中見
一方石，石上有樹枝，赤葉青樹，上總生小兒，長六七寸，見人不語，而皆
能笑，動其手腳。頭著樹枝，人摘取入手即乾黑。」大食國於高宗朝遣使入
貢，敘其國風俗異事，赤業青樹生長幼兒云云，是史臣口述之語。《北戶錄》
所稱《會要》。即是指蘇冕《會要》。

值得注意的還有唐末李涪《刊誤》，其卷上《非驗》僅載一條：

咸亨三年五月，咸陽（當作「城陽」）公主薨於房州。公主，
高宗同母妹也。初適杜荷。貞觀中，坐太子承乾事伏誅。公主再行
於薛瓘，將成婚禮，太宗使卜之，卜人曰：「兩火俱食，始則同榮，
末亦同悴。若晝日行合巹之禮，則終吉。」馬周以違禮亂常不可用
也，太宗從之。而後瓘為房刺，公主隨焉，偕沒於任。雙柩而還。

蘇冕書之曰：「卜驗矣。」余曰：「違禮而行亂也，雙柩而還常也。
若云卜驗則是禮可廢，而卜可遵，豈曰守正依經之道哉！」〔註37〕

《唐會要》卷六：

咸亨二年五月十六日，城陽公主薨。公主初適杜荷，坐承乾事
誅。公主改適薛瓘，太宗使卜之，卜人曰：「兩火俱食，始則同榮，
末亦雙悴。若晝日行合巹之禮，則終吉。」上將從之，馬周諫曰：「臣
聞朝謁以朝，思相戒也；講習以晝，思相成也；讌飲以昃，思相觀
也；婚合以夜，思相親也；是以上下有成，內外有親，動息有時，
吉凶有儀。先王之教，不可黷也。今階下欲謀其始而亂其紀，不可
為也。夫卜筮者所以決嫌疑，若黷禮亂常，先王所不用。」上從其
言。瓘後為房州刺史，公主隨之，及薨，雙柩齊引而還。

〔註36〕〔唐〕段公路《北戶錄》卷一，《叢書集成初編》本，第3021冊，頁11。
〔註37〕〔唐〕李涪《刊誤》卷上，影印文淵閣《四庫》本，第850冊，頁177。

兩書對校，《刊誤》較爲簡略，然多出「房州」、「公主，高宗同母妹也」、「貞觀中」、「蘇冕書之曰：『卜驗矣。』」諸字。「蘇冕書之曰」句，他書無考。「蘇冕曰」、「蘇冕駁曰」是今本《唐會要》中記錄蘇冕闡發史論的特有表達方式。故而疑《刊誤》所載爲蘇冕《會要》文字。

　　《唐會要》的研究和利用，直到宋代，尤其是南宋以後，才大規模的興起。晁、陳兩家讀書志收錄了《唐會要》，且《唐會要》的史材也廣泛被類書、唐人詩文注疏、史鈔、史評、筆記等書大量徵引。關於《會要》、《續會要》亡佚的時間，不少學者認爲《唐會要》成書以後相當長的時間內，《會要》、《續會要》仍然並行於世，直到南宋末期，還能夠見到這兩本書。

　　宋代類書大量的採錄了《唐會要》的文字，或作「《唐會要》」，或作「《會要》」，個別引文稱「《續會要》」。早在五代時期，《唐會要》、《會要》的稱呼已經不再嚴格區分。竇儼疏又云：「夫禮者，太一之紀，品物之崇……自五帝之後，三代以來，有損有益，或因或革。咸有憲章，書於冊書，浩浩千編，不可遽悉。越在唐室，典章頗盛。程軌量，昭采物，酌中古訓，垂法百代，則有《開元禮》在。紀先後，明得失，次其沿變，志其楷式，則有《通典》在。錄一朝之事，包五禮之儀，義類相從，討尋不紊，則有《會要》在。」〔註38〕《會要》、《唐會要》雜相稱謂。《玉海》卷五一載：「建隆二年正月丁未，司空平章、監修國史王溥等上《新編唐會要》一百卷。」則五代已將《會要》稱作《唐會要》，故王溥將《唐會要》進呈於宋太祖方名《新編唐會要》。

　　北宋文獻引《唐會要》有《太平御覽》、《太平寰宇記》、《資治通鑑考異》。《太平御覽》引《唐會要》三十一條，三十條皆作「《唐會要》曰」，僅一處作「《續會要》曰」。《太平御覽》卷二一載：

> 《續會要》曰：「貞元六年五月朔，御紫宸殿受朝。先是，上以五月一陰生，臣子道長，君父道衰，非善月也。因創是月朝見之儀也。」〔註39〕

案：《唐會要》卷二四載：「貞元七年四月二十八日，敕：『昔者聖賢，仰觀法象，因天地交會之序……自今以後每年五月一日，御宣政殿，與文武百僚相見，京官九品以上，外官因朝參在京者，并聽就列。宜令所司即量定儀注頒示，仍永編禮式。』」（本以五月一日陰生，臣子道長，君父道衰，非善月也。

〔註38〕《全唐文》卷八六三，頁9043。
〔註39〕〔宋〕李昉等《太平御覽》卷二一，中華書局，1960年，頁103。

因創是日朝見之儀。）」「貞元六年」句，《唐會要》不載。後一句文字略同。

《太平御覽》的編撰始於太平興國二年（977），成書於太平興國八年（983）。百卷本《唐會要》已經編纂成書。《御覽》編修官李昉、徐鉉為館閣重臣，均與王溥有交往，或能夠見到《續會要》。然考《御覽》引《唐會要》文字，兩條不見考今本《唐會要》，又有兩條與今本有異文。其中「貞元九年」條：

> 《唐會要》曰：「貞元九年十一月，上曰：『比來京兆府每年及臘日，府縣捕養狐兔以充進獻，自今以後宜停。』」

此一條為德宗朝事，當屬《續會要》，《御覽》仍稱「《唐會要》曰」。《御覽》所謂《續會要》即是指王溥《唐會要》。二書文字的差異，當是今本《唐會要》脫漏所至。

樂史（930～1007）《太平寰宇記》修撰於太平興國年間，共引了《唐會要》兩條材料，一條作「《會要》云」，另一條載：「又案《續會要》云：『旌德縣，即寶應二年析太平縣置。』」〔註40〕「寶應」為代宗年號，此條內容不應是《續會要》文字。

《資治通鑑考異》採用《唐會要》材料三十餘條，前兩條稱「王溥《唐會要》」，「貞元五年」條稱「崔鉉《續會要》」〔註41〕，其餘統稱「《會要》」。《考異》引用《唐會要》材料，除「貞元五年」條外，皆為貞觀至天寶事，若所據蘇冕《會要》、崔鉉《續會要》，不應當又徵引王溥《唐會要》。《考異》卷一九載：「《會要》：『崔鉉曰：此乃不諳故事者之妄傳，史官之謬記耳。』」崔鉉所言顯然為《續會要》中的文字，而《考異》誤稱「《會要》」。因此《考異》中的《會要》當是從上而省，《考異》從時間上判斷「貞元五年」條為德宗朝事，故稱「《續會要》」，實際上《考異》中的《會要》、《續會要》所指都是王溥《唐會要》。

南宋時期是類書發展的繁榮期。這一時期的類書在繼承前人的基礎上，生發了新的特徵。私人編撰類書紛紛湧現，專門性類書層出不窮，對王溥《唐會要》材料的引用也越來越多，然而仍然習慣以《會要》代《唐會要》。在少數情況下，徵引德宗朝至宣宗朝的內容，則稱《續會要》，實則仍是引自《唐會要》。

〔註40〕〔宋〕樂史《太平寰宇記》卷一〇三，中華書局，2007年，頁2025。
〔註41〕案：另有兩處載開成三年、會昌二年事，未採錄《唐會要》文字，僅云「舊傳、《續會要》皆無」。

程大昌（1123～1195）《繁演錄》引用《唐會要》二十餘條，或稱「《唐會要》」，或稱「《會要》」、「《續會要》」。程氏詳細注明了引用卷次，與今本《唐會要》卷次相符。他所稱《會要》、《續會要》，都是指王溥百卷本《唐會要》。其他類書的情況與程大昌《繁演錄》大致相仿，徵引《唐會要》的文字多與王溥百卷本《唐會要》略同。

宋代文獻中王應麟《玉海》是徵引《唐會要》最頻繁的圖書，情況與其他類書不同。《玉海》引《唐會要》三千餘條，稱「《唐會要》」三十二次，僅一次稱「《續會要》」，餘皆稱「會要」。王應麟所稱《會要》與其他類書泛稱不同，當實指蘇冕《會要》。《玉海》引《會要》與今本《唐會要》的差異，一是在日期上比今本《唐會要》更加具體。一是句式上有所不同。如《唐會要》卷二六：

> 貞元三年三月，御宣政殿，備禮冊拜李晟爲太尉，晟受冊訖。

按：「三月」，《玉海》卷七二引《會要》曰：「貞元三年四月，李晟拜太尉、中書令，帝坐宣政殿，引見，備冊禮。受冊訖，備羽儀乘輅謁太廟，視事尚書省。」此作「四月」。而《舊唐書》卷一二《德宗本紀》、《新唐書》卷七《德宗本紀》載李晟爲太尉兼中書令，並在「三月」。但《唐會要》所載爲「冊拜」，兩《唐書》所載爲制授，唐代禮制於二者有別。今《唐大詔令集》卷六〇載有陸贄《李晟司徒兼中書令制》，制文末言「朕還京後，所司擇日備禮冊命，宣示中外」，是冊拜之日期在其後某日。《唐大詔令集》卷六一即載有該次冊拜文《冊李晟司徒文》。而《冊李晟太尉文》，亦收錄在《唐大詔令集》卷六六，其首曰：「維貞元元年，歲次丁卯，四月乙卯朔，二十四日戊寅。」此稱「貞元元年」顯誤，元年則當爲「乙丑」，而此云「歲次丁卯」，「丁卯」即貞元三年，四月正乙卯朔，是李晟冊拜實在「四月」，今本《唐會要》作「三月」誤，若非著者王溥不明唐代禮制而據兩《唐書·德宗本紀》誤改，就是後人誤校所致。

卷二八：

> 開成元年三月，幸龍首池，觀內人賽雨。因賦《暮春喜雨詩》
> 曰：「風雲喜際會，雷雨遂流滋……百辟同康樂，萬方佇雍熙。」

按，《玉海》卷二九引《會要》：「開成元年三月庚申，幸龍首池。甘澤屢降。賦暮春喜雨詩曰……百官屬和。」較今本多「庚申」二字和「甘澤屢降」、「百官屬和」二句。

卷三〇：

> 十五年二月，詔於西廊內開便門，以通宰臣自閣中赴延英路。

案：《玉海》卷一六〇引《會要》：「『穆宗元和十五年二月庚辰，詔於西上閣門西廊右畔內開便門，以通宰臣自閣中赴延英路。」今本《唐會要》少「庚辰」、「上閣門」、「右畔」數字。

如例證所見，《玉海》引《會要》當與其他類書情況不同。《玉海》云引自「會要」的文字，疑爲蘇冕之《會要》，或者王應麟所見《唐會要》爲王溥《唐會要》之修訂本。從《玉海》引《會要》文字與今本《唐會要》異同來看，前一種情況較爲合理。綜之，蘇冕《會要》在唐代末期仍然流傳於世，但隨著王溥《唐會要》的編成，百卷本《唐會要》逐漸代替了《會要》，《會要》很可能也因此堙沒不傳。南宋時稱其引自《會要》、《續會要》的類書，多是與《唐會要》混稱，實則仍指《唐會要》。在這些類書中，《玉海》的引用則較爲特別，王應麟所稱《會要》與其他類書泛稱不同，當實指蘇冕編纂的四十卷本《會要》。

第二章 《唐會要》版本源流考

　　《唐會要》在宋代已經刊刻。文彥博跋《五代會要》云：「本朝故相王公溥，撰唐及五代《會要》，凡當時制度沿革，粲然條陳無遺。《唐會要》已鏤版於吳，而《五代會要》未甚傳。」〔註1〕據此可知，北宋時已經有一個吳刻本。今所見《唐會要》各鈔本「構」字闕筆或注「御名」，蓋南宋時也曾刊印。

　　元、明兩代幾乎很難考查到《唐會要》的流傳信息，明朝公私書目十數家，僅《文淵閣書目》著錄「《唐會要》一部一冊，《唐會要》一部三十冊，《唐會要》一部二十五冊」。可見《唐會要》在明代已經非常稀少。明末清初，則更爲珍貴，朱彝尊《曝書亭集》卷四五《唐會要跋》云：「今雕本罕有，予購之四十年，近始借抄常熟錢氏寫本，惜乎第七卷至第九卷失去，雜以他書，第十卷亦有錯雜文字。九二卷闕第二翻以後，九三、九四兩卷全闕。」由此窺見是書在明末清初已罕見完本流傳。

　　學界一般認爲，《唐會要》目前流傳的版本有兩個系統：其一是常熟錢氏鈔本，另一個是汪啓淑家藏本，汪藏本後來被收入《四庫全書》及《武英殿聚珍版叢書》，即《四庫全書》本（以下簡稱《四庫》本）與《武英殿聚珍版叢書》本（以下簡稱殿本）。其後地方官書局多有翻刻，同治年間，江蘇書局翻刻了《聚珍版叢書》本。1955 年，中華書局據江蘇書局聚珍版刻本校勘，採用《國學基本叢書》本原紙型重印。1991 年，上海古籍出版社又出版了上海社會科學院歷史研究所整理的點校本。該點校本以江蘇書局本爲底本，校以乾隆武英殿聚珍版叢書本、上海圖書館所藏四個舊鈔本等（以下簡稱點校本），被認爲是比較好的本子。

〔註1〕〔清〕陸心源《皕宋樓藏書志》卷三五，中華書局，1990 年，頁 392。

筆者在使用《唐會要》的過程中，將《四庫》本與殿本《唐會要》對校，發現了較多的異文。《四庫全書》歷來因經過《四庫》館臣的改動，尤爲學者所詬病，故而《四庫》本《唐會要》一直未引起學者關注，以至《四庫》本呈現出與殿本不一樣的版本面貌也被忽略。但是細考這些異文，全不似傳抄中的訛誤或者是館臣改動所造成。更爲重要的是，殿本有大量的文字多出《四庫》本。《四庫全書》疏於校勘，不乏漏抄錯抄，在收入《唐會要》時，館臣可能進行了校改，但版本差異不至於如此巨大。可見殿本之底本絕非採用《四庫全書》本。因此，比勘《唐會要》現存各個版本，詳細考察各版本的版貌特徵，重新探討各本之傳承關係是研究《唐會要》的首要任務。

《唐會要》現存版本除武英殿聚珍本，其他均爲鈔本。據各家書目及各館藏目錄，除一種明鈔殘本外，皆是清代鈔本〔註2〕：

明鈔本四十卷，頁 10 行約 25 字不等。卷七至卷十、卷一六至卷一九等卷，及卷八五以後全闕。「構」字闕筆，或注「御名」。「預召」，小字注「御名」，疑爲正德以後鈔本。今藏中國國家圖書館。

彭元瑞校鈔本，十二冊，頁 12 行 25 字不等。卷七、八、九、十、九三、九四全闕，卷九二僅存「內外官料錢（下）」。前有彭元瑞識語：「是書傳鈔都無善本，舊曾有一部，雜取新、舊兩《書》、《六典》、《開元禮》、《元和郡縣誌》、《冊府元龜》、《通典》、《通鑑》、《唐鑑》、《玉海》、《通考》及諸說部、文集校改十餘年，頗覺爽豁。間爲友人借去，不戒於火，以是本見歸，脫誤與舊本略等。就所記憶，稍加訂改，俯仰二十年，手眼俱退，不能如向之精密也。」筆跡粗陋，「貞觀」，作「正觀」。「玄」、「曄」、「弘」、「曆」等皆不闕筆，疑同爲明鈔本〔註3〕。今藏上海圖書館。

〔註2〕　案：《唐會要》尚有舊鈔本，今藏日本靜嘉堂文庫。由於條件有限，未能考察該本版貌。檢《䣜宋樓藏書志》卷三五：「《唐會要》一百卷，舊抄本，笪重光舊藏。」笪重光，字在辛。順治年間著名書畫家。考重光其人，不以藏書見稱。和田熊《靜嘉堂密籍志》：「舊鈔本。今僅傳鈔本，脫誤頗多。卷中有『重光』白文、『子宣』朱文二方印。」《密籍志》以日本靜嘉堂藏書爲基礎，參照陸氏舊有書目，靜嘉堂《唐會要》當爲陸氏所云舊鈔本。蔣重光，字子宣，藏書豐贍。乾隆三十八年開四庫館，其子蔣曾瑩進呈重光手校百種秘本。上有「重光」白文、「子宣」朱文小方印。陸氏當誤作「笪重光」。《密籍志》云此本脫誤頗多，疑屬汪啟淑家藏本系統。

〔註3〕　案：《中國古籍善本書目》、上海圖書館館藏書目、上海古籍出版社《唐會要·前言》皆著錄「清鈔本」，鄭明《〈唐會要〉初探》疑此鈔本爲明鈔本。該校本筆跡粗陋，不避清諱，定爲明鈔本似乎更爲周延。

　　傅增湘藏鈔本，十二冊，頁 12 行 25 字不等。前有「杭州王氏九峰舊廬藏書記」、「綏珊六十以後所得書畫」、「傅增湘讀書」等印鑑。《藏園群書經眼錄》載：「唐會要一百卷，舊寫本，十二行二十五字，每卷纂書人官銜三行，次列子目，今聚珍本則皆刪去，徑接本書矣。卷中『貞觀』，皆作『正觀』，尙是從舊本所出。其文字亦略有異處。」〔註4〕又「唐會要一百卷，舊寫本，十二行二十五字。彭蕓楣（元瑞）手校。」「玄」字闕筆，卷貌、文字情況與彭元瑞校本略同。今藏上海圖書館。

　　王宗炎校本，十二冊。頁 12 行 24 字。「貞觀」，作「正觀」。「構」字闕筆。卷七、八、九、十、九二、九三皆闕。卷九四分「北突厥」、「西突厥」、「沙陀突厥」、「吐谷渾」四個小類，紀年法與全書不同，凡則天朝事皆繫於「嗣聖」年號下。筆跡清秀，似以館閣體抄寫，疑爲清初鈔本。今藏上海圖書館。

　　汪啓淑家藏本〔註5〕，二十四冊。頁 12 行約 25 字不等。前有長方印「乾隆三十八年十一月浙江巡撫三寶送到汪啓淑家藏」以及「翰林院印」正大方印字樣。「構」字闕筆，「貞觀」，作「正觀」。「玄」、「胤」闕筆。「胤」，或作「凝」。「神」，作「仁」。「弘」，作「治」。文字與彭元瑞校本略同，而字跡甚爲潦草。疑此鈔本爲乾隆年間鈔本。今藏南京圖書館〔註6〕。

　　《四庫全書》本，文字與汪啓淑家藏本相同。《四庫全書總目》云其底本爲汪啓淑家藏本，《浙江省第四次汪啓淑家藏本呈送書目》載：「唐會要，一本。」〔註7〕卷七、八、九、十等所載唐史，與諸本不同。《四庫全書總目》曰：「今僅傳鈔本，脫誤頗多。八卷題曰郊儀，而所載乃南唐事；九卷題曰雜郊儀，而所載乃唐初奏疏，皆與目錄不相應。七卷、十卷亦多錯入他文，蓋原書殘闕，而後人妄摭竄入，以盈卷帙。又一別本，所缺四卷亦同，而有補亡四卷。採摭諸書所載唐事，依原目編類。雖未必合溥之舊本，而宏綱細目，

〔註4〕傅增湘《藏園群書經眼錄》卷六，中華書局，2009 年，頁 478。

〔註5〕彭元瑞校本、汪啓淑家藏本、傅增湘藏本、舊鈔本甲、乙屬同一版本系統。爲便於理解，以下仍以汪啓淑家藏本系統稱之。

〔註6〕案：南京圖書館所藏爲膠片。據館員介紹，膠片之紙本由原北平圖書轉藏。南京解放後，國民政府一並轉移至台灣。今台北圖書館藏清鈔本，24 冊，注曰：「前代管北平圖書館藏書」，此二十四卷本正南京圖書館藏膠片之紙本。九・一八事變以後，華北局勢動盪，出於安全的考慮，1933 年，故宮文物書籍遂有南遷之舉。

〔註7〕《四庫採進書目》，商務印書館，頁 98。

約略粗具，猶可以見其大凡。今據以錄入，仍各註『補』字於標目之下，以示區別焉。」〔註8〕館臣所謂「又一別本」，實爲後人抄錄《冊府元龜》、《文苑英華》、《新唐書》等，文字出處一並注於文後，以示此四卷非《唐會要》原本。清沈叔埏《頤綵堂文集》卷八《書自補〈唐會要〉手稿後》云：「乾隆戊戌九月，魚門太史屬余校《唐會要》百卷，內第七卷至九卷即竹垞跋所謂失去雜以他書者也。」沈氏描述其所補卷七至卷十情況正與《四庫》本相符，沈氏當是這四卷的補撰者。

《四庫》本卷九二存「內外官料錢下」及「內外官職田」中的四條，即：「景龍四年三月」條、「長慶元年十月」條以及「以上俱內官」條、「貞觀元年秋七月」條。卷九三「北突厥上」，卷九四分「北突厥下」、「西突厥」、「西陀突厥」、「吐谷渾」。此二卷文字與王宗炎校本卷九四完全相同。

清殘鈔本，一冊，存卷一至卷九。有「獨山莫氏銅井文房藏書」、「莫棠所藏」等印。文字略同汪啓淑家藏本。今藏上海圖書館。

舊鈔本甲，二十四冊。卷七、八、九、十載南唐事。卷九二存「內外官料錢下」，九三存「諸司諸色本錢上」，卷九四分「北突厥」、「西突厥」、「沙陀突厥」、「吐谷渾」，則天朝事亦繫於「嗣聖」年號下。而「北突厥」之「十五年八月，太后以武承嗣子延秀入突厥」條後半段「我爲此起兵欲」以下至「十五年九月吐蕃寇州」條「伽獻其書」八條文字，誤置於「西突厥」之「武德元年八月」條後。他卷文字與汪啓淑家藏本略同。字跡工整清秀，似以館閣體抄寫，疑爲清初鈔本。今藏中國國家圖書館。

舊鈔本乙，二十冊。卷七、八、九、十載南唐事。「玄」、「胤」、「弘」闕筆。卷九二分「內外官料錢下」、「內外官職田」兩門，卷九三存「諸司諸色本錢上」，卷九四分爲「北突厥」、「西突厥」、「沙陀突厥」、「吐谷渾」。「北突厥」之「嗣聖三年九月」條放入「西突厥」之「永淳元年四月」條後，「景龍二年十一月」條置「沙陀突厥」之「貞觀二十一年八月」條後。「景龍二年十一月」條又接「北突厥」之「開元九年二月」以下七條。僅有兩處嗣聖年號，而明顯有回改嗣聖年號的痕跡。其他卷文字與汪啓淑家藏本略同。今藏中國國家圖書館。

武英殿聚珍本，卷貌較爲完善。卷七至卷十標目下注：「原闕，今照《四

〔註8〕《四庫全書總目》，頁1077。

庫全書》本增補」。既云「原闕」，當此四卷不存。又云此四卷「照《四庫全書》本增補」，則其底本應當另有他本。將此本與《四庫》本《唐會要》對校，文字各異，當屬兩個不同的版本系統。就卷九二、卷九三、卷九四而言，武英殿聚珍本《唐會要》與《四庫》本也多有不同。武英殿聚珍本《唐會要》卷九二、卷九三「諸司諸色本錢（上）」、卷九四文字與舊鈔本乙完全相同。惟卷九三「諸司諸色本錢（下）」，他本皆闕。

彭元瑞校本、傅增湘藏本、舊鈔本甲、乙文字與汪啓淑家藏本略同，當屬汪啓淑家藏本系統。殿本文字不同於各本，如卷七十六：

開元二十四年十月，禮部侍郎姚奕請進士帖《左氏傳》、《周禮》、《儀禮》，通五與及第。

案：殿本作「周禮儀禮」，餘各本並作「《禮》」。

（建中）三年四月敕：「禮部進士舉人等，自今已後⋯⋯即令所司追納告身，注毀官甲，准例與及第。至選日，仍稍優與處分，其正員官，不在舉限。」

案：殿本作「追納告身，注毀官甲」，餘下各本並誤作「進納高身，注毀官申」。

又如彭元瑞校本、汪啓淑家藏本等卷七十六載：「上元中，劉曉上疏曰：『國家以禮部爲孝廉之門考文章於甲、乙，故天下響應，驅於才藝，不務於德行⋯⋯夫人之愛名如水之就下。上有所好，下必甚焉。陛下若以德行爲先，文藝爲末⋯⋯則多士雷奔，四方風動。從欲於下，聖理於上，豈有不變者哉？』」殿本則闕如。

現存《唐會要》的版本源流頗不明晰，各家鈔本的序跋、題記皆是三條：晁公武《郡齋讀書志》、陳振孫《直齋書錄解題》及王應麟《玉海》中的《唐會要》題跋。抄寫的具體時間，尚缺乏有力的材料証明。只能通過《唐會要》版本的文字、卷貌等情況來考述這些版本的底本及淵源。當然，隨著每一次的抄錄，《唐會要》的一些文字可能會隨之而改變，難免出現訛誤、脫漏及衍文，爲後人考察版本帶來諸多不便，但是從整體的版貌仍舊能夠判斷出各版本之間承襲關係。

學界普遍認爲《唐會要》目前流傳的常熟錢曾鈔本系統與汪啓淑家藏本系統比較，汪啓淑家藏本的優點是九二卷不殘闕，九三、九四兩卷亦首尾完

具。這一觀點當是因《四庫全書》本之底本爲汪啓淑家藏本,《四庫全書》本卷九二、九三、九四俱存,故云汪啓淑家藏本亦存。

實際上,汪啓淑家藏本卷七至卷十爲後人抄撮《白虎通論》、《南唐書》等補入,體例與他卷迥然不同,內容不關唐事,也未錄書名。卷九二僅存「內外官料錢下」,又闕卷九三、九四。清初朱彝尊《曝書亭集》卷四五《〈唐會要〉跋》云借抄常熟錢氏寫本,第七卷至第九卷失去,雜以他書,第十卷亦有錯雜文字。九二卷闕第二翻以後,九三、九四兩卷全闕之本,蓋屬汪啓淑家藏本系統。除去疑竇頗多的卷七至卷九,卷九二至九四這七卷,彭元瑞校本、傅增湘藏本、清殘鈔本、《四庫》本、舊鈔本甲、乙文字與汪啓淑家藏本文字訛脫情況略同,屬於汪啓淑家藏本系統。殿本文字不同於各本,且較爲完善,當另有底本。那麼,以汪啓淑家藏本爲底本的《四庫》本,多出汪藏本卷九三、九四,以及同屬汪藏本系統的舊鈔本甲、乙多出的卷九三、九四源自何本?而學界誤底本爲《四庫》本的武英殿聚珍本又是所據何本?檢《唐會要》諸本卷九二、九三、九四,類目如下:

表 1

《唐會要》版本	卷九二	卷九三	卷九四
彭元瑞校本	內外官料錢(下)	闕	闕
汪啓淑家藏本	內外官料錢(下)	闕	闕
傅增湘藏本	內外官料錢(下)	闕	闕
王宗炎校本	闕	闕	北突厥、西突厥、沙陀突厥、吐谷渾。
《四庫全書》本	內外官料錢(下)、內外官職田(四條)	北突厥(上)	北突厥(下)、西突厥、西陀突厥、吐谷渾。
舊鈔本甲	內外官料錢(下)〔註9〕	諸司諸色本錢(上)	北突厥、西突厥、沙陀突厥、吐谷渾。
舊鈔本乙	內外官料錢(下)、內外官職田	諸司諸色本錢(上)	北突厥、西突厥、沙陀突厥、吐谷渾。
武英殿聚珍本	內外官料錢(下)、內外官職田	諸司諸色本錢(上)諸司諸色本錢(下)	北突厥、西突厥、沙陀突厥、吐谷渾。

〔註9〕舊鈔本甲卷九二「內外官職田」僅存目錄。

　　就表中所示《唐會要》卷九二、九三、九四之類目而言，彭元瑞校本、汪啓淑家藏本、傅增湘藏本，卷九二殘，卷九三、九四皆闕，同屬一源無疑。《四庫》本、舊鈔本甲、乙卷九二「內外官料錢（下）」同樣源自於汪啓淑家藏本系統。《四庫全書》本、舊抄本乙、殿本卷九二「內外官職田」〔註10〕，以及舊鈔本甲、乙、殿本卷九三諸司諸色本錢類，並不見於他本，當同出一源。

　　舊鈔本甲、乙既屬汪啓淑家藏本系統，舊鈔本甲、乙卷九三「諸司諸色本錢上」，舊鈔本乙卷九二「內外官職田」當據他書所補無疑。由於他本不見考此三個門類，若殿本（底本）此二卷完整，舊鈔本甲、乙皆據之補入，舊鈔本乙不應闕「內外官職田」及「諸司諸色本錢（下）」。因此，舊鈔本乙、殿本卷九二「內外官職田」，舊鈔本甲、乙、殿本卷九三只能是後一版本據前版本所補，而非相反順序。可能性較大的是，舊鈔本甲據殘留目錄補入「諸司諸色本錢（上）」，舊鈔本乙據甲補入「諸司諸色本錢（上）」，又據他書補入「內外官職田」。殿本則據舊鈔本乙補入了卷九二以及九三「諸司諸色本錢（上）」，且據目錄補入「諸司諸色本錢（下）」。

　　《唐會要》卷九四也能夠証明這一補錄順序。《四庫》本卷九三、卷九四，標目與各本有異，似別有來源，實則與王宗炎校本卷九四完全相同。文字上也與舊鈔本甲、乙、殿本卷九四略同，但是條目順序，以及紀年法卻有很大的差異：

表2

《四庫全書》本 （王宗炎校本同）	舊鈔本甲	殿本 （舊鈔本乙同）
卷九三：北突厥（上）	卷九四：北突厥	卷九四：北突厥
高祖初起義兵……多暴橫，帝亦優容之。	高祖初起義兵……多暴橫，帝亦優容之。	高祖初起義兵……多暴橫，帝亦優容之。
武德元年八月，遣鄭元璹以女妓賂始畢可汗。	下同《四庫》本。	下同《四庫》本。

〔註10〕案：《四庫》本卷九二「內外官職田」四條（前有闕如），「景龍四年三月」條、「長慶元年十月」條見於殿本，且文字相同。「以上俱內官」條（有殘闕）為內官祿秩，「貞觀元年秋七月敕」條為外任官員俸祿敕，文字頗有不通處，此二條文字不見於殿本。

二年二月，始畢死，其弟處羅可汗立。		
⋯⋯		
開耀七年，阿史那伏念自立爲可汗。		
永淳元年十月，突厥餘黨阿史那骨篤祿、阿史那元珍等召集亡散。		
弘道元年二月，突厥寇定州。		
卷九十四		
北突厥（下）		
嗣聖三年九月，以突厥斛瑟羅爲繼往絕可汗。	*嗣聖三年九月*，以突厥斛瑟羅爲繼往絕可汗。	置「長壽二年十月」條前。
四年七月，骨篤祿寇朔州，武后遣黑齒常之等擊之。	*四年七月*，骨篤祿寇朔州，武后遣黑齒常之等擊之。	*嗣聖四年七月*，骨篤祿寇朔州，武后遣黑齒常之等擊之。
六年九月，武后以僧懷義討之。	*六年九月*，武后以僧懷義討之。	*長壽二年九月*，武后以僧懷義討之。
十年九月，骨篤祿死，弟默啜立。	*十年九月*，骨篤祿死，弟默啜立。	*十年九月*，骨篤祿死，弟默啜立。
十一年三月，復遣僧懷義討默啜。	*十一年三月*，復遣僧懷義討默啜。	*十一年三月*，復遣僧懷義討默啜。
十二年十月，默啜遣使請降。	*十二年十月*，默啜遣使請降。	*十二年十月*，默啜遣使請降。
十四年三月，默啜請爲其女求昏。	*十四年三月*，默啜請爲其女求昏。（「我爲此起兵欲」以下誤入「西突厥」）	*聖曆元年三月*，默啜請爲其女求昏。
十五年八月，太后以武承嗣子延秀入突厥。		*其年八月*，太后以武承嗣子延秀入突厥。

十六年十月，默啜立其弟咄悉匐爲右廂察。		*二年十月*，默啜立其弟咄悉匐爲右廂察。
十八年七月，默啜寇鹽、夏。		*大足二年正月*，默啜寇鹽、夏。
神龍二年十二月，默啜寇鳴沙。		神龍二年十二月，默啜寇鳴沙。
景龍二年十一月，突厥施烏質勒卒。		置「二十一年八月」條後。
景雲二年正月，默啜遣使請和。		景雲二年正月，默啜遣使請和。
開元三年，默啜既請和稱臣，於是復圍北庭。		開元三年，默啜既請和稱臣，於是復圍北庭。
九年三月，突厥毘伽遣使求和。		以下七條置「景龍二年十一月」條後。
十五年九月，吐蕃寇瓜州。		
二十二年十二月，毗伽爲其臣梅錄啜毒死。		
二十九年七月，登利從叔二人，分典兵馬，號左右察。		
天寶元年秋七月，突厥拔悉密、回紇葛邏祿自爲左右葉護。		
三載八月，拔悉密攻殺突厥烏蘇可汗。		
四載正月，懷仁爲白眉所殺。		
西突厥	西突厥	西突厥
西突厥曷娑那可汗入朝於隋，留之。	下同《四庫》本。	下同《四庫》本。
武德元年八月，以西突厥曷娑那可汗爲歸義王。		
二年八月，曷娑那在長安。		

永淳元年四月，阿史那車簿圍弓月。		
嗣聖七年十月，西突厥十姓自垂拱以來，爲東突厥所侵略。	*嗣聖七年十月*，西突厥十姓自垂拱以來，爲東突厥所侵略。	*嗣聖三年九月*，以突厥斛瑟羅爲繼往絕可汗。*長壽二年十月*，西突厥十姓自垂拱以來，爲東突厥所侵略。
二十一年正月，周以阿史那懷道爲西突厥十姓可汗。	*二十一年正月*，周以阿史那懷道爲西突厥十姓可汗。	*長安四年正月*，周以阿史那懷道爲西突厥十姓可汗。
西陀突厥	沙陀突厥	沙陀突厥
貞觀十二年九月上以薛延陁強盛	下同《四庫》本。	下同《四庫》本。
……		
二十一年八月，多彌猜褊好殺。	二十一年八月，多彌猜褊好殺。	二十一年八月，多彌猜褊好殺。
		景龍二年十一月，突厥施烏質勒卒。

　　如表中所示，《唐會要》卷九四共 78 條文字，《四庫》卷九三、九四即是王宗炎校本卷九三，則天朝事皆繫於「嗣聖」年號下。

　　舊鈔本甲「北突厥」文字混亂，「十五年八月」條後半段「我爲此起兵欲」以下，至「十五年九月吐蕃寇州」條「伽獻其書」共八條文字，皆誤置「武德元年八月」條後。

　　舊鈔本乙與殿本錯簡情況相同，「北突厥」之「嗣聖三年九月」條放入「西突厥」之「永淳元年四月」條後。「景龍二年十一月」條入「沙陀突厥」之「貞觀二十一年八月」條。「開元九年二月，突厥毗伽遣使求和」以下七條置「景隆二年十一月」條後。《舊唐書》卷一九四《突厥上》載：「（開元四年）默啜首至京師，骨咄祿之子闕特勤鳩合舊部，殺默啜子小可汗及諸弟并親信略盡，立其兄左賢王默棘連，是爲毗伽可汗。」史書載毗伽可汗小殺即位後，於開元六年遣使者向唐求和，九年，又求和。二十二年，小殺被梅錄啜毒死，其子登利立。《新唐書》卷二一五《突厥》載：「三載，拔悉蜜等殺烏蘇米施，傳首京師，獻太廟。其弟白眉特勒鶻隴匐立，是爲白眉可汗，於是突厥大亂……始突厥國於後魏大統時，至是滅。後或朝貢，皆舊部九姓云。其地盡入回紇，

始其族分國於西者，曰西突厥。西突厥其先訥都陸之孫吐務號大葉護。」唐
史載天寶中，朔方節度使王忠嗣利用反間計，挑撥突厥拔悉密與葛邏祿、迴
紇三部矛盾，拔悉密殺烏蘇米施可汗，立其弟爲白眉可汗。至此，北方的霸
主突厥逐漸衰落。「開元九年二月」以下七條，當接「北突厥」之默啜事后無
疑。二本卷九四紀年法也不同於王宗炎校本、《四庫》本，僅有兩處嗣聖年號。
實因不明書法而回改，卻未改淨，留下兩處嗣聖年號〔註11〕。

　　今中國國家圖書館還藏有明鈔本四十卷。從僅存殘卷來看，訛、脫、錯
簡處與汪啓淑家藏本系統大至相同。如卷一：「世祖」，明鈔本、汪啓淑家藏
本、《四庫》本、舊鈔本甲、乙等皆作「代祖」。高宗宰相皆闕「竇威」，太
宗宰相皆闕「楊恭仁、許敬宗、高季輔、張行成」。「五年，封晉王」，皆誤
作「二月」。「二十六年六月三日，冊爲皇太子，改名紹」，皆誤作「二十六
年，冊爲皇太子，三十七年九月，改名紹」等。明鈔本傳抄中的訛誤比較多，
亦有闕如。如卷三「唐隆元年六月二十日，降爲庶人初神龍」條，汪啓淑家
藏本系統皆不闕。但是，於《唐會要》而言，明鈔本具有獨立的校勘意義，
甚至還保存著其他版本不載的條目，可補校他本之《唐會要》。如卷三《內
職》：

　　　　玄宗即位，大加懲革，內外有別，家道正矣。案杜氏《通典》：
　　內官有惠妃、麗妃、華妃（正一品），淑儀、德儀、賢、婉儀、芳儀
　　六人（正三品），美人四人（正三品），才人七人（正四品）。與正史
　　所載率皆不同，其間名號亦有見於國史，但不詳所出，今疏之於後，
　　以示廣記。高祖貴妃萬氏，（生楚王智雲。性恭順，高祖甚重之，諸
　　王妃莫推敬，後爲太妃，陪葬獻陵。）德妃尹氏，（生豐王元亨。）
　　昭儀宇文氏，（隋大將軍述之女，生韓王元嘉，魯王陵夔，皆爲賢王，
　　欲以爲后，辭不受。）婕妤郭氏，（生徐王元禮。）……武宗德妃劉
　　氏，賢妃王氏，昭儀吳氏、沈氏，修儀董氏，婕妤張氏、趙氏。宣
　　宗昭儀吳氏、趙氏，婕妤柳氏。懿宗淑妃郭氏。

案：汪啓淑家藏本、《四庫》本、殿本等各本「玄宗即位」以下（殿本「家道
正矣」以下）「懿宗淑妃郭氏」以上一千餘字皆闕。諸妃內容大多可考見兩《唐
書》、《通典》，而文字有不同。《通典》卷三四《職官》一六載：「大唐內官有

惠妃、麗妃、華妃三人（正一品），淑儀、德儀、賢儀、順儀、婉儀、芳儀六人（正二品），美人四人（正三品），才人七人（正四品）。」考《文獻通考》卷二五四：「唐舊制，皇后之下有貴妃、淑妃、德妃、賢妃各一人……元宗即位，大加懲革，內外有別，家道正矣。案：杜氏《通典》：『內官有惠妃、麗如、華妃（正一品），淑儀、德儀、曾賢儀、婉儀、芳儀六人（正二品），美人四人（正三品），才人七人（正品四）。』與正史所載率皆不同，其名號亦有見於國史，但不詳所出，今疏之於後，以示廣記。」明鈔本下文所載諸妃事蹟，《通考》則未載。疑此條為原本《唐會要》所有。

　　明鈔本《唐會要》多出的文字，尚有卷七十二《諸蕃馬印》所載諸蕃馬印詳圖等。

　　《唐會要》版本較為複雜，從各本卷數存闕、文字異同等，我們大概可以釐出《唐會要》的版本及傳承。為便於考察，現將《唐會要》版本源流附於下表，以備考覽：

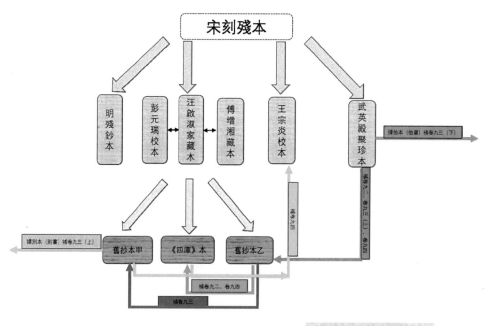

《唐會要》版本源流表

　　蓋《唐會要》從南宋流傳下來已經是一個殘本。後人皆據這一殘本抄錄，由於是不同人所抄，又出自眾手，故而文字面貌有所不同。北圖藏明鈔本、汪啓淑家藏本雖然略有不同，明鈔本亦有多出，但整體文字訛誤脫漏大至相

同。彭元瑞校本、傅增湘藏本、《四庫》本、舊鈔本甲乙，文字與汪啓淑家藏本略同，當同屬於汪藏本系統。較之於汪藏本，舊鈔本甲、乙多出卷九三「諸司諸色本錢（上）」，舊鈔本乙多出卷九二「內外官職田」、卷九三「諸司諸色本錢（下）」，王宗炎校本、《四庫》本、舊鈔本甲乙多出卷九四，則卷九二下半部，卷九三、九四當據他本所補無疑。《四庫》本、舊鈔本甲、乙出於汪啓淑家藏本系統，而《四庫》本多出卷九四（《四庫》本卷九三實自卷九四分出）；舊鈔本甲多出卷九三「諸司諸色本錢（上）」；舊鈔本乙多出卷九二「內外官職田」、卷九三「諸司諸色本錢下」及卷九四。多出內容或同源自一個已經亡佚的「別本」，或者遞相抄錄而成。《四庫》本卷九三、九四文字與王宗炎校本完全相同，當抄錄王宗炎校本。舊鈔本甲卷九四順序雖然混亂，但仍可見源自王宗炎校本。其卷九三「諸司諸色本錢（上）」，王宗炎校本、《四庫》本不載，疑爲此本據他書補錄。舊鈔本乙卷九二多出「內外官職田」類來看，或據殘留目錄補錄相關史料文字。卷九三「諸司諸色本錢（上）」與舊鈔本甲完全相同。卷九四紀年法及文字順序有明顯改動的痕跡，同樣可見源自王宗炎校本。

　　殿本卷九二、卷九三（上）、卷九四與舊鈔本乙文字相同，當據之而補錄。若殿本（底本）此三卷宛然具在，而他本皆據之所補。卷貌上不應呈現表 1 的區別。尤其是卷九四也不應在紀年法及順序上如此混亂，甚至還遺留有回改而未淨的痕跡。因此，殿本卷九二、卷九三（上）、卷九四據舊鈔本乙補入似乎更爲可信。

第三章　沈叔埏與《唐會要》的補撰

　　學界共知，今本《唐會要》卷七、八、九、十這四卷皆爲後人所補。至於補撰的時間，學者們認爲大約在明代嘉靖以前。《四庫全書總目》曰：「今僅傳鈔本，脫誤頗多。八卷題曰郊儀，而所載乃南唐事；九卷題曰雜郊儀，而所載乃唐初奏疏，皆與目錄不相應。七卷、十卷亦多錯入他文，蓋原書殘闕，而後人妄摭竄入，以盈卷帙。又一別本，所缺四卷亦同，而有補亡四卷。採摭諸書所載唐事，依原目編類。雖未必合溥之舊本，而宏綱細目，約略粗具，猶可以見其大凡。今據以錄入，仍各註『補』字於標目之下，以示區別焉。」〔註1〕館臣所謂「又一別本」，實爲後人抄錄《冊府元龜》、《文苑英華》、《新唐書》等，補錄者將文字出處一並注於文後，以顯示此四卷并非《唐會要》原本。

　　目前所能見到的《唐會要》版本，卷七、八、九、十這四卷呈現出三種不同的卷貌。第一種情況是卷七、八、九、十這四卷皆闕；第二種情況是四卷俱在，目錄分別題作「郊議」、「雜郊議」、「親郊拜」、「藉田」。而卷七、卷八、卷十內容全部抄錄《白虎通論》中的「封禪」、「巡狩」、「考黜」篇等。卷九全摘抄《南唐書》，惟首條載唐事：「上元元年，上皇居興慶宮，父老往往瞻拜。」檢《資治通鑑》卷第二二一《唐紀》三七：「上皇愛興慶宮，自蜀歸即居之……上皇多御長慶樓，父老過者，往往瞻拜，呼萬歲。」疑此條爲《唐會要》原本殘佚文字；最後一種卷貌爲《四庫全書》本獨有，武英殿聚珍本據之補錄。清沈叔埏《頤綵堂文集》卷八《書自補〈唐會要〉手稿後》描述其所補卷七至卷十情況正與《四庫》本相符，沈氏當是這四卷的補撰者〔註2〕。

〔註1〕《四庫全書總目》，頁1077。
〔註2〕〔清〕沈叔埏《頤綵堂文集》卷八，續修《四庫》本，第1458冊，頁429。

沈叔埏（1736～1803），字劍舟，一字埴爲，浙江秀水人。早年家中頗有資產，乾隆九年（1744）與兄沈佩玉、弟沈季奎受學於田琅。後因沈父憂病，叔埏不善營生，從此家道中落，只能靠鬻賣宅第維持生活。沈叔埏曾經出門遊學至大梁等地，屢次受學於當地知名學者，然而省試屢次不中，頗爲苦悶。乾隆三十九年（1774），沈叔埏以優行，貢禮部廷試第一，入太學。乾隆四十三年（1778）冬，應教習試，又試爲第一。被補充爲正紅旗官學教習。四十五年，乾隆皇帝五巡江南，召試一等，賜舉人，授內閣中書。充方略館《一統志》、《通鑑輯覽》分校，及《歷代職官表》協修官。又充《四庫全書》武英殿分校。乾隆五十二年（1787），會試中試殿試三甲，授吏部稽勳司主事。因太夫人石太宜人年邁無人贍養，至部曹才三日，即陳情乞終養歸。嘉慶八年正月五日，卒。築室錦帶、寶帶兩湖間，學者稱爲「雙湖先生」。著《頤綵堂文集》十五卷、《頤綵堂詩鈔》十卷。

《頤綵堂文集》卷八《書自補〈唐會要〉手稿後》：

> 乾隆戊戌九月，魚門太史屬余校《唐會要》百卷，内第七卷至九卷即竹垞跋所謂失去雜以他書者也。余因鈔新、舊《唐書》及《太平御覽》（案：未引《太平御覽》。）《文苑英華》、《冊府元龜》諸書補之，且以七卷之《封禪》分作二卷，八卷之《郊議》、九卷之《雜郊議》並爲一卷，十卷之《親拜郊》以《雜錄》並入，繼以《親迎氣》，《后土》則分《方丘》、《社稷》，《藉田》則以《藉田東郊儀》並入，《九宮壇》則專抄《禮儀志》終以《皇后親蠶》，四卷遂成完書。至竹垞所闕之九十二、三、四三卷此本尚存，蓋館書之進自邗上馬氏，爲嶰谷、涉江兄弟所藏者，勝虞山錢氏本多矣。

沈叔埏《頤綵堂文集》卷八、卷九、卷十記載了若干篇如《書自補〈唐會要〉手稿後》、《書〈鴻慶集〉後》、《書〈都官集〉後》、《書〈鶴林集〉後》、《書〈懷麓堂集〉後》等的「書後」。司馬朝軍先生所著《〈四庫全書總目〉編纂考》考辨這些篇目多爲沈叔埏所擬的《四庫》提要稿。〔註3〕於此，張昇先生已從沈氏之任職時間、職分及具體內容等方面駁論。〔註4〕

《四庫全書總目》的編撰自乾隆三十七年正月，皇帝下詔各省採辦書籍必需附上簡要目錄開始，至四十七年七月纂修完成。這一期間，《總目》又因《四庫全書》的抽毀增刪而不斷改動。直到六十年才刊印問世，由永瑢等人

〔註4〕張昇《沈叔埏與〈四庫全書〉提要稿》，《圖書館研究與工作》，2007年第2期。

奏上。浙本《四庫全書總目》卷首「乾隆四十七年七月十九日，奉旨開列辦
理《四庫全書》在事諸臣職名」，其中「校勘永樂大典纂修兼分校官」，列劉
校之以下凡三十九人，沈叔埏名在繕書處分校官之列。考察沈叔埏《頤綵堂
文集》以及阮元爲其撰寫的墓誌，可以大致推測出沈叔埏出任四庫館分校官
的時間。阮元《敕授承德郎吏部稽勳司主事沈君墓誌銘》：「戊戌，多應教習
試，復第一。補充正紅旗官學教習。期年給假歸。值純皇帝南巡，召試一等，
賜舉人，授內閣中書，充方略館《一統志》、《通鑑輯覽》分校，及《歷代職
官表》恊修官，又充《四庫全書》武英殿分校，凡八年。」〔註5〕乾隆戊戌年，
即乾隆四十三年（1778）。此時《四庫全書》的纂辦工作正在進行之中，沈叔
埏尚未入京擔任《四庫》館分校官。沈叔埏《頤綵堂文集》卷一五《誥封太
宜人顯妣石太宜人行述》稱石太宜人八十大壽時，「恭逢鑾輅五巡」，蒙恩授
官。卷七《戴母潘太孺人七十壽序》又云：「余於庚子春赴召。偕君同試西泠
行闕。余幸售承恩，君亦於是秋獲預選舉，先後至京師。」乾隆第五次南巡、
石太夫人八十大壽皆在乾隆四十五年（1780）。因此沈叔埏入四庫館時間大約
在乾隆四十五年（1780）。

　　沈叔埏生平博綜群書，尤喜聚書、考錄諸書，藏書多有鈐印：「叔埏」、「劍
舟」、「梅石居」諸印記。沈叔埏文集中題「書後」者，一部份是沈叔埏家藏書
畫題跋，如卷七《書騎牛圖後》：「吾鄉《白牛居士騎牛圖碑》在金華試院。庚
戌秋，永濟崔曼亭先生攝守婺郡，余寓書，乞得二幅。」卷七《書〈東陽李氏
春秋紀傳〉後》：「乾隆乙巳嘉平，余客東陽，韋五雲明經贈余是書。」庚戌爲
乾隆五十五年，乙巳爲乾隆五十七年，《四庫全書》的編纂早已完工，沈叔埏丁
母憂，去職歸鄉里。卷九《書〈王右丞集〉後》：「家藏《右丞集》十卷，《文》
四卷。余購自吳山，爲無錫夫漱山人顧起經元緯校刻本。」《書〈龜谿集〉後》、
《書〈靈山藏詩〉後》等都是沈叔埏家藏書目題跋；一部份是沈叔埏爲鄉賢時
人的著作撰寫序跋，如卷一一《書〈雕蟲賦〉後》：「吾鄉譚埽菴司成，年五十
三，作此賦。一名《小蟲賦》，一名《小化》。」爲親身目睹的珍稀書畫作題跋
以茲紀念，《書〈竹垞圖〉後》：「乾隆甲辰夏……以購得《竹垞圖》示余，乃康
熙甲寅，先生客通潞時，塡百字令，索泰興曹次岳補圖。」《書〈同胞雅會圖〉
後》：「庚子多，余既作長歌以詠斯圖矣。越四載，甲辰余以寧母還。」；另有一
部分是沈叔埏所作碑樓牌記，如《書馮具區〈精嚴寺重建鐘樓碑〉後》：「乾隆

三十五年庚寅，嘉平寺僧議興殿工。而此刹正當學之西南，為形家所忌，自不可使之凌駕。」及《書〈雁湖陶氏修復洛山墓田碑記〉》等。

《書自補〈唐會要〉手稿後》是其中比較特殊的一篇，記錄的是沈叔埏補撰《唐會要》手稿的情況。《書自補〈唐會要〉手稿後》云：「至竹垞所闕之九十二、三、四三卷此本尚存，蓋館書之進」。朱彝尊（1629～1709），字錫鬯，號竹垞，又號驅芳，晚號小長蘆釣魚師，秀水（今浙江嘉興市）人。沈叔埏是朱彝尊的同鄉後輩，很可能見到朱彝尊所藏《唐會要》，或者是輾轉被沈叔埏收藏。沈叔埏云朱彝尊所闕之九十二、三、四三卷，程晉芳提供的《四庫》本尚存，顯然沈叔埏是將《四庫》本與朱彝尊題跋本相互對比得出的結論。沈氏推測所見《唐會要》為「館書之進」，蓋此本為程晉芳錄《四庫》本《唐會要》副本請沈叔埏校訂。

程晉芳（1718～1784）字魚門，一字蕺園，歙縣（今安徽歙縣）人。乾隆三十六年（1771）進士，歷官內閣中書、吏部主事。乾隆三十七年（1772），剛剛考取進士的程晉芳被舉薦纂修《四庫全書總目》，在《四庫》館任總目協勘官。共同擔任此職的還有汪如藻等六人。《總目》編成以後，任翰林院編修。程晉芳嗜讀書、藏書，曾罄其資產購書三萬餘卷，招有學之士，共同探討。中年以後家境衰敗，藏書陸續散佚。藏書處名曰桂宧，編有《桂宧書目》二卷。著述頗豐，有《周易知旨編》三十卷、《尚書今文釋義》四十卷、《春秋左傳翼疏》三十二卷、《勉行堂文集》六卷。

程晉芳早年從商，獨尚儒術，慷慨好客，交往遍佈海內。與吳敬梓、袁枚、杭世駿、史震林等當時江南許多著名文人交誼甚厚，詩文唱和不斷。他在《桂宧藏書序》中自述云：「余年十三四歲，即好求異書，家所故藏凡五千六百餘卷。有室在東偏，上下樓六間，庭前雜栽桂樹，名之曰桂宧。四方文士來者，觸詠其中。得一書則置樓中題識裝潢，怡然得意。吾友秀水李情田知余所好，往往自其鄉挾善本來，且購且鈔，積三十年而有書三萬餘卷。」〔註6〕

程晉芳經常往來於揚州、蘇州、秀水各地，與李英（字御左，號芋圃）、李宗仁（字乾三，號情田）、錢載（字坤一，號籜尊）、趙懷玉等一大批浙江秀水籍名士賞景遊歷。其中趙懷玉與沈叔埏同年及第，私交頗深，趙懷玉過嘉興，與沈叔埏和詩云：

較量出處賦歸與，晝省何如奉板輿。問歲君還少進士，論才我

〔註6〕〔清〕程晉芳《勉行堂文集》卷二，續修《四庫》本，第1433冊，頁306。

竟禿中書。一尊且設茅容饌，半畝終慳揚子居。卻羨兩湖鄉味好，

不應人只說鱸魚。〔註7〕

　　《書自補〈唐會要〉手稿後》描述程晉芳委託沈叔埏校補的鈔本《唐會要》，與《四庫全書》本《唐會要》版貌大致相同。沈氏校補的《唐會要》即是《四庫總目》所云卷七、八、九、十據唐史補入的「別本」。沈叔埏在文中稱鈔錄新、舊《唐書》及《太平御覽》、《文苑英華》、《冊府元龜》諸史書補遺鈔本《唐會要》所缺四卷。今考《四庫全書》本《唐會要》卷七至卷十，文字全部採錄新、舊《唐書》、《冊府元龜》、《文獻通考》、《文苑英華》，且每條文字下皆注明文字出處。卷次標目也與沈氏所云符合：卷七為《封禪上》，卷八《封禪下》，卷九分為上下卷，上卷題《郊祭》，下卷有《齋戒》、《陳設》、《省牲器》、《鑾駕出宮》、《奠玉帛》、《進熟》、《鑾駕還宮》七個小標目。卷十同樣分為上、下，上卷為《親拜郊》，下卷繼以《親迎氣》、《后土》（《后土》則分《方丘》與《社稷》）、《藉田》、《九宮壇》，終以《皇后親蠶》。《書自補〈唐會要〉手稿後》又云：「至竹垞所闕之九十二、三、四三卷此本尚存。」《四庫》本卷九二存《內外官料錢下》及「內外官職田」中的四條，卷九三存《北突厥上》，卷九四分《北突厥下》、《西突厥》、《西陀突厥》、《吐谷渾》四類。可以確定，《四庫全書》本《唐會要》卷七至卷十正是沈叔埏所補。

　　《書自補〈唐會要〉手稿後》云：「余因鈔新、舊《唐書》及《太平御覽》（案：未引《太平御覽》。）《文苑英華》、《冊府元龜》諸書補之。」沈叔埏稱其鈔錄新、舊《唐書》及《太平御覽》、《文苑英華》、《冊府元龜》諸書補《唐會要》。沈氏這段話語義含混不清，很容易產生歧義。實際上，沈叔埏只是從《文苑英華》中直接引用了兩條材料，兩《唐書》、《冊府元龜》、《文獻通考》等內容都不是使用的第一手材料，而是完全抄襲秦蕙田《五禮通考》引用上述史書的文字。

　　秦蕙田（1702～1736），字樹峰，號味經，江蘇金匱（今無錫）人。乾隆元年（1736）科考中一甲進士，授編修，南書房行走，擢升內閣學士，遷禮部右侍郎。二十二年正月，擢工部尚書，領署刑部尚書。二十三年，調為刑部尚書，兼管工部事，尋加太子太保。乾隆二十九年（1764），卒。秦蕙田因感歎諸儒雖然對於《六經》所載名物制度精於詮釋異同，但極少能夠會通各家之說。徐乾學《讀禮通考》記載禮制甚為詳湛，可惜闕少喪葬一門。而《周

〔註7〕　〔清〕趙懷玉《亦有生齋集》卷一〇，續修《四庫》本，第 1469 冊，頁 369。

官‧大宗伯》列五禮之目，古經散亡，鮮少能追溯發端，探委究原。因此倣仿徐氏體例，博綜群言，旁參確証，裒集先儒經解之說，分類排輯，補徐氏之闕，以成《五禮通考》一書。《五禮通考》凡七十五類，對先秦至明末中國古代的禮制進行了全面而詳盡的考証和評論。《四庫》館臣於此評價極高：「其他考証經史，元元本本，具有經緯。非剿竊餖飣、掛一漏萬者可比。較陳祥道等所作，有過之無不及矣。」〔註8〕曾國藩亦稱：「秦尙書纂《五禮通考》，舉天下古今幽明萬事，而一經之以禮，可謂體大而思精矣。」〔註9〕

沈叔埏稱其鈔錄新、舊《唐書》及《太平御覽》、《文苑英華》、《冊府元龜》諸書補錄的《唐會要》四卷，幾乎是照搬《五禮通考》。從評論史實的方式及句法用語來看：其一，《五禮通考》往往習慣將採用書目標於正文之前，《唐會要》中則將書目移置文字末尾，但是其中一些條目還保留了《五禮通考》的引用慣例。如：「案《大唐新語》：高宗乾封初封禪」、「《徐堅傳》：元宗時堅充集賢學士」等。

其二，引用《文獻通考》中的文字稱「《文獻通考》馬氏曰」，也是《五禮通考》一貫使用的評價方式，全書出現三十餘次。而《唐會要》也有遺留痕跡，如「《文獻通考》馬氏曰：並配之制，始於唐」。

其三，在「某某人傳」後添加案語，是《五禮通考》的另一史評特色。秦蕙田在編撰《五禮通考》時，除了採用諸家史書的禮志，還專門遍採紀傳，「參校志書，分次時代，詳加考核，凡諸議禮之文，務使異同並載，曲直具存，庶幾後之考者得以詳具本末。」從本紀、傳等人物傳記中摘取多條材料，以考述各朝禮制的發展及沿革。秦蕙田常常在《五禮通考》中引用某人傳紀之後，用「蕙田案」的形式闡釋經義，論發己見。雖然亦有失考之言論，但體現出秦氏追本究源的爲學態度，有助於洞徹歷代禮制源流。如《五禮通考》卷九《吉禮》載：「《唐書‧賈曾傳》：『天子親郊，有司議不設皇地祇位，曾請合享天地如古制，并從祀等座。睿宗詔宰相、禮官議，皆如曾請。』蕙田案：『是年正月，南郊改元太極。五月，北郊又改元延和。《舊書》作『景雲三年』，《新書》又作『先天元年』。一年四號，自古無之。又案：《通典》言寢曾表是不合祭也。《新書》此傳言如曾請，又似改爲合祭矣。然此年五月戊寅，有事北郊。《新書‧禮樂志》又云：『是時，睿宗將祭地於北郊。故曾之

<hr>

〔註8〕《四庫全書總目》卷二二，頁281。
〔註9〕〔清〕曾國藩《曾文正公集》卷二，中國書店，2011年，頁66。

議寢。』」秦氏以新、舊《唐書》本傳與樂志對校，考校文字。從人物傳記中探究禮制，辨析禮法。而沈叔埏補撰的《唐會要》將能夠表明文獻來源的「蕙田案」及以下三十餘字盡數刪去。又將採用「某某傳」的條目前加「案」字，其他不改一字。《唐會要》卷七至卷十共百餘條文字，有七條與其他條形式不相同，是以案語的形式出現。如卷七：「案：《唐書‧謝偃傳》：『太宗時，偃爲宏文館直學士。』」條，「案：《王元感傳》：『天授中，元感直宏文館。』」條。卷八：「案：《唐書‧列傳》：『張說爲中書令』」條，「案：《裴寂傳》：『貞觀二年，太宗祠南郊。』」條。《唐會要》引自兩《唐書》「某某人傳」的情況下，文字多加「案」字。沈叔埏抄錄十數條「案某某傳」，沒有闡發一言個人見解，文字上和《五禮通考》也幾乎沒有任何差異。

　　從內容上看，沈叔埏補錄的四卷《唐會要》更是與《五禮通考》如出一轍，如卷七首條：「兗州刺史薛冑，以天下太平，登封告禪，帝王盛烈，遂遣博士登泰山觀古跡，撰封禪圖及儀上之，高祖謙讓不許。《冊府元龜》」《五禮通考》卷五〇吉禮載：「《冊府元龜》：『兗州刺史薛冑，以天下太平，登封告禪，帝王盛烈，遂遣博士登太山觀古跡，撰封禪圖及儀上之，高祖謙讓不許。』」《冊府元龜》卷三五《帝王部》載：「隋文帝開皇九年，平陳。朝野物議，咸願登封。秋七月丙午詔曰……又定州刺史豆盧通等上表請封禪，帝不許。又兗州刺史薛冑，以天下太平，登封告禪，帝王盛烈，遂遣博士登太山觀古跡，撰封禪圖及儀上之，高祖謙讓不許。」《五禮通考》採錄《冊府元龜》的材料，略去隋開皇九年，群臣議封禪事，以及豆盧通等上表請封禪事。並刪除「又」字。《唐會要》與《五禮通考》文字完全相同，是爲抄錄《五禮通考》又一確證。

　　沈叔埏補撰《唐會要》的四卷中除去抄錄「五禮通考」的條目，尚有四條完全採錄了《文苑英華》的內容：卷七「貞觀十一年顏師古封禪議」條；卷八「唐張說封禪壇頌」條（殿本不注出處）；卷九（上）「（褚）無量上皇后不合祭南郊議」條；卷九（下）「開元年中，唐子元、徐堅同議南郊先燔後祭」條。而《五禮通考》採自《唐書》，文字略有不同。當是沈叔埏據《文苑英華》補入，餘下皆抄錄《五禮通考》卷九、卷二一及卷五〇至卷五二《吉禮》。

　　秦蕙田卒於乾隆二十九年（1764）。乾隆四十三年（1778），沈叔埏方補《唐會要》四卷，前後相距十四年。秦氏絕無可能見到這四卷後補之作而抄撮。沈叔埏所謂的校補工作是直接抄錄《五禮通考》，只是減刪去表明文獻來源的秦蕙田案語，又在少數條目前加「案」字，另外據《文苑英華》補錄了

四條文字。分以卷數，編以目次，最終完成了《唐會要》這四卷的補錄。因此，館臣所謂「又一別本」，並非《唐會要》傳本，而是沈叔埏抄錄《五禮通考》補撰之本。嚴格意義上來說，此本也並不能視作《唐會要》另一版本系統，而仍然屬於汪啓淑家藏本系統。

第四章 《唐會要》闕卷後人僞撰考 [註1]

　　殿本《唐會要》卷七、八、九、十原闕，據《四庫全書》本增補，每條皆注有文字出處，補撰者觀點以案語標識。這幾卷並非原本，而是後人所補，已是學界共識。闕而復得的卷九二、九三、九四這三卷，殿本未言據何本補入，則其底本如此，然與汪啓淑家藏本大異，則殿本之底本別有來源，前人云出自汪本，蓋亦想當然耳。此三卷每條文字皆不注出處，體例與七至十卷不一。故學界一直視爲原書文字。但筆者閱讀使用該書時發現，此三卷實非原本所有，而是後人所補。由於不作任何說明，亦不同前四卷補撰者標明文字所出，故此三卷可視爲後人僞撰。今詳考辨如下：

第一節　殿本《唐會要》卷九二僞撰考

　　殿本《唐會要》卷九二分「內外官料錢（下）」及「內外官職田」兩個標目，其中，「內外官料錢（下）」類共十一條，與四庫本對校，文字基本相同。「內外官職田」類共二十五條，殿本、《四庫》本相同的兩條（第3條，第21條），及《四庫》本多出殿本的兩條，他書無考。而殿本多出的二十三條皆見於《冊府元龜》卷五○五、五○六、五○七這三卷，排列順序與《冊府》基

〔註1〕本章撰成並投稿以後（題作《〈唐會要〉闕卷後人補撰考》，發表於《江淮論壇》，2012年第5期），獲悉日本金澤大學金畑徹《〈唐会要〉の流伝に関する一考察》一文。該文涉及到本章第一節與第二節內容，主要觀點一致，亦認爲殿本《唐會要》卷九二（下）、卷九三據《冊府元龜》抄補，其首發此二卷爲後人補撰之秘，功不可沒，但本文論証更爲詳細而確鑿，包括新書証的搜集與比勘範圍的擴大，尤其是從明刻本《冊府元龜》的避諱字和宋刻與明刻《冊府元龜》文字差異的角度來進行論証，是本文的獨特之處。

本一致。除了明顯的傳抄之誤外，二書文字幾乎完全相同。更重要的是，通過對校宋、明本《冊府元龜》，發現《唐會要》譌誤處與明本《冊府》相同。此外，後世文獻如《山堂考索》引用《唐會要》「官職田」、「官料錢」有不見於今本《會要》者。故筆者認爲，殿本《唐會要》卷九二當有後人據明本《冊府》補撰的內容。詳表如下〔註2〕：

表3

序次	殿本《唐會要》	文獻出處
1	武德元年十二月制：「內外官各給職分田，京官一品十二頃，二品十頃，三品九頃，四品七頃，五品六頃，六品四頃，七品三頃五十畝，八品二頃五十畝，九品二頃。雍州及外州官二品十二頃，三品十頃，四品八頃，五品七頃，六品五頃，七品四頃，八品三頃，九品二頃五十畝。」	明本《冊府元龜》卷五〇五《邦計部·俸祿》： （武德元年十二月）**文**制：「內外官各給職分田，京官一品十二頃，二品一十頃，三品九頃，四品七頃，五品六頃，六品四頃，七品三頃五十畝，八品二頃五十畝，九品二頃。雍州及外州官二品十二頃，三品十頃，四品八頃，五品七頃，六品五頃，七品四頃，八品三頃，九品二頃五十畝……」
2	貞觀十一年三月敕：「內外官職田，恐侵百姓，先令官收，慮其祿薄家貧，所以別給地子，去歲緣有水旱，遂令總停，茲聞卑官頗難支濟，事須優恤，使得自資，宜準元敕，給其地子。」	卷五〇五《邦計部·俸祿》： （貞觀）十一年三月敕：「內外官職田，恐侵百姓，先令官收，慮其祿薄家貧，所以別給地子，去歲緣有水旱，遂令總停，**如**聞卑官頗難支濟，事須優恤，使得自資，宜準元敕，給其地子。」
3	景龍四年三月，敕旨頒行天下，凡屬文武官員，五品以下，各加田五畝。五品以上，各加田四畝。	他書未載。
4	開元十年正月，命有司收內外官職田，以給逃還貧**民**戶。其職田以正倉粟畝，二升給之。	卷五〇六《邦計部·俸祿》： （十年正月）乙丑，命有司收內外官職田。以給逃還貧**下**戶，其職田以正倉粟畝，二升給之。

〔註2〕 爲便於比較，表中文獻出處多出《唐會要》之句，或文字相同而字數過多者，以省略號替代。互有異同之語句，則以下劃線標識，若僅個別文字有異，則加粗以著重號別之。表 3-7 仿此例。

5	*其年*六月敕：「*所*置職田，本非古法，爰自近制，是以因循，事有變通，應須刪改。其內外官所給職田地子，從今年九月以後，並宜停給。」	卷五〇六《邦計部‧俸祿二》：六月初（所）置職田，本非古法，爰自近制，是以因循，事有變通，應須刪改。其內外官所給職田子，從今年九月已後，並宜停給。
6	十八年三月敕：「京官職田將令，準令給受，復用舊制。」	卷五〇六《邦計部‧俸祿二》：十八年三月敕：「京官職田將（特）令，準令給受。」
7	十九年四月敕：「天下諸州縣并府鎮戍官等職田，頃畝籍帳，仍依允租價對定，無過六斗，地不毛者，畝給二斗。」	卷五〇六《邦計部‧俸祿二》：十九年四月敕：「天下諸州縣并府鎮戍官等職田，四至頃畝造帳，申省仍依元租價對定，六斗已下者依舊定，以上者不得過六斗。」《新唐書》卷五五食貨志第四五：十九年，初置職田。頃畝簿租價無過六斗，地不毛者，畝給二斗。
8	二十九年二月敕：「外官職田，委所司準例倉中受納，納畢一時分付，縣官亦準此。」	卷五〇六《邦計部‧俸祿二》：二十九年二月敕：「外官職田，委所司準例倉中受納，納畢一時分付，縣官亦準此。」
9	其年三月敕：「京畿地狹，民戶殷繁，計丁給田，尚猶不足，兼充百官苗子，固難周濟。其諸司官令分在都者，宜令所司，具作定額，計應受職田，並於都畿給付。其應退地，委採訪使與本州長官給貧下百姓。其應給職田，亦委採訪使與所由長官勘會同給，仍永爲常式。」	卷五〇六《邦計部‧俸祿二》：其年三月敕：「京畿地狹，人戶殷繁，計丁給田，尚猶不足，兼充百官苗子，固難周濟。其諸司官令分在都者，宜令所司，具作定額，計應受職田，並於都畿給付。其應退地，委採訪使與本州長官給貧下百姓。其應給職田，亦委採訪使與所由長官勘會同給，仍永爲常式。」
10	廣德二年十月，宰臣等奏減百司職田租之半以助軍糧，從之。	卷五〇六《邦計部‧俸祿二》：廣德二年十月，宰臣等奏減百司職田租之半以助軍糧，從之。
11	天寶元年六月敕：「如聞河東、河北官人職田，既納地租，仍收桑課，田樹兼稅，*民*何以堪，自今以後，官人及公廨、職田有桑一切不得更徵絲課。」	卷五〇六《邦計部‧俸祿二》：天寶元年六月敕：「如聞河東、河北官人職田，既納地租，仍收桑課，田樹兼稅，*人*何以堪，自今以後，官人及公廨、職田有桑一切不得更徵絲課。」

12	十二載十月敕：「兩京百官職田，承前佃*民*自送，道路或遠，勞費頗多。自今已後，其職田去城五十里內者，依舊令佃民自送入城，自餘限十月內便於所管州縣并腳價貯納。其腳價，五十里外每斗各徵二文，一百里外不過三文，並令百官差本司請受。」	卷五〇六《邦計部・俸祿二》： 十二載十月敕：「兩京百官職田，承前佃*人*自送，道路或遠，勞費頗多。自今已後，其職田去城五十里內者，依舊令佃民自送入城，自餘限十月內便於所管州縣并腳價貯納。其腳價，五十里外每斗各徵二文，一百里外不過三文，並令百官差本司請受。」
13	上元元年十月敕：「京官職田，準式並令佃*民*輸送至京。」	卷五〇六《邦計部・俸祿二》： 上元元年十月敕：「京官職田，準式並合佃*人*輸送至京。」
14	大曆二年正月，詔：「京兆府及畿縣官職田，宜令準外州府縣官例，三分取一分。」至十月，減京官職田，一分充軍糧，二分給*本*官。	卷五〇六《邦計部・俸祿二》： 大曆二年正月，詔：「京兆府及畿縣官職田，宜令準外州府縣官例，三分取一分。」至十月，減京官職田，一分充軍糧，二分給*大*官。
15	十四年八月，敕：「內外文武官職田及公廨田，準式，州縣每年六月三十日勘造白簿申省，與諸司文解勘會……如有違犯，專知官及本典準法科罰。」	卷五〇六《邦計部・俸祿二》： 十四年八月，敕：「內外文武官職田及公廨田，準式，州縣每年六月三十日勘造白簿申省，與諸司文解勘會……如有違犯，專知官及本典準法科罪。」
16	貞元四年八月，敕：「準田令：永業田，職事官從一品、郡王各五十頃，若職事官從二品各三十五頃……伯若職事官從四品，各十一頃。」	卷五〇六《邦計部・俸祿二》： 貞元四年八月，敕：「準田令：永業田，職事官從一品、郡王各五十頃。若職事官從二品各三十五頃……伯若職事官從四品，各十一頃。」
17	十四年六月，判度支于*頔*請收百官闕職田，以贍軍須。從之。	卷五〇六《邦計部・俸祿二》： 十四年六月，判度支于*頎*請收百官闕職田，以贍軍須。從之。
18	元和六年八月，詔：「百官職田，其數甚廣，今緣水潦，諸處道路不通，宜令所在貯錢，充度支支用。百官卻令據數於太倉請受。」	卷五〇七《邦計部・俸祿三》： （元和六年八月）又詔：「百官職田，其數甚廣，今緣水潦，諸處道路不通，宜令所在貯錢，充度支支用。百官卻令據數於大倉請受。」

19	十三年三月詔：「百司職田，多少不均，爲弊日久，宜令每司各收職田草粟等數，自長官以下，據多少人作等差，除雷闕官外分給。」	卷五〇七《邦計部·俸祿三》： 十三年三月詔：「百司職田，多少不均，爲弊日久，宜令每司各收職田草粟等數，自長官以下，據多少人作等差，除雷闕官物外分給。」
20	長慶元年七月，敕：「百司職田在京畿諸縣者，訪聞本地，多被所由侵隱，抑令貧戶佃食蒿荒，百姓流亡，半在於此，宜委京兆府勘會均配，務使公平。」	卷五〇七《邦計部·俸祿三》： 長慶元年七月，敕：「百司職田在京畿諸縣者，訪問本地，多被所由侵隱，抑令貧戶佃食蒿荒，百姓流亡，半在於此，宜委京兆府勘會均配，務使公平。」
21	其年十月，敕司，兼中書令合屬內官，各依舊外，再加田五畝，七品以下仍舊。	他書未載。
22	寶曆元年四月，制：「京百司田散在畿內諸縣，舊制配地出子，歲月已深，佃戶至有流亡，官曹多領虛數。今欲據額均入，地盤萬戶，供輸百司，盡得隨稅出子，逐畝平攤，比量舊制，孰爲允便？宜委京兆府與屯田審勘計會，條流聞奏。」	卷五〇七《邦計部·俸祿三》： 寶曆元年四月，制：「京百司田散在畿內諸縣，舊制配地出子，歲月已深，佃戶至有流亡，官曹多領虛數。今欲據額均入，地盤萬戶，供輸百司，盡得隨稅出子，逐畝平攤，比量舊制，孰爲允便？宜委京兆府與屯田審勘計會，條流聞奏。」
23	開成二年五月，判國子祭酒事、門下侍郎、平章事鄭覃奏：「太學新置五經博士各一人，屯田素無職田，請依王府官品秩例，賜以祿粟。」從之。	卷五〇七《邦計部·俸祿三》： 開成元年五月，判國子祭酒事、門下侍郎、平章事鄭覃奏：「太學新置五經博士各一人，屯田素無職田，請依王府官品秩例，賜以祿粟。」從之。
24	會昌六年十月，京兆府奏：「諸縣徵納京百司官秋職田斛斗等，伏請從今已後，卻準會昌元年已前舊例，上司官斛斗，勒民戶使自送納，所冀輸納簡便，百官各得本分職田，縣司所由無因隱欺者。」並從之。	卷五〇八《邦計部·俸祿四》： 會昌六年十月，京兆府奏：「諸縣徵納京百司官秋職田斛斗等，伏請從今已後，卻準會昌三年以前舊例，上司官斛斗，勒民戶使自送納，所冀輸納簡便，百官各得本分職田，縣司所由無因隱欺者。」並從之。

25	大中元年十月，屯田奏：「應內外官請職田，陸田限三月三十日，水田限四月三十日，麥田限九月三十日，已前上者入後人，已後上者入前人。伏以令式之中，並不該閏月。每遇閏月，交替者即公牒紛紜，有司即無定條，莫知所守。伏以公田給使，須準期程，時限未明，實恐遺闕。今請至前件月遇閏，即以十五日爲定式，十五日以前上者人後人，已後上者入前人。據今條，其元闕職田，並限六月三十日，春麥限三月三十日，宿麥限十二月三十日，已前上者入新人，已後上者並入舊人。今亦請至前件月遇閏，即以十五日爲定式。所冀給受有制，永無訴論。」敕曰：「五歲再閏，固在不刊，二稔職田，須有定制。自此已後，宜依屯田所奏，永爲常式。」	卷五〇八《邦計部‧俸祿四》： 大中元年十月，屯田奏：「應內外官請職田，陸田限三月三十日，水田限四月三十日，麥田限九月三十日，已前上者入後人，已後上者入前人。伏以令式之中，並不該閏月。每遇閏月，交替者即公牒紛紜，有司即無定條，莫知所守。伏以公田給使，須準期程，時限未明，實恐遺闕。今請至前件月遇閏，即以十五日爲定式，十五日以前上者人後人，已後上者入前人。據今條，其元闕職田，並限六月三十日，春麥限三月三十日，宿麥限十二月三十日，已前上者入新人，已後上者並入舊人。今亦請至前件月遇閏，即以十五日爲定式。所冀給受有制，永無訴論。」敕曰：「五歲再閏，固在不刊，二稔職田，須有定制。自此已後，宜依屯田所奏，永爲常式。」

　　上表所列殿本《唐會要》卷九二的二十五條，與明本《冊府元龜》對校，除了個別字的差異外，內容完全相同。二書或是史源相同，或是一書抄攝另一書。從第 1 條來看，《冊府》即多出《唐會要》三十餘字，第 4 條《冊府》多出「乙丑」二字。他條如第 1、11、15、16 條等，《冊府》皆多出數句。那麼《冊府》抄錄《唐會要》的可能性就比較小。再比勘《冊府元龜》的明本與宋本，發現《冊府》明本不同於宋本的地方，卻與《唐會要》相同。如第 23 條條末，「從之」二字，《唐會要》同明本《冊府》，宋本《冊府》作「許之」；第 24 條條末，「並從之」三字，《唐會要》同明本《冊府》，宋本《冊府》則無「並」字；第 25 條，《唐會要》、明本《冊府》文字全同，而宋本《冊府》無「限」字，「今」字宋本《冊府》作「令」，「即無定條」，宋本作「既無定條」。顯然，這並非是《唐會要》與《冊府》採錄了同一史源所造成。我們可以考校出《唐會要》明顯因襲了明本《冊府》的譌誤，如：

第 6 條：

　　案：《冊府元龜》卷五〇六《邦計部‧俸祿二》無「復用舊制」句。《山堂考索‧後集》卷一七官制門引《唐會要》「開元十八年三月，內京官職田，特令准令給受」，疑《會要》原本並無「復用舊制」句。然「將令」，宋本《冊

府》、《通典》卷三五職官、《山堂考索》引《唐會要》並作「特令」〔註3〕。
惟明本《冊府》作「將令」，《唐會要》亦從之，是爲《會要》據明本《冊府》
而錄之明証。

第24條：

案：「秩職田」，明本《冊府》作「秋職田」，《山堂考索》作「夏秋職田」。
考其他文獻，「夏秋」、「斛斗」亦常聯用，《唐會要》卷九十即有「今年夏秋
斛斗一切禁斷」。《西臺集》卷二「夏秋斛斗數中只糶及一分」。「秩職田」、「秩
斛斗」於書無考，且文義不通。故疑此條爲後人抄撮《冊府元龜》，而誤「秋」
爲「秩」。「並從之」，《唐會要》、明本《冊府》同，然宋本《冊府》作「從之」，
可爲《唐會要》抄撮明本《冊府》又一確証。又，「會昌元年」，《冊府》、《舊
唐書》卷十八《武宗本紀》並作「會昌三年」，當「元」、「三」形近而譌也。

除了通過對校明本、宋本《冊府元龜》，以考辨殿本《會要》卷九二當爲
後人撮錄明本《冊府》之外。考察其他文獻以及後世文獻如《山堂考索》所
引《唐會要》文字的情況〔註4〕，同樣能看出殿本《會要》並非原本，而是抄
錄明本《冊府》而成。《山堂考索》所引《唐會要》文字有多出殿本《唐會要》
者，其多出的文字，正是《唐會要》與明本《冊府》完全相同，而未載的文
字。如第 5 條，《唐會要》、明本《冊府》並作「六月」，《考索》作「六月二
十六」；第 8 條，《唐會要》、明本《冊府》並作「二十九年二月」，《考索》作
「二十九年二月七日」；第 24 條，《唐會要》、明本《冊府》並作「六年十月」，
《考索》作「六年十月十四日」。《考索》引《唐會要》亦有不見於殿本《唐
會要》的條目，而相同的條目也有明顯的異文：

第4條：

案：明本《冊府元龜》卷五〇五所載同《唐會要》。然《考索》引《唐會
要》：「玄宗開元十年正月，內外官職田，除公廨田園外並官收，先給逃還戶
及貧下戶，先次丁田」，此條亦不見於今本《唐會要》。《唐會要》當是抄撮《冊
府》，惟改「下」字爲「民」。

〔註3〕　〔宋〕杜佑《通典》卷三五，中華書局，2007 年，頁 972。本文所據皆爲此
　　　　本，不另註釋。
〔註4〕　〔宋〕章如愚《山堂考索》，書目文獻出版社，1992 年。案：凡分四集，前集
　　　　六十六，後集六十五卷，續集五十六卷，別集二十五卷。卷帙浩博，文獻翔
　　　　實，文有出處，爲輯佚提供了豐富材料，《四庫全書總目》稱其「言必有徵，
　　　　事必有據，博採諸家，而折衷以己。」

第7條：

案：明本《冊府元龜》卷五○六無「地不毛者，畝給二斗」句，檢《冊府》卷五○六「開元十九年四月敕：『天下諸州縣并府鎮戍官等職田，四至頃畝造帳，申省仍依元租價對定，六斗以下者依舊定，以上者不得六斗。」，《新唐書‧食貨志》載「十九年初，置職田頃畝簿租價，無過六斗，地不毛者，畝給二斗」〔註5〕。然考《山堂考索》後集卷一七「開元十九年四月敕：『天下諸州縣并府鎮戍官等職田，四至頃畝造帳，申省仍依元租價對定，六斗已下者依舊定，已上者不得六斗。（《會要》）地不毛者，畝給二斗。（《唐志》）」。《考索》此條所引《唐會要》，不見於《唐會要》別條。表明宋人所見《會要》無「地不毛者，畝給二斗」二句，殿本《唐會要》當據《新唐書‧食貨志》補之〔註6〕。

第18條：

案：「貯錢」，《唐會要》同明本《冊府》，然《山堂考索》引《會要》作「貯納」。考《舊唐書》卷十四《憲宗本紀》〔註7〕、《文苑英華》卷四三五《賑貸京畿德音》同載此事並作「貯納」〔註8〕，則《唐會要》原當作「貯納」。

殿本《唐會要》卷九二「內外官職田」，除去第2條、第3條這不可考的兩條，其他內容與明本《冊府元龜》完全相同。尤其通過明本、宋本《冊府元龜》的比較，明本《冊府》譌誤之處，《唐會要》亦隨之譌誤。

而《山堂考索》所引《唐會要》不僅有不見於殿本《唐會要》的內容，更有多出今本《唐會要》的文字。再考查《唐會要》卷九二、九三之外其他卷的內容，並未發現同樣的狀況。由於《唐會要》這兩卷屬奏議詔令類，所以很可能與他書重合，即採錄同一史源。但別處即使有與他書重合的條目，也沒有這種整卷內容完全相同的情況。如卷九二前半部分，即「內外官料錢（下）」類第6條：

八年八月，劍南東川觀察使楊嗣復奏：「管內普、合、渝三州刺史元請料錢每月各四十五貫，請各添至六十貫。」敕旨：「依奏。」

〔註5〕《新唐書》卷五五，頁1399。

〔註6〕案：《唐會要》卷九三第1、2、3、4、5、6等條皆據《新唐書‧食貨志》補，此三句據之補入，亦不違情理也。

〔註7〕《舊唐書》卷一四，頁438。

〔註8〕〔宋〕李昉等《文苑英華》卷四三五《賑貸京畿德音》，中華書局，1982年，頁2202。

《冊府元龜》卷五〇七：

八年八月，劍南東川觀察使楊嗣復言：「普、渝、合三州刺史料錢及六十千者，請自加給。」從之。

第9條：

四年三月敕：「侍講學士，兼太子少師王起，宜兼給料錢。」

《冊府元龜》卷五〇八：

三月詔曰：「仙韶院樂官，每月料錢數內減三百千，轉給翰林侍講太子少師王起。」

上列兩條與《冊府元龜》所載爲同一史實，然文字面貌不同。餘下諸條與《冊府》有多處異文，其譌誤也不同於明本《冊府》，並且殿本《唐會要》有多出的文字。如末條「會昌元年，中書門下奏：『河東、隴州、鄜坊、邠州等道同比遠官，加給課料。河東等道，或興王舊邦，或陪京近地，州縣之職，人合樂爲。』」而《冊府》卷五〇八載「會昌元年二月，中書奏：『河東、隴右諸州，或興王舊都，或陪京近地，州縣之職，人合樂爲。』」二書所載有明顯的差異。

《四庫》本卷九二「內外官職田」類目下標明「原闕」二字，該類僅錄4條文字，首條開頭殘闕，次條爲「貞觀元年秋七月」條（此二條他書無載），後二條即爲「景龍四年春三月」條，「長慶元年十月」條（即上表中第 3、21條）。既標明「原闕」，此下之文字則固爲原本所有。因此，殿本《唐會要》卷九二或許還保留了一些原本的內容，朱彝尊稱錢本「九十二卷闕第二翻以後」，錢本九十二卷殘存的部分疑即爲原本。但此卷大部分的內容必然是撮錄明本《冊府》，偶有參校《新唐書》而來。

第二節　殿本《唐會要》卷九三僞撰考

殿本《唐會要》卷九三「諸司諸色本錢（上、下）」，共四十三條（上十九條，下二十四條）（《四庫》本闕如）。於《新唐書・食貨志》可考者九條，其中文字全相同者四條，《新唐書》多出十餘字者一條，有異文者四條；於《文獻通考》可考者四條，其中文字完全相同者兩條（此二條並與他書有異）。《通考》多出者兩條，亦不載於他書。餘三十條皆見於《冊府元龜》，其中十條《冊府元龜》多出十餘字，餘二十條完全相同。詳如下表：

表 4

序次	殿本《唐會要》	文獻出處
1	<u>武德元年十二月</u>，置公廨本錢。以諸州令史主之，號捉錢令史。每司九人，補於吏部，所主繳五萬錢以下，市肆販易，月納息錢四千文，歲滿授官。	《新唐書》卷五五食貨志第四五： （貞觀）十五年，*復置*公廨本錢。以諸司令史主之，號捉錢令史。每司九人，補於吏部，所主繳五萬錢以下，市肆販易，月納息錢四千，歲滿受官。
2	<u>貞觀元年</u>，京師及州縣皆有公廨田，以供公私之費。其後以用度不足，京官有俸賜而已，諸司置公廨本錢，以番官貿易取息，計員多少為月料。	卷五五食貨志第四五： 武德元年，文武官給祿，頗減隋制……京司及州縣皆有公廨田，以供公私之費。其後以用度不足，京官有俸賜而已，諸司置公廨本錢，以番官貿易取息，計員多少為月料。
3	（貞觀）*十一年*，罷諸司公廨本錢，以天下上戶七千人為胥士，視防閤制，而收其課，計官多少而給之。	卷五五食貨志第四五： （貞觀）*十二年*，罷諸司公廨本錢，以天下上戶七千人為胥士，視防閤制，而收其課，計官多少而給之。
4	（貞觀）十二年，復置公廨本錢。諫議大夫褚遂良上疏，*言*七十餘司，更一二歲，捉錢令史六百餘人受職。太學高第，諸州進士，拔十取五，猶有犯禁罹法者，況廛肆之人，苟得無恥，不可使其居職。太宗乃罷捉錢令史，復給百官俸。又令文武職事三品以上，給親事、帳內，以六品七品子為親事，以八品九品子為帳內，歲納錢千五百，謂之品子課錢。凡捉錢品子，無違負滿二百日，本屬以簿附朝集使，上於考功、兵部，滿十歲，量文武授官。	卷五五食貨志第四五： （*十五年*）諫議大夫褚遂良上疏：「*京*七十餘司，更一二載，捉錢令史六百餘人受職。太學高第，諸州進士，拔十取五，猶有犯禁罹法者，況廛肆之人，苟得無恥，不可使其居職。太宗乃罷捉錢令史，復詔給百官俸。 《文獻通考》卷三五《選舉考八·貲選進納》： 唐置公廨本錢……諫議大夫褚遂良上言：「七十餘司，更一二載，捉錢令史六百餘人受職。太學高第，諸州進士，拔十取五，猶有犯禁罹法者，況廛肆之人，苟得無恥，不可使其居職。太宗乃罷捉錢令史，復詔給百官俸。又令文武職事三品以上，給親事、帳內，以六品七品子為親事，以八品九品子為帳內，歲納錢千五百，謂之品子課錢。凡捉錢品子，無違負者滿二百日，本屬以簿附朝集使，上於考功、兵部，滿十歲，量文武授散官。」

5	（貞觀）十八年，以京兆府、岐、同、華、邠、坊州隟地陂澤可墾者，復給京官職田。	《新唐書》卷五五食貨志第四五：（貞觀）十八年，以京兆府、岐、同、華、邠、坊州隟地陂澤可墾者，復給京官職田。
6	（貞觀）二十一年二月，令在京諸司依舊置公廨本錢，捉以令史、府史、胥士等，令迴易納利，以充官人俸。至永徽元年，廢之，以天下租腳直爲京官俸料。其後又薄斂一歲稅，以高戶主之。月收息給俸。尋顗以稅錢給之，總十五萬二千七百三十緡。	卷五五食貨志第四五：（貞觀）二十二年，置京諸司公廨本錢，捉以令史、府史、胥士。永徽元年，廢之。以天下租腳直爲京官俸料。其後又薄斂一歲稅，以高戶主之。月收息給俸。尋顗以稅錢給之，歲總十五萬二千七百三十緡。 《冊府元龜》卷五〇五邦計部俸祿第三：二十一年二月，令在京諸司依舊置公廨給錢充本……令迴易納利，以充官人俸。
7	光宅元年，秘書少監崔沔諸計戶均出，每丁加升尺，所增蓋少，流亡漸復，倉庫充實，然後取於正賦，罷新加者。至開元十年，中書舍人張嘉貞又陳其不便，遂罷天下公廨本錢，復稅戶以給百官，籍內外職田。	卷五五食貨志第四五：（光宅元年）祕書少監崔沔請計戶均出，每丁加升尺，所增蓋少，流亡漸復，倉庫充實，然後取於正賦，罷新加者。開元十年，中書舍人張嘉貞又陳其不便，遂罷天下公廨本錢，復稅戶以給百官，籍內外職田。
8	開元十八年，御史大夫李朝隱奏請籍百姓一年稅錢充本，依舊令高戶及典正等捉，隨月收利，將供官人料錢，並取情願自捉，不得令州縣牽捉。	《文獻通考》卷一九《徵榷考六·雜徵斂》：開元十八年，御史大夫李朝隱奏請藉百姓一年稅錢充本，依舊令高戶及典正等捉，隨月收利，將供官人料錢，並取情願自捉，不得令州縣牽捉。
9	其年，復給京官職田。州縣籍一歲稅錢爲本，以高下捉之，月收贏以給外官。復置天下公廨本錢，收贏十之六。	《新唐書》卷五五食貨志第四五：十八年，復給京官職田。州縣籍一歲稅錢爲本，以高戶捉之，月收贏以給外官。復置天下公廨本錢，收贏十之六。
10	天寶*元年*，給員外郎料。天下白直，歲役丁十萬，有詔罷之，計數加稅以供用，人皆以爲便。自開元後，置使甚眾，每使各給雜錢。	卷五五食貨志第四五：天寶*初*，給員外郎料。天下白直，歲役丁十萬，有詔罷之，計數加稅以供用，人皆以爲便。自開元後。置使甚眾，每使各給雜錢。

11	至德二年七月，宣諭使、侍御史鄭叔清奏：「承前諸使下召納錢物，多給空名告身，雖假以官，賞其忠義，猶未盡才能。今皆量文武才蓺，兼情願穩便，據條格*議*，同申奏聞。」	明本《冊府元龜》卷五〇九《邦計部·鬻爵贖罪》： （至德）二年七月，宣諭使、侍御史鄭叔清奏：「承前諸使下召納錢物，多給空名告身，雖假以官，賞其忠義，猶未盡才能。今皆量文武才藝，兼情願穩便，據條格*擬*，同申奏聞……」
12	乾元元年敕：「長安、萬年兩縣，各備錢一萬貫，每月收利，以充和雇。」時祠祭及蕃夷賜宴別設，皆長安、萬年人吏主辦。二縣置本錢，配納質債戶收息以供費。諸使捉錢者，給牒免徭役，有罪府縣不敢劾治。民間有不取本錢，立虛契，子孫相承爲之。	《文獻通考》卷一九《徵榷考六·雜徵斂》： 乾元元年敕：「長安、萬年兩縣，各備錢一萬貫，每月收利，以充和雇。」（時祠祭及蕃夷賜宴別設，皆長安、萬年人吏主辦。二縣置本錢，配納質積戶收息以供費。諸使捉錢者，給牒免徭役，有罪府縣不敢劾治。民間有不取本錢，立虛契，子孫相承爲之……自是不得錢者不納利矣。）
13	寶應元年敕：「諸色本錢，比來將放與人，或府縣自取，及貧人將捉，非惟積利不納，亦且兼本破除。今請一切不得與官人及窮百姓并貧典吏，揀擇當處殷富幹了者三五人，均使翻轉迴易，仍放其諸色差遣，庶得永存官物，又冀免破家。」	《文獻通考》卷一九《征榷考六·雜徵斂》： 寶應元年敕：「諸色本錢，比來將放與人，或府縣自取，及貧人將捉，非唯積利不納，亦且兼本破除。今請一切不得與官人及窮百姓并貧典吏，揀擇當處殷富幹了者三五人，均使翻轉回易，仍放其諸色差遣，庶得永存官物，又冀免破人家。」
14	大曆六年三月敕：「軍器公廨本錢三千貫文，放在人上，取利充使以下食料紙筆，宜於數內收一千貫文，別納店舖課錢，添公廨收利雜用。」	《冊府元龜》卷五〇六《邦計部·俸祿第三》： （大曆）六年三月敕：「軍器公廨本錢三千貫文，放在人上，取利充使以下食料紙筆，宜於數內收一千貫文，別納店舖課錢，添公廨收利雜用。」
15	貞元元年*四月*，禮部尚書李齊運奏：「當司本錢至少，廚食闕絕，請準秘書省、大理寺例，取戶部闕職官錢二千貫文，充本收利，以助公廚。」可之。	卷五〇六《邦計部·俸祿第三》： 貞元元年*五月*，禮部尚書李齊運奏：「當司本錢至少，廚食不免闕絕，請準秘書省、大理寺例，取戶部闕職官錢二千貫文，充本收利，以助公廚。」可之。

16	其年九月八日敕:「自今應徵息利本錢,除~~去~~捉逃亡,轉徵鄰近者放免,餘並準舊徵收。其所欠錢,仍任各取當司闕官職田,量事糶貨,充填本數,并已後所舉,不得過二十貫。」	卷五〇六《邦計部・俸祿第三》: 九月八日敕:「自今應徵息利本錢,除*生*捉逃亡,轉徵鄰近者放免,餘並準舊徵收。其所欠錢,仍任各取當司闕官職田,量事糶貨,充填本數,并已後所舉,不得過二十貫。」
17	十二年,御史中丞王顏奏簡勘足數:「十王廚二十貫文,十六王宅三百九十二貫八百二十五文……京兆府御遞院二千五百貫文。」	卷五〇六《邦計部・俸祿第三》: (十二年)是年,御史中丞王顏奏簡勘足數:「十王廚二十貫,十六正宅三百九十二貫八百二十五文……京兆府御遞院二千五百貫文。」
18	二十一年正月制:「百官及在城諸使息利本錢,徵放多年,積成深弊,宜委中書門下與所司商量具利害,條件以聞,不得擅有禁錢,務令通濟。」	卷五〇七《邦計部・俸祿第三》: *唐順宗*以貞元二十一年正月*即位*,制:「百官及在城諸使息利本錢,徵放多年,積成深弊……宜委中書門下與所司商量其利害,條件以聞,不得擅有*閉糴*禁錢。務令通濟。」
19	其年七月,中書門下奏:「敕釐革京百司息利本錢,應徵近親,及重攤保,并遠年逃亡等……請以左藏庫度支除陌錢充。」敕旨:「宜依。」	卷五〇七《邦計部・俸祿第三》: 七月中書門下奏:「敕釐革京百司息利本錢,應徵近親,及重攤保,并遠年逃亡等……請以在藏庫度支除陌錢充。」敕旨:「宜依。」
20	元和二年六月,中書門下上言:「聖政維新,事必歸本,疏理五坊戶色役,令府縣卻收,萬民欣喜,恩出望外。臣等敢不釐革舊弊,率先有司。其兩省納課陪廚戶及捉錢人,總一百二十四人,望令歸府縣色役。」敕旨從之。	卷五〇七《邦計部・俸祿第三》: (元和二年)六月,中書門下上言:「伏以聖政惟新,事必歸本,近又疏理五坊戶邑,令府縣卻收,萬情欣欣,喜出望外。臣等敢不釐革舊弊,率先有司……其兩省納課陪廚戶及捉錢人,總一百二十四人……望各歸府縣色役。」從之。
21	六年四月,御史臺奏:「諸使處有捉利錢戶,請同臺省例,如有過犯差遣,並任府縣處置。」從之。	卷五〇七《邦計部・俸祿第三》: 六年四月,御史臺奏:「諸使處有捉利錢戶,請同臺省例,如有過犯差遣,並任府縣處置。」從之。
22	其年五月,御史中丞柳公綽奏請:「諸司諸使應有捉利錢戶,其本司本使給戶人牒身,稱準放免雜差遣夫役等……其捉錢戶原不得本錢者,亦任使不納利,庶得州府不失丁夫,姦人免有僥倖。」敕旨:「宜依。」	卷五〇七《邦計部・俸祿第三》: 五月,御史中丞柳公綽奏請:「諸司諸使應有捉利錢戶,其本司本使給戶人牒身,稱準放免雜差遣夫役等……其捉錢戶元不得本錢者,亦任便不納利,庶得州府不失丁夫,姦人免有僥倖。」敕旨:「宜依。」

23	九年十一月，戶部奏：「準八月十五日敕，諸司食利本錢，出放已久，散失頗多，各委本司勘會……左司禦帥府二百一十貫文，右司禦帥府一百貫文。」敕：「宜委御史臺仔細簡勘，具合徵放錢數，及量諸司間劇人目加減，條流奏聞。」	卷五〇七《邦計部・俸祿第三》：（元和九年）十一月，戶部奏：「準八月十五日敕，諸司食利本錢，出放已久，散失頗多，各委本司勘會……左司禦帥府二百一十貫文，右司禦帥府一百貫文。」敕：「宜委御史臺仔細簡勘，具合徵放錢數，及量諸司間劇人目加減，條流奏聞。」
24	其年十二月敕：「比緣諸司食利錢，出舉歲深，爲弊頗甚，已有釐革，別給食錢……其中書、門下兩省及尙書省、御史臺應有食利錢外，亦便令準此條流處分。」	卷五〇七《邦計部・俸祿第三》：其年十二月敕：「比緣諸司食利錢，出舉歲深，爲弊頗甚，已有釐革，別給食錢……其中書、門下兩省及尙書省、御史臺應有食利錢外，亦便令準此條流處分。」
25	十年正月，御史臺奏：「秘書省等三十二司，除疏理外，見在食利本錢……印訖入案，仍不得侵用本錢。至年終勘會，欠少本利官典……年額既定，勾當有憑。」敕旨：「宜依。」	卷五〇七《邦計部・俸祿第三》：十年正月，御史臺奏：「秘書省等三十二司，除疏外，見在食利本錢……印訖入案，仍不得侵用本錢……如至年終勘會，欠少本利官典……年額既定，勾當有憑。」敕旨：「宜依。」
26	十一年八月，敕：「京城百司、諸軍、諸使及諸道應差所由，并召人捉本錢……今請許捉錢戶添放私本，不得過官本錢，勘責有贓，並請沒官。」從之。	卷五〇七《邦計部・俸祿第三》：十一年八月，敕：「京城百司、諸軍、諸使及諸道應差所由，并召人捉本錢……今請許捉錢戶添放私本，不得過官本錢，勘責有剩，並請設官……」從之。
27	其年九月，東都御史臺奏：「當臺食利本錢，從貞元十一年至元和十一年，息利十倍以上者……伏乞天恩，同京諸司例，特甄減裁下。」敕旨：「從奏。」	卷五〇七《邦計部・俸祿第三》：九月，東都御史臺奏：「當臺食利本錢，從貞元十一年至元和十一年，息利十倍以上者……伏乞天恩，同京諸司例，特甄減裁下。」敕旨：「從奏。」
28	十二年正月，門下省奏：「應管食利本錢，總三千四百九十八貫三百二十一文……緣是當院自斂置本，請便充本添廚等用。」敕旨：「依奏。」	卷五〇七《邦計部・俸祿第三》：十二年正月，門下省奏：「應管食利本錢，總三千四百九十八貫三百二十一文……緣是當院自斂置本，請便充本添廚等用」敕旨：「依奏。」
29	十四年十月，御史中丞蕭俛奏：「應諸司諸軍諸使公廨諸色本利錢等……若恩澤均及，則雨露無偏，伏望聖慈，特賜放免。」敕旨：「從奏。」	卷五〇七《邦計部・俸祿第三》：（十四年）十月，御史中丞蕭俛奏：「應諸司諸軍諸使公廨諸色本利錢等……若恩澤均及，則雨露無偏，伏望聖慈，特賜放免……」敕旨：「依奏。」

30	十五年二月，詔：「內外百官食利錢十倍至五倍以上，節級放免，仍每經十年，即內外官百司各賜錢一萬貫充本，據司大小，公事間劇及當司貧富，作等第給付。」	卷五〇七《邦計部‧俸祿第三》：*穆宗*以元和十五年正月*即位*，*二月*詔：「內外百官食利錢十倍至五倍已上，節級放免，仍每經十年，即內外官百司各賜錢一萬貫充本，據司大小，公事間劇及當司貧富，作等第給付。」
31	其年八月，賜教坊錢五千貫充本，以收息利。	卷五〇七《邦計部‧俸祿第三》：八月，賜教坊錢五千貫充本，以收息利。
32	長慶元年三月敕：「添給諸司本錢，準元和十五年五月十一日敕，內外百司，準二月五日赦文，宜共賜錢一萬貫文，以戶部錢充，仍令御史臺據司額大小、公事間劇為等第均配。」	卷五〇七《邦計部‧俸祿第三》：長慶元年三月敕：「添給諸司本錢，準元和十五年五月十一日敕，內外百司，準二月五日赦文，宜共賜錢一萬貫文，以戶部錢充，仍令御史臺據司額大小、公事間劇為等第均配。」
33	三年十一月，賜內園本錢一萬貫，軍器使三千貫。	卷五〇七《邦計部‧俸祿第三》：三年十一月，賜內園本錢一萬貫，軍器使三千貫。
34	其年十二月，賜五坊使錢五千貫，賜威遠鎮一千貫，以為食利。	卷五〇七《邦計部‧俸祿第三》：其年十二月，賜五坊使錢五千貫，賜威遠鎮一千貫，以為食利。
35	太和元年十二月，殿中省奏：「尚食局新舊本錢，總九百八十貫文……收利支用，庶得不失公事。」敕旨：「賜本錢一千貫文，以戶部五文抽貫錢充。」	卷五〇七《邦計部‧俸祿第三》：（太和元年）十二月，殿中省奏：「尚食局新舊本錢，總九百八十貫文……收利支用，庶得不失公事。」敕旨：「賜本錢一千貫文，以戶部五文抽貫錢充。」
36	七年八月敕：「中書門下省所將本錢，與諸色人給驅使官文牒……每年納利，並無元額許置。如聞納利殊少，影*射*至多，宜並勒停……以後不承正敕，不在更置之限。」	卷五〇七《邦計部‧俸祿第三》：（七年）八月敕：「中書門下省所將本錢，與諸色人給驅使官文牒……每年納利，並無元額許置。如聞……納利殊少，影*庀*至多……宜並勒停……以後不承正敕，不在更置之限。」
37	開成三年七月敕：「尚書省自長慶三年賜本錢後，歲月滋久散失頗多……及新添錢量多少均配，逐行分析聞奏。」	卷五〇七《邦計部‧俸祿第三》：（開成）三年七月敕：「尚書省自長慶三年賜本錢後，歲月滋久散失頗多……及新添錢量多少均配，逐行分析聞奏。」

38	四年六月，上御紫宸殿，宰臣李珏奏：「堂廚食利錢一千五百貫文……十年用盡後，即據所須，奏聽進止。」敕旨：「宜依。」	卷五〇七《邦計部・俸祿第三》：（四年）六月，文宗御紫宸殿，宰臣李珏奏：「堂廚食利錢一千五百貫文……十年用盡後，即據所須，奏聽進止。」敕旨：「宜依。」
39	會昌元年正月敕節文：「每有過客衣冠，皆求應接行李……但取虛名，不惜百姓。宜爲本道觀察使條流，量縣大小……並同人己贓論，仍委出使御史糾察以聞。」	《文獻通考》卷一九《征榷考六・雜徵斂》：會昌元年正月敕節文：「每有過客衣冠，皆求應接行李……但取虛名，不惜百姓……宜爲本道觀察使條流，量縣大小……並同人己贓論，仍委出使御史糾察以聞。」
40	*其年*四月，河南府奏：「當府食利本錢，出舉與人。」敕旨：「河南府所置本錢，用有名額，既無別賜，所闕則多。宜令改正名額，依舊收利充用。」	《冊府元龜》卷五〇七《邦計部・俸祿第三》：四月，河南府奏：「當府食利本錢，出舉與人。」敕旨：「河南府所置本錢，用有名額，既無別賜，所闕則多。宜令改正名額，依舊收利充用。」
41	其年六月，河中晉、絳、慈、隰等州觀察使孫簡奏：「準敕書節文……以當州合送使錢充。」敕旨：「宜依，仍付所司。」	卷五〇七《邦計部・俸祿第三》：其年六月，河中晉、絳、慈、隰等州觀察使孫簡奏：「準敕書節文……以當州合送使錢充。」敕旨：「宜依，仍付所司。」
42	是月，戶部奏：「準正月九日敕文，放免諸司食利錢，每年別賜錢二萬貫文……則內外諸司，永得優足，伏望聖恩，允臣所奏。」敕旨：「宜依。」	卷五〇七《邦計部・俸祿第三》：是月，戶部奏：「準正月九日敕文，放免諸司食利錢，每年別賜錢二萬貫文……則內外諸司，永得優足，伏望聖恩，允臣所奏……」敕旨：「宜依。」
43	二年正月敕：「去年敕書所放食利，祇是外百司食錢，令戶部共賜錢訖。若先假以食利爲先，將充公用者，並不在放免。如聞內諸司息利錢，皆以食利爲名，百姓因此，亦求蠲免，宜各委所司，不在放免之限。」	卷五〇八《邦計部・俸祿第四》：二年正月敕：「去年敕書所放食利，祇是外百司食錢，令戶部共賜錢訖。若先假以食利爲先，將充公用者，並不在放免。如聞內諸司息利錢，皆以食利爲名，百姓因此，亦求蠲免，宜各委所司，不在放免之限。」

　　上表第 1、2、4 條《唐會要》與《新唐書》所載時間錯雜。案：考唐初置、廢公廨制，《通典》卷三五《職官》並同《新唐書》：「貞觀十二年罷公廨。」〔註9〕「貞觀十五年，以府庫尚虛，敕：『在京諸司依舊置公廨。』諫議大夫褚

〔註9〕　《通典》卷三五，頁 963。

遂良上疏曰」，「（貞觀）二十一年復依故制置公廨」。然《冊府元龜》卷五○五
《邦計部・俸祿》載：「武德元年十二月，因隋制文武官給祿……貞觀十二年三
月，諫議大夫褚遂良因武德已後，國家倉庫猶屬虛，應京官料錢，並給公廨本，
令當司令史畜官興易給利，計官員多少分給。乃上疏曰爲政之本……二十一年
二月，令在京諸司依舊置公廨」，《唐會要》卷九十一亦同：「武德已後，國家倉
庫猶屬虛，應京官料錢，並給公廨本，令當司令史畜官興易給利，計官員多少
分給。貞觀十二年二月，諫議大夫褚遂良上疏……其月二十三日敕並停，改置
胥士七千人，以諸州上戶充，準防閤例輸課，二年一替，計官員多少分給之……
二十一年二月七日，令在京諸司依舊置公廨」。《冊府》所載史實相同而時間不
同，文字亦有差異。可知與《新唐書》、《通典》史源不同，然貞觀十二年罷公
廨，二十一年復置無疑。疑《會要》抄撮《新唐書》、《冊府元龜》二書，誤繫
《新唐書》文字於《冊府》所載時間之下，雜糅諸條而譌。

又案：第4條「諫議大夫褚遂良上疏」，與《文獻通考》卷三五並同「唐置
公廨本錢，以諸州令史主之，號『捉錢令史』，每司九人，補於吏部，所主纔五
萬錢以下，市肆販易，月納息錢四千，歲滿授官。諫議大夫褚遂良上言七十餘
司……滿十歲，量文武授官」。《文獻通考》所引史料，多自《新唐書》，然《新
唐書》不見此條，他書亦無考。惟《新唐書・食貨志》載：「（光宅元年）文武
職事三品以上，給親事、帳內，以六品七品子爲親事，以八品九品子爲帳內，
歲納錢千五百，謂之品子課錢。」〔註10〕《新唐書・選舉志》「凡捉錢品子，無
違負滿二百日，本屬以簿附朝集使，上於考功、兵部，滿十歲，量文武授散官」。
〔註11〕疑《文獻通考》並《新唐書》二條爲一，後人又據此補入《唐會要》。

「言七十餘司」，《通考》亦同，然頗難銜接上下文。考《通典》卷三五
職官制、《新唐書》卷五十五食貨志、《褚遂良集》《請廢在官諸司捉錢表》、《文
苑英華》卷六○七皆載此事〔註12〕，並作「在京七十餘司」，可知史源如此。
《通考》當誤「京」作「言」，可爲殿本《唐會要》據《通考》而譌又一証也。

殿本《唐會要》卷九三除了抄撮《新唐書》、《文獻通考》外，更多的內容
是抄撮於《冊府元龜》。《冊府元龜》採摭史實，禮樂沿革、詔令奏議無不分門
備載，所錄史料豐富完整。《唐會要》卷九三見於《冊府元龜》的三十條，不僅
同樣完全未超出《冊府》現有條目，而且通過對《冊府》宋本與明本的比較，

〔註10〕《新唐書》卷五五，頁1397。
〔註11〕《新唐書》卷四五，頁1174。
〔註12〕《文苑英華》卷六○七《請廢在官諸司捉錢令史表》，頁3147。

發現了大量的異文，包括明本的避諱字及譌誤，《唐會要》一併隨之。更可証殿本《唐會要》此卷爲後人據明本《冊府元龜》所補無疑。茲列表如下：

表5

序次 同表2	殿本《唐會要》	明本《冊府元龜》	宋本《冊府元龜》
12	*簡*勘*定*數	*簡*勘*定*數	*檢*勘*定*數
	十王廚二*千*貫	十王廚二*千*貫	十王廚二*千*貫
	十六*正*宅三百九十二貫八百二十五文	十六*正*宅三百九十二貫八百二十五文	十六*正*宅三百九十八貫八百二十五文
	西銓二千四百三十三貫六百六十一文	西銓二千四百三十三貫六百六十一文	西銓二千四百三十三貫六百五十一文
	兵部六千五百二十貫五百五十二文，<u>戶部六千貫五百五十六文，工倉部四百二十七貫三百三十文，刑部六十貫文</u>	兵部六千五百二十貫五百五十二文，<u>戶部六千貫五百五十六文，工倉部四百七十七貫三百三十文，兵部三百貫文，刑部六十貫文</u>	兵部六千五百二十貫五百五十二文，<u>戶部六千貫五百五十八文，倉部四百二十九貫三百三十一文，金部三百貫文，刑部六千貫文</u>
	光祿寺<u>一百五十六貫文</u>	光祿寺<u>一百五十六十六貫文</u>	光祿寺<u>一千五百六十六貫文</u>
	太僕寺三*千*貫文，鴻臚寺六千六百五貫一百二十九文	太僕寺三*千*貫文，鴻臚寺六千六百五貫一百二十九文	太僕寺三*百*貫文，鴻臚寺六千六百五貫一百二十五文
	大倉諸色共七百八十七貫四百三十四文	大倉諸色共七百八十七貫四百三十四文	大倉諸色共*四千*七百八十七貫四百三十四文
	國子監三千二百八十二貫三百六十文	國子監三千二百八十二貫三百六十文	國子監三千二百八十二貫三百六十文
	右金吾衛*九*千貫文	右金吾衛*九*千貫文	右金吾衛*八*千貫文
12	訪聞諸使並同此例	訪聞諸使並同此例	訪聞*諸司*諸使並同此例
	*入*後在人戶處收毀不盡	*入*後在人戶處收毀不盡	*如*後在人戶處收毀不盡
	及有過犯，許作府縣處分	及有過犯，許作府縣處分	及有過犯，*不*許作府縣處分

23	秘書省三千三百八十四貫五百文	秘書省三千三百八十四貫五百文	秘書省三千二百八十四貫五百文
	左春坊一千三百八貫七百七文	左春坊一千三百八貫七百七文	左春坊一千三千八貫七百七文
	家令司一千八百一十貫七百文	家令司一千八百一十貫七百文	家令寺一千八百一十貫七百文
	尚舍局三百七十四貫三百文	尚舍局三百七十四貫三百文	尚舍局二百七十三貫三百文
	內中局六百三十六貫二百文	內中局六百三十六貫二百文	內中局六百六十六貫二百文
	左、右司禦帥府	左、右司禦帥府	左、右司禦率府
24	即便勒主掌官典所由等據數填賠	即便勒主掌官典所由等據數填賠	即便勒主掌官典所由等據數填備
	勒本司據見在戶名錢數	勒本司據見在戶名錢數	並勒本司據見在戶名錢數
	直省院食利本錢	直省院食利本錢	其直省院食利本錢
28	直省院本錢準建中三年四月十五日敕	直省院本錢準建中三年四月十五日敕	其直省院本錢準建中三年四月十五日敕
30	每經十年，即內外官百司各賜錢一萬貫充本	每經十年，即內外官百司各賜錢一萬貫充本	每經十年，即內外百司各賜錢一萬貫充本
41	令使司量貸錢二百貫充置本	令使司量貸錢二百貫充置本	今使司量貸錢二百貫充置本
42	緣置驅使官員	緣置驅使官員	緣置驅使官
	內侍省據自司報牒	內侍省據自司報牒	內侍省據者司報牒
43	令戶部共賜錢訖	令戶部共賜錢訖	今戶部共賜錢訖
	先假以食利爲先	先假以食利爲先	先假以食利爲名

　　《唐會要》卷九三所涉《冊府元龜》內容凡 30 條，明本、宋本《冊府元龜》對校，共 29 處異文（表 3），考辨史實，《唐會要》完全承襲了明本的譌誤。如第 12 條：

　　案：「簡勘足數」，明本《冊府元龜》亦作「簡勘足數」，而宋本《冊府》、《唐會要》他卷皆作「檢勘定數」。「檢」，明本《冊府》作「簡」，當是避明

思宗諱，可爲《唐會要》抄撮明本《冊府》一確証也。

第 23 條：

案：「家令司」，唐宋諸文獻並作「家令寺」，《通典》卷三〇《職官》載：「隋掌刑法食膳倉庫奴婢等，煬帝改爲司府令。大唐復爲家令寺，置家令一人，唯不主刑法，餘與隋同。龍朔二年，改家令寺爲宮府寺，家令爲宮府大夫。」〔註13〕《唐會要》卷四四、六七亦作「家令寺」，惟此處同明本《冊府元龜》之誤也。

又案：「左右司禦帥府」，《通典》、《唐六典》、《舊唐書》諸書及《冊府》、《會要》他卷凡涉此官處並作「左右司禦率府」。《唐會要》卷七一載：「左右司禦率府，龍朔二年爲左右司禦衛，咸亨元年改宗衛，景雲二年八月二十八日改爲司禦率府。」明本《冊府元龜》誤作「左右司禦帥府」，《唐會要》亦據誤而譌也。

第三節　《唐會要》卷九四僞撰考

《唐會要》卷九四所載突厥、西戎列傳，與卷九五高昌、高句麗、百濟列傳，以及卷九六至一〇〇同載四夷事。對校殿本與《四庫》本，並無較大的文字差異。殿本卷九四包括「北突厥」、「西突厥」、「沙陀突厥」、「吐谷渾」四個部份。《四庫》本則分「北突厥」爲上、下，「北突厥（上）」之文字全部歸入九三卷，卷九四分爲「北突厥（下）」、「西突厥」、「西陁突厥」、「吐谷渾」四個小類。二本的卷次標目雖有不同，而文字內容基本相同。只是《四庫》本將殿本「西突厥」之中「嗣聖三年九月」條，「沙陀突厥」類「景龍二年十一月」以下八條皆移置於「北突厥（下）」，「沙陀突厥」改稱「西陁突厥」。

然《四庫》本卷九四所繫時間與殿本不同，皆繫武周朝事於「嗣聖」年號下，如殿本稱「聖歷元年三月」，《四庫》本作「嗣聖十四年三月」；殿本作「大足二年正月」，《四庫》本作「嗣聖十九年正月」。而殿本《唐會要》採用「嗣聖」年號載武周朝事，除卷九四外，僅於後人所補卷七、卷一〇考見三處（皆爲小注，其一當爲譌誤）。

《唐會要》採有唐一代典章制度，經緯周密、敘次井然，書法不應如此抵牾。清初朱彝尊所見傳本既殘卷九二，闕九三、九四兩卷，今已証九二、九三爲後人所補，其卷九四是否同爲僞作呢？考其各條史源，鑿然無疑，此卷亦後人補作，所據即朱熹之《通鑑綱目》。考《唐會要》卷九四各條文字，

與《通鑑綱目》基本相同，僅有個別文字小異。茲列表如下〔註14〕：

表6

序次	殿本《唐會要》	《通鑑綱目》
1	高祖初起義兵，晉陽劉文靜曰：「與突厥相結，資其士馬，以益兵勢。」從之。自爲手啓，遺始畢可汗云：「欲舉義兵迎主上，若能與我俱南，願勿*侵暴*百姓；若但和親，坐*視*受寶貨，亦惟可汗所擇。」始畢得啓，謂其*左*曰：「隋主爲人，我所知也。若迎以來，必害唐公而擊我無疑。苟唐公自爲天子，我當以兵馬助之。」即覆書。將佐皆請從突厥言，帝不可。裴寂乃請尊隋主爲太上皇，立代王爲帝，以安隋室。旗幟雜用絳、白，以示突厥。帝曰：「此掩耳偷鈴，然逼於時事，不得不然。」乃許之。煬帝十三年六月，遣使如北突厥。突厥遣康鞘利等送馬千匹，許發兵送帝入闕。*帝*受書，命劉文靜報突厥以請兵。帝私謂文靜曰：「胡騎入中國，生民之大蠹，我所以欲得之者，恐劉武周引之爲患。又胡馬行牧，不費芻粟，聊欲藉爲聲援，數百人之外，無所用之。」八月。帝克臨汾絳郡，劉文靜以突厥兵至遂下韓城。帝即位*之*。五月，突厥遣使來。時突厥強盛，自契丹室韋，西盡吐谷渾、高昌諸國皆臣之。又恃功驕倨，每遣使至多暴橫，*帝*亦優容之。	卷三七： （大業十三年）五月，李淵起兵太原……六月，李淵遣使如突厥……晉陽劉文靜勸李淵與突厥相結，資其士馬，以益兵勢。淵從之。自爲手啓，卑辭厚禮遺始畢可汗云：「欲舉義兵迎主上……若能與我俱南。願勿*暴掠*百姓。若但和親，坐受寶貨，亦唯可汗所擇。」始畢得啓，謂其大*臣*曰：「隋主爲人，我所知也。若迎以來，必害唐公而擊我無疑矣。苟唐公自爲天子，我當以兵馬助之。」即命以此意爲覆書……將佐皆喜，請從突厥之言，淵不可……寂等乃請尊天子爲太上皇，立代王爲帝，以安隋室……改易旗幟，雜用絳、白，以示突厥。淵曰：「此可謂掩耳盜鈴，然逼於時事，不得不爾。」乃許之，遣使以此告突厥。）……李淵遣劉文靜報之（突厥遣其柱國康鞘利等送馬千匹……許發兵送淵入闕。*淵拜*受書……淵命劉文靜使於突厥以請兵，私謂文靜曰：「胡騎入中國，生民之大蠹也。吾所以欲得之者，恐劉武周引之，共爲邊患，又胡馬行牧，不費芻粟，聊欲藉之以爲*聲勢*耳。數百人之外，無所用之」）……（八月）李淵克臨汾、絳郡，劉文靜以突厥兵至，遂下韓城……（五月）唐王淵稱皇帝……（五月）突厥遣使如唐。時突厥彊盛，東自契丹室韋，西盡吐谷渾、高昌諸國皆臣之……唐初起兵……突厥恃功驕倨，每遣使者至長安多暴橫，*唐主*優容之。

〔註14〕《唐會要》一條文字將分散比對，首行不縮二字者，說明原文連屬上文之末。《通鑑綱目》之「綱」與「目」，引文不再區分。

2	武德元年八月，遣鄭元璹以女妓賂始畢可汗，始畢遣使來報，<u>帝宴之，引<i>升</i>御座以寵之。</u>	卷三八： （武德元年八月）唐遣鄭元璹以女妓賂始畢可汗，始畢遣使報之。<u>唐主與之宴，引<i>升</i>御坐以寵之。</u>
3	二年二月，始畢死，其弟處羅可汗立，八月，梁王師都與突厥合數千騎寇延州，總管段德操擊破之。<u>十一月，師都請爲鄉導，謀大舉入寇。是月，處羅死，其弟頡利可汗咄苾立。</u>	卷三八： （二年二月）突厥始畢可汗死，弟處羅可汗立……（八月）梁王師都以突厥寇延州，唐總管段德操擊破之。（梁師都與突厥合數千騎寇延州……）……（冬<u>十</u>月）突厥處羅可汗死，弟頡利可汗咄苾立。（……師都請爲鄉導，處羅從之，謀大舉入寇<u>而卒，立其弟莫賀咄設</u>，咄苾號頡利可汗。）
4	<u>三年五月</u>，頡利恃其士馬雄盛，有憑陵中國之志，言辭驕慢，求請無厭，又王世充說之曰：「昔啓民奔隋，賴文帝力，有此土宇，子孫享之，宜奉楊政道（煬帝孫）代<i>唐</i>，以報文帝之德。」頡利然之。至是，寇汾<i>陽</i>。	《通鑑綱目》卷三八： （四年三月）突厥寇汾陰。（突厥頡利可汗士馬雄盛，有憑陵中國之志。王世充使人說之曰：「昔啓民奔隋，賴文帝之力，有此土宇，子孫享之……宜奉楊政道代<i>之</i>，以報文帝之德。」頡利然之……而頡利求請無厭，言辭驕慢，至是，寇汾<i>陰</i>。）
5	四年三月，頡利遣使送鄭元璹等還。先是，處羅與劉周寇并州，遣元璹諭以禍福，不從。未幾，處羅死，疑璹毒之，畱不遣。又遣漢陽公瓌使頡利，欲令瓌拜，不屈，亦畱之。復遣使賂頡利，且許結婚，<i>遂</i>遣使送還。	卷三八： 三月，突厥遣使如唐。（先是，處羅可汗與劉武周寇并州，唐遣鄭元璹往諭以禍福。處羅不從。未幾，處羅病死。國人疑元璹毒之，畱不遣。唐又遣漢陽公瑰使頡利，欲令拜，不從，亦畱之。唐復遣使賂頡利，且許結昏，頡利<i>乃</i>遣使送元璹等還。）
6	六月，寇定州。八月，寇并州。遣鄭元璹詣頡利，責以負約，因說以得唐地不能居。虜掠所得，皆<i>入</i>國人，於可汗何有？不如還師修好，坐受金幣，孰與棄昆弟積年之歡，結子孫無窮之怨？頡利悅，引兵還。	卷三八： 夏六月……寇定州……八月，突厥寇并州，唐遣鄭元璹如師頡利引兵還（……乃遣鄭元璹詣頡利，責以負約……元璹因說之曰：「……突厥雖得唐地不能居也。今虜掠所得，皆<i>中</i>國人，於可汗何有？不如還師修好，坐受金幣，孰與棄昆弟積年之歡，結子孫無窮之怨乎？」頡利悅，引兵還。）

7	七年閏七月，秦王世民與虜遇於豳州。頡利、突利二可汗率萬騎奄至城西，秦王帥騎馳詣其陣，告之曰：「國家與可汗和親，何爲負約，深入我地？我秦王也。能鬥獨出與我鬥，若以衆來，我直以此百騎相當耳。」頡利不應。又遣騎前*告之*曰：「爾往與我盟，有急相救，今乃相攻。何無香火情耶？」頡利既見秦王輕出，又聞香火之言，疑突利與王有謀，乃遣止之，曰：「王不須渡，我但欲申固盟約耳。」<u>兵少卻，後雨久，虜弓筋膠俱解，秦王潛師夜進，頡利大驚</u>，乃請和親。	卷三八： （七年）八月，突厥受盟而還。（頡利、突利二可汗舉國入寇連營南上……世民與虜遇於豳州，二可汗帥萬餘騎奄至城西……世民乃帥騎馳詣虜陳，告之曰：「國家與可汗和親，何爲負約，深入我地？我秦王也。可汗能鬥，獨出與我鬥，若以衆來，我直以此百騎相當耳。」頡利不之測，笑而不應。 又前遣騎*告突利*曰：「爾往與我盟，有急相救，今乃引兵相攻，何無香火之情也？」……頡利見世民輕出，又聞香火之言，疑突利與世民有誅，乃遣止。世民曰：「王不須渡，我但欲與王申固盟約耳。」<u>乃引兵稍卻，是後雨益甚</u>。世民謂諸將曰：「虜所恃者弓矢耳，今積雨彌，時筋膠俱鮮……不乘將何復待。」乃<u>潛師夜出</u>……<u>突厥大驚</u>……乃請和親。）
8	九年秋七月，頡利寇邊。先是，與突厥書用敵國禮。<u>帝欲改用詔敕，突厥</u>遂寇靈、相、潞、沁、韓、朔等州，張瑾全軍沒。溫彥博亦爲所執，靈州都督、任城王道宗擊破之。請和而退。	卷三九上： （九年）秋七月，突厥寇邊，詔右衛大將軍張瑾禦之，敗績。（先是，上與突厥書，用敵國禮。至是，上謂侍臣曰：「突厥貪婪無厭……<u>皆用詔敕</u>。」突厥遂寇靈、相、潞、沁、韓、朔等州。張瑾與戰太谷，全軍皆沒……長史溫彥博爲虜所執……靈州都督、任城王道宗擊破之，虜兵頡利遣使請和而退。）
9	貞觀二年四月，頡利以薛延陀、回紇等叛，遣突利討之，敗還，*頡利*拘而撻之，突利怨，表請入朝。	《通鑑綱目》卷三九上： （貞觀二年夏四月）突厥突利可汗請入朝。（初突厥頡利可汗以薛延陀、回紇等叛，遣突利討之。敗還。拘而撻之，突利由是怨，表請入朝。）

10	十一月，突厥北邊多叛頡利歸薛延陀，共推其俟斤四夷男爲可汗，夷男不敢當，上方圖頡利，乃遣使間道冊夷男爲眞珠毘可汗。奚男建牙於大漠之鬱督軍山下，回紇、援野古、阿跌、同羅、僕骨、霫諸部皆屬，遂遣弟入貢。 三年十一月，頡利因薛延陀之封，大懼，始遣使稱臣，請尚公主。代州都督張公瑾上突厥可取六狀，乃命李靖爲行軍總管，討之，公瑾爲副。突厥俟斤九人及及拔野古、僕骨、同羅、奚酋長並率衆來降，<u>復以李靖等分道出擊</u>。 十二月，突利入朝，太宗喜曰：「朕治安中國，四夷自服，豈非上策乎！」	卷三九上：「 （十一月）遣使立薛延陀夷男爲眞珠可汗。（突厥北邊多叛頡利歸薛延陀，共推其俟斤夷男爲可汗，夷男不敢當，上方圖頡利，乃遣使間道拜夷男爲眞珠毘伽可汗……夷男建牙於大漠之鬱督軍山下，回紇、拔野古、阿跌、同羅、僕骨、霫諸部皆屬焉……） 三年冬十一月，李靖爲定襄道行軍總管統諸軍討突厥。（初薛延陀眞珠可汗遣其弟入貢，突厥頡利可汗大懼，始遣使稱臣，請尚公主。代州都督張公瑾上言突厥可取之狀曰：「頡利縱欲逞暴誅忠良，暱姦佞，一也……二也……三也……四也……五也……六也。」命李靖爲行軍總管討之，以公瑾爲副。突厥俟斤九人及拔野古、僕骨、同羅奚酋長並率衆來降，於是復以李世勣、柴紹、薛萬徹爲諸道總管……皆受靖節度，分道出擊。） 十二月，突厥突利可汗入朝。上曰：「……朕今治安中國，而四夷自服，豈非上策乎！」
11	四年二月，李靖襲破突厥於陰山，頡利遁依沙鉢羅設蘇尼失部落。王道宗引兵逼之，使蘇尼失執頡利，張寶相取之以獻，蘇尼失舉衆降，漠南遂空。	卷三九下： 四年春二月。李靖襲破突厥於陰山……夏四月，行軍副總管張寶相擒突厥頡利可汗以獻。（頡利敗走，往依沙鉢羅設蘇尼失部落，任城王道宗引兵逼之，使蘇尼失執頡利，行軍副總管張寶相取之以獻，蘇尼失舉衆來降，漠南遂空。）
12	十年正月，突厥阿史那社爾降。社爾，處羅之子，年十一，以智畧聞，處羅以爲拓設，建牙於磧北。頡利亡，西突厥亦亂，社爾詐之，襲取其地幾半，衆十餘萬，乃曰：「破我國者薛延陀也。我當報仇擊滅之。」諸部皆諫，不從。大敗，遂率衆降。	卷三九下： 十年春正月，突厥阿史那社爾來降。（社爾，處羅可汗之子也。年十一，以智畧聞，處羅以爲拓設，建牙於磧北。頡利既亡，西突厥亦亂，社爾詐往降之，襲取其地幾半，有衆十餘萬，乃曰：「破我國者薛延陀也，我當爲先可汗報讎擊滅之。」諸部皆諫，社爾不從，擊之大敗，遂帥衆來降。）

13	十三年四月，突利之弟結社率，貞觀初入朝爲中郎將。久不進秩，陰結故部落四十餘人夜襲御營，孫武開等帥眾擊之，盜馬北走，追斬之。	卷三九下： （貞觀十三年夏四月）突厥結社率作亂伏誅。（初突利可汗之弟結社率入朝爲中郎將，久不進秩，陰結故部落四十餘人作亂，夜襲御營，折衝孫武開等帥眾奮擊，久之乃退，馳入御殿，盜馬北走，追獲斬之。）
14	七月，自結社率之反，群臣皆言畱河南不便，乃賜懷化郡王阿史那思摩姓李氏，立爲泥熟俟利苾可汗。賜鼓纛，使率其種落。突厥咸憚薛延陁，不肯出塞。上賜延陁璽書，言：「前破突厥，止爲頡利爲百姓之害。今**俾**還其故國爾。薛延陁受冊在前，突厥受冊在後，當以先後爲大小，無故抄掠，發兵問其罪。」薛延陁奉詔，乃遣王孝恭等齎冊立之。	卷三九： （秋七月）立李思摩爲突厥可汗。（自結社率之反，言事者多云突厥畱河南不便，上乃賜懷化郡王阿史那思摩姓李氏，立以爲泥孰俟利苾可汗。賜之鼓纛，使帥其種落還舊部。突厥咸憚薛延陁，不肯出塞。上賜薛延陁璽書，言：「前破突厥，止爲頡利一人爲百姓害……今**俾**還其故國矣。薛延陁受冊在前，突厥受冊在後，當以先後爲大小……其有故相抄掠，我則發兵往問其罪。」薛延陁奉詔……遣趙郡王孝恭等齎冊書築壇於河上而立之。）
15	十八年十一月，突厥泥熟俟利苾北渡河，延陁惡之，數相攻擊。俟利苾衆十萬，不能撫御，悉南渡河，請處勝、夏之間，許之。群臣言：「陛下方遠征遼左，而置突厥於河南，距京師不遠，豈得不爲後患？」上曰：」夷狄亦人，以德治之，可使如一家. 且彼不北走延陁而歸我，其情可見。」俟利苾既失衆，輕騎入朝。	卷四〇： （十八年十一月）突厥徙居河南可汗李思摩入朝。（突厥俟利苾可汗北渡河，薛延陀惡之，數相攻。俟利苾有衆十萬，不能撫御。其衆悉南渡河，請處於勝夏之間，上許之。群臣皆曰：「陛下方遠征遼左，而置突厥於河南，距京師不遠，豈得不爲後慮？」……上曰：「夷狄亦人……以德治之，則可使如一家，且彼不北走薛延陀而南歸我，其情可見矣。」俟利苾既失衆，輕騎入朝。）

16	二十一年冬十一月，突厥車鼻遣使入貢。車鼻本*頡利*同族，頡利敗，諸部欲立之。薛延陀方強，不敢當，率眾歸之。延陀因其有勇畧，恐爲後患，欲殺之。車鼻逃，建牙金山之北，餘眾稍歸之。及延陀敗，車鼻勢益張，遣子*入貢*，又請入朝。遣使徵之，*卒*不至。正月，遣右驍衛郎將高侃擊車鼻。（車鼻本無罪，帝因安市班師，欲立奇功以雪恥耳）	卷四○： （二十一年）冬十一月，突厥車鼻可汗遣使入貢。（車鼻本*突厥*同族，頡利之敗，諸部欲立之。時薛延陀方彊，車鼻不敢當，帥眾歸之。薛延陀以車鼻貴種有勇畧，恐其爲後患，欲殺之。車鼻逃去，建牙金山之北……餘眾稍歸之。及薛延陀敗，車鼻勢益張，遣子*入見*，又請入朝，遣使徵之，*車鼻*不至……十三年春正月，遣驍衛郎將擊突厥車鼻可汗。書法（……帝自安市班師之後，急於雪恥，思立奇功。車鼻入貢，未聞其犯塞也。）……（永徽元年）秋九月，高侃擊突厥車鼻可汗擒之。
17	永徽元年九月，高侃擊車鼻，軍至阿息山，車鼻發諸部兵，皆不應。遂以百騎走。侃追獲之，送京師。諸部盡*內附*。置單于、瀚海二都護府、十都督、二十二州，分統之。自是北邊無寇三十餘年。	卷四○： （永徽元年）秋九月，高侃擊突厥車鼻可汗擒之。（侃至阿息山，車鼻發諸部兵，皆不應，遂以數百騎走。侃追獲之，送京師……於是突厥諸部盡*爲內臣*。置單于、瀚海二都護府、十都督、二十二州，分統之。自是北邊無寇三十餘年。）
18	咸亨元年三月，敕突厥酋長子弟給事東宮。	卷四一上： （咸亨元年三月）敕突厥酋長子弟給事東宮。
19	調露元年十月，單于大都府突厥阿史德溫傅、奉職二部俱反，立阿史那泥熟匐爲可汗，二十四州酋長皆叛，眾數十萬。遣蕭嗣業等討之，屢捷。會大雪，突厥襲其營，<u>乃爲所敗</u>。	卷四一上： （調露元年）冬十月，單于府突厥反，遂寇定州。（單于大都督府突厥阿史德溫傅、奉職二部俱反，立阿史那泥熟匐爲可汗，二十四州酋長皆叛，應之眾數十萬，遣長史蕭嗣業等將兵討之，嗣業等先戰屢捷……會大雪，突厥夜襲其營……<u>爲虜所敗</u>。）
20	永隆元年三月，以裴行儉爲定襄道大總管，將兵以討之，大破於黑山，擒奉職，泥熟匐爲其下所殺，以首來降。	卷四一上： （永隆元年春三月）以裴行儉爲定襄道大總管討突厥，平之。（……至是大破突厥於黑山，擒奉職，泥熟匐爲其下所殺，以首來降。）

21	開耀乙年，阿史那伏念自立爲可汗，與阿史德溫傳連兵爲寇，詔復以行儉爲大總管，曹懷舜副之，引兵討伏念。先遣裨將程務挺掩金牙，襲獲伏念妻子輜重，伏念北走。又使務挺等追躡之，伏念遂執溫傳以降，餘黨悉平。歸，斬伏念、溫傳於都市。	卷四一上： （開耀元年）裴行儉軍還，突厥阿史那伏念自立爲可汗，與阿史德溫傳連兵爲寇。詔復以行儉爲定襄道大總管討之，副總管曹懷舜引兵至長城北橫水……行儉遣裨將程務挺掩金牙取之……失其妻子輜重……乃引兵北走。行儉又使務挺等追躡之，伏念恃遠不設備……遂執溫傳以降。行儉盡平突厥餘黨，以伏念、溫傳歸京師，斬於都市。
22	永淳元年十月，突厥餘黨阿史那骨篤祿、阿史德元珍等招集亡散，寇並州，代州都督薛仁貴將兵擊之。虜以仁貴流象州死，仁貴免冑示之，而虜失色，下馬列拜引去，仁貴因奮擊，大破之。	卷四一上： （永淳元年冬十月）突厥骨篤祿寇并州，薛仁貴大破之。（突厥餘黨阿史那骨篤祿、阿史得元珍等招集亡散，據黑沙城反，寇并州，代州都督薛仁貴將兵擊之。虜問唐大將爲誰？……虜曰：「吾聞仁貴流象州死久矣……」仁貴免冑示之面，虜相顧失色，下馬列拜稍稍引去，仁貴因奮擊，大破之。）
23	弘道元年二月，突厥寇定州，圍單于都督府，五月，寇蔚州。	卷四一上： 弘道元年春二月，突厥寇定州，圍單于都護府……五月，突厥寇蔚州。
24	（嗣聖）四年七月，骨篤祿寇朔州，武后遣黑齒常之等擊之，骨篤祿走磧北。長壽二年九月，武后以僧懷義討之。十年九月，骨篤祿死，弟默啜立。十一年三月，復遣僧懷義討默啜。十二年十月，默啜遣使請降。	卷四一下： （嗣聖四年秋七月）突厥寇朔州，太后遣黑齒常之擊之。（突厥骨篤祿寇朔州，太后遣黑齒常之、李多祚擊之，突厥散走磧北……（六年）九月，太后以僧懷義爲新平道大總管討突厥……（十年）九月，突厥可汗骨篤祿死，子幼，弟默啜立……（十一年）三月，周以僧懷義爲朔方道大總管討默啜……（十二年）冬十月，突厥默啜遣使請降。
25	聖歷元年三月，默啜請爲其女求婚，武后遣嚴知微等冊爲遷善可汗。初，虜降者處於豐、代六州。至是默啜求之，乃悉驅降戶歸之，並許其昏，由是默啜益強盛。	卷四二上： （嗣聖十四年）三月，周立突厥默啜爲可汗。（突厥默啜請爲其女求婚，太后遣閻知微、田歸道冊拜默啜爲遷善可汗知……初，唐處突厥降者於豐、勝、靈、夏、朔、代六州。至是默啜求之……乃悉驅六州降戶數千帳……并許其婚。默啜由是益彊。）

26	其年八月，太后以武承嗣子延秀入突厥，納其女。默啜謂知微等曰：「我世受李氏恩，欲以女嫁李氏兒？聞李氏惟兩兒在，我將兵輔立之。」以知微爲南面可汗，發兵寇嬀、潭等州，移書曰：「我可汗女當嫁天子兒。武，小姓，罔冒爲婚，我爲此起兵，欲取河北耳。」九月，陷趙州。武后以帝爲皇太子，河北道元帥狄仁傑副之，將兵討之。默啜北遁，追之不及。	卷四二上： （十五年）秋八月，突厥默啜寇嬀、檀等州。（初，太后命武承嗣之子淮陽王延秀入突厥納默啜女爲妻。復遣閻知微齎金帛巨億以送之……默啜謂曰：「我欲以女嫁李氏，安用武氏兒邪？我突厥世受李氏恩，聞李氏盡滅，唯兩兒在，我今將兵輔立之。」……以知微爲南面可汗……發兵寇嬀、檀等州，移書數朝廷曰：「……且我可汗女當嫁天子兒。武氏小姓……罔冒爲婚，我爲此起兵，欲取河北耳。」）九月，突厥陷趙州……周武氏以帝爲皇太子，河北道元帥狄仁傑副之，以討默啜……仁傑將兵追之不及。默啜還漠北。
27	<u>二年十月</u>，默啜立其弟咄悉匐爲右廂察，骨篤祿子默矩爲左廂察，各主兵二萬餘，其子匐俱爲小可汗，位在兩察上，主處木昆等十姓兵四萬餘，又號爲拓西可汗。	卷四二上： （十六年）突厥默啜以其子匐俱爲小可汗。（默啜立其弟咄悉匐爲右廂察，骨篤祿子默矩爲左廂察，各主兵二萬餘人。其子匐俱爲小可汗，位在兩察上，主處木昆等十姓兵四萬餘人，又號爲拓西可汗。）
28	<u>大足二年正月</u>，默啜寇鹽、夏、遂，寇并州，<u>遣薛季昶等禦之</u>。	卷四二上： （十九年春正月）突厥寇鹽、夏、遂、寇并州，<u>周遣薛季昶、張仁愿禦之</u>。
29	神龍二年十二月，默啜寇鳴沙，進寇原、會等州，掠隴右牧馬萬餘匹而去。詔訪群臣*禦寇*計策。	卷四二： （神龍二年）十二月，突厥默啜寇鳴沙。（默啜寇鳴沙……突厥進寇原、會等州，掠隴右牧馬萬餘匹而去。詔訪群臣計策。）
30	景雲二年正月，默啜遣使請*和親*，遣和逢堯使突厥。逢堯說默啜曰：「處密、堅昆聞可汗結昏於唐，皆當歸附，何不襲唐冠帶，使之聞之？」默啜許諾，明日，幞頭紫衫，再拜稱臣。	卷四二下： （景雲二年）*春*正月，突厥默啜遣使請*和*……十月，遣御史中丞和逢堯使突厥。（逢堯說默啜曰：「處密、堅昆聞可汗結昏於唐，皆當歸附，何不襲唐冠帶，使之聞之？」默啜許諾，明日，幞頭紫衫，再拜稱臣。）

31	開元三年，默啜既請和稱臣，於是復圍北庭。九月，遣薛訥討之。四年六月，默啜爲拔曳固斬首來降。	卷四三上： （開元三年）九月，遣薛訥討突厥。（⋯⋯突厥請和既稱臣矣，於是復圍北庭）⋯⋯（四年）夏六月。拔曳固斬突厥默啜以降。（⋯⋯拔曳固迸卒頡質略自柳林突出，斬之。時子將郝靈荃使突厥，得其首。）
32	西突厥曷娑那可汗入朝於隋，雷之，國人立其叔父射匱可汗。射匱者，達頭之孫。既立，拓地東至金山，西至海，遂與北突厥爲敵，建庭於龜茲北三彌山。射匱卒，弟統葉護可汗立，勇而有謀，北並鐵勒控弦十萬，據烏孫故地。又移庭於石國北千泉。西域諸國皆臣之，葉護各遣人督徵賦。	卷三八： 西突厥、高昌遣使入貢於唐。（初西突厥曷娑那可汗入朝於隋，隋人雷之。國人立其叔父號射匱可汗。射匱者，達頭可汗之孫也。既立，拓地東至金山，西至海，遂與北突厥爲敵。建庭於龜茲北三彌山。射匱卒，弟統葉護可汗立，統葉護勇而有謀，北并鐵勒控弦數十萬。據烏孫故地，又移庭於石國北千泉。西域諸國皆臣之，葉護各遣吐屯監之督其徵賦。）
33	武德元年八月，以西突厥曷娑那可汗爲歸義王。曷娑那獻大珠，帝曰：「珠誠至寶，然朕寶王赤心，珠無所用之。」竟還之。	卷三八： （武德元年十一月）唐以西突厥曷娑那可汗爲歸義王。（曷娑那獻大珠，唐主曰：「珠誠至寶，然朕寶王赤心，珠無所用。」竟還之。）
34	二年八月，曷娑那在長安，北突厥遣使請殺之，不許。群臣皆曰：「保一人而失一國，後必爲患。」秦曰：「人窮歸我，殺之不義。」久之，引曷娑那入內殿，既而送中書省，縱北突厥使者殺之。	卷三八： （二年八月）唐殺西突厥曷娑那。（曷娑那在長安，北突厥遣使請殺之，唐主不許。群臣皆曰：「保一人而失一國，後必爲患。」秦王曰：「人窮歸我，殺之不義。」久之，引曷娑那入內殿，既而送中書省，縱北突厥使者殺之。）
35	八月，西突厥、高昌各遣使入貢。	卷四○： （秋七月）突厥、高昌遣使入貢於唐⋯⋯八月，唐鄖公薨。
36	八年夏四月，統葉護遣使請昏。帝問裴矩，矩對曰：「今北寇方強，國家且當遠交而近攻，臣謂宜許其昏，以威頡利。俟數年之後，徐思其宜。」上從之。	卷三九上： （八年）夏四月，西突厥遣使請昏，許之。（西突厥統葉護可汗遣使請昏。上以問裴矩，對曰：「今北寇方彊，國家且當遠交而近攻，臣謂宜許其昏，以威頡利。俟數年之後，徐思其宜耳。」上從之。）

37	貞觀八年十月，西突厥咄陸可汗死，其弟沙鉢羅咥唎利失立。	卷三九下： （八年十月）西突厥咄陸可汗死。（弟沙鉢羅咥利失可汗立。）
38	十二年十二月，西突厥分爲十部，每部豪長各賜一箭，謂之十箭。又分左右廂，左廂號五咄陸部，置五大啜；右廂號五弩失畢部，置五大俟斤，通謂之十姓部落。至是，咥利失失衆心，爲其臣所襲，遂走焉耆。尋復得其故地。西部遂立欲谷設爲乙毗咄陸可汗，中分其地。	卷三九下： （十二年十二月）西突厥乙毗咄陸可汗立。（初西突厥分其國爲十部，每部酋長各賜一箭，謂之十箭。又分左右廂，左廂號五咄陸，置五大啜；右廂號五弩失畢，置五大俟斤。通謂之十姓。至是，咥利失失衆心，爲其臣所逐走焉耆。尋復得其故地。西部遂立欲谷設爲乙毗可汗，中分其地。）
39	十三年十二月，西突厥咥利失可汗死，子乙毗沙鉢羅葉護立，號南庭；咄陸爲北庭。	卷三九下： （十三年十二月）西突厥咥利失可汗死。（子乙毗沙鉢羅葉護可汗立，號南庭；咄陸爲北庭。）
40	十五年五月，咄陸可汗殺沙鉢羅可汗，	卷四〇： （十五年五月）西突厥咄陸可汗殺沙鉢羅可汗。
41	十六年，咄陸既併沙鉢羅之衆，自恃強盛，遣兵寇伊州，安西都護郭孝恪擊破之。是年，咄陸擊破米國，不分所獲與其下，又斬其將泥孰啜。泥孰啜部將胡祿屋襲擊之，咄陸走保白水胡城，所部詣闕請廢之。上遣使立莫賀咄之子爲乙毗射匱可汗，率諸部擊咄陸，敗之，使人招其故部落，皆曰：「使我千人戰死，一人獨存，亦不汝從。」咄陸自知不爲衆附，乃奔吐火羅。	卷四〇： （十六年）西突厥寇伊州安西都護郭孝恪擊敗之。（西突厥咄陸可汗既併沙鉢羅之衆，自恃彊大，遣兵寇伊州，郭孝恪擊敗之）……西突厥咄陸可汗爲其下所逐，遣使立射匱可汗。（西突厥咄陸可汗擊破米國，不分虜獲與其下，又斬其將泥孰啜。泥孰啜部將胡祿屋襲擊之，咄陸走保白水胡城，所部詣闕請廢之……上遣使立莫賀咄之子爲乙毗射匱可汗，帥諸部擊咄陸，敗之，使人招其故部落，皆曰：「使我千人戰死，一人獨存，亦不汝從。」咄陸自知不爲衆所附，乃奔吐火羅。）
42	*十九年*六月，乙毗射匱可汗遣使入貢且請昏，許之，使割龜茲、于闐、疏勒、朱俱波、蔥嶺五國以爲聘禮。	卷四〇： （*二十年*）六月，西突厥遣使入貢。（西突厥乙毗射匱可汗遣使入貢且請昏，上許之，使割龜茲、于闐、疏勒、朱俱波、蔥嶺五國以爲聘禮。）

43	二十二年四月，葉護賀魯來降，咄陸既奔吐火羅，部落亡散，其葉護阿史那賀魯帥其餘眾數千帳內屬，詔以爲瑤池都督。	卷四○： （二十二年）夏四月，突厥葉護賀魯來降。（咄陸既奔吐火羅，部落亡散，其葉護阿史那賀魯帥其餘眾數千帳內屬，詔以爲瑤池都督。）
44	永徽三年七月，賀魯招集離散，廬帳漸盛，聞太宗崩，遂叛。擊破射匱，滅之，勝兵，數十萬。與乙毘咄陸連兵，處月、處密及西城諸國多附之。進寇庭州，攻陷金嶺城，詔梁建方、契苾何力發兵及回紇以討之。	卷四○： （永徽二年）秋七月，西突厥賀魯殺射匱可汗，自立爲沙鉢羅可汗。詔武候大將軍梁建方等討之。（瑤池都督阿史那賀魯招集離散，廬帳漸盛，聞太宗崩，以其眾叛……西擊射匱，滅之，勝兵，數十萬。與乙毘咄陸連兵，處月、處密及西域諸國多附之。至是進寇庭州，攻陷金嶺城，詔梁建方、契苾何力發兵三萬，及回紇五萬騎以討之。）
45	四年十二月，乙毘咄陸死，子頡苾達度設號眞珠葉護，與沙鉢羅有隙，尋爲沙鉢羅所並。	卷四○： （四年十二月）西突厥咄陸可汗死。（乙毘咄陸死，其子頡苾達度設號眞珠葉護，與沙鉢羅有隙……尋復爲沙鉢羅所並。）
46	六年五月，屯衛大將軍程知節將兵討沙鉢羅，不克。	卷四○： 六年夏五月，屯衛大將軍程知節討沙鉢羅……不克，免官。
47	顯慶二年正月，遣蘇定方等復擊沙鉢羅，定方至曳咥河西，沙鉢羅帥十萬拒戰，擊敗之。會大雪，平地二尺，定方曰：「虜恃雪深，謂我不能進，亟追之，可及也。」又斬獲數萬，沙鉢羅脫走，趣石國，諸部各歸所居。乃命蕭嗣業追獲之，遂分其地，置崑陵、濛池二都護，以彌射爲興昔亡可汗，押五咄陸部落，步眞爲繼往絕可汗，押五弩失畢部落。	卷四○： （顯慶）二年春正月，遣蘇定方等復擊沙鉢羅……冬十月，蘇定方擊沙鉢羅，獲之，分立興昔亡、繼往絕二可汗。（蘇定方至曳咥河西，沙鉢羅帥兵十萬拒戰，定方擊敗之，斬獲數萬。會大雪，平地二尺……定方曰：「虜恃雪深，謂我不能進。必且休息，亟追之，可及也。」……斬獲又數萬。沙鉢羅脫走，趣石國……諸部各歸所居……乃命蕭嗣業將兵追沙鉢羅，獲之，分西突厥地，置崑陵、濛池二都護府，以彌射爲興昔亡可汗，押五咄陸部落，步眞爲繼往絕可汗，押五弩失畢部落。）

48	龍朔二年十月，敕：「興昔亡、繼往絕二可汗發兵，與蘇海政討龜茲。」繼往絕素與興昔亡有怨，密請海政矯敕收斬之，其部落亡走，海政追討平之。繼往絕尋死，十姓無主，附於吐蕃。	卷四一上： （龍朔二年冬十月）瀚海道總管蘇海政受詔，討龜茲敕：「興昔亡、繼往絕二可汗發兵與俱」。繼往絕素與興昔亡有怨，密請海政矯敕收斬之。其部落亡走。海政追討平之。繼往絕尋死，十姓無主，附於吐蕃。
49	三年十月，西突厥寇庭州，刺史來濟將兵拒之，不能禦，遂赴敵死。	卷四一上： （二年冬十月）西突厥寇庭州，刺史來濟死之。（西突厥寇庭州，刺史來濟將兵拒之……遂不釋甲冑，赴敵而死。）
50	永淳元年四月，阿史那車簿圍弓月，安西都護王方翼救之。三姓咽麵與車簿合兵拒方翼，戰於熱海，分遣裨將襲破之，擒其豪長三百人，西突厥遂平。	卷四一上： （永淳元年夏四月）安西都護王方翼破西突厥，平之。（阿史那車簿圍弓月，安西都護王方翼引軍救之……三姓咽麵與車簿合兵拒方翼，方翼與戰於熱海，分遣裨將襲破之，擒其酋長三百人，西突厥遂平。）
51	嗣聖三年九月，以突厥斛瑟羅爲繼往絕可汗。	卷四一下： （嗣聖三年）秋九月，太后以突厥斛瑟羅爲繼往絕可汗。
52	長壽二年十月，西突厥十姓自垂拱以來，爲東突厥所侵掠，散亡畧盡，繼往絕可汗斛瑟羅收其餘眾，入居內地，武后以爲竭忠事主可汗。	卷四一下： （嗣聖七年冬十月），西突厥入居內地。（西突厥十姓自垂拱以來，爲東突厥所侵掠，散亡畧盡，繼往絕可汗斛瑟羅收其餘眾六七萬人，入居內地，太后以爲竭忠事主可汗。）
53	長安四年正月，周以阿史那懷道爲西突厥十姓可汗。	卷四二上： （二十一年春正月）周以阿史那懷道爲西突厥十姓可汗。
54	貞觀十二年九月，上以薛延陀強盛，恐後難制，分封其二子皆爲小可汗，各賜鼓纛，外示優崇，實分其勢。	卷三九下： （貞觀十二年秋七月）以薛延陀真珠可汗二子爲小可汗。（上以薛延陀彊盛，恐後難制，拜其二子皆爲小可汗，各賜鼓纛，外示優崇，實分其勢。）

55	十五年十一月，<u>薛延陀眞珠可汗聞將東封，竟內已虛</u>，曰：「我此時取思摩奴，如拉朽。」乃命其子大度設發諸部兵，合二十萬，擊突厥。思摩不能禦，率部落入長城，保朔州，遣使告急。詔遣李世勣等分道擊之。十二月，世勣敗薛延陀於諾眞水，捕獲五萬餘，大度設脫走。	卷四一： （十五年）冬十一月，薛延陀攻突厥遣李世勣等將兵討破之。（<u>薛延陀眞珠可汗聞上將東封，曰：「天子封泰山，邊境必虛。我以此時取思摩，如拉朽耳。」</u>乃命其子大度設發諸部兵，合二十萬，擊突厥。思摩不能禦，帥部落入長城，保朔州，遣使告急。詔遣世勣等分道擊之……十二月，世勣敗薛延陀於諾眞水，斬首三千餘級，捕虜五萬餘人，大度設脫身走。）
56	十六年十一月，上謂侍臣曰：「薛延陀屈強，今禦之有二策：苟非發兵殄滅之，則與之婚姻以撫之。」房玄齡曰：「兵凶戰危，臣以爲和親便。」即命兵部侍郎崔敦禮持節使薛延陀，許以新興公主妻之。	卷四〇： （十六年冬十月），許以新興公主嫁薛延陀。（上謂侍臣曰：「薛延陀屈彊莫比，今禦之有二策，苟非發兵殄滅之，則與之婚姻以撫之耳。」房玄齡對曰：「兵凶戰危，臣以爲和親便。」……上即命兵部侍郎崔敦禮特節使薛延陀，許以新興公主妻之。）
57	十七年，眞珠使其姪來納聘，獻羊馬。契苾何力上言薛延陀不可與昏，上曰：「我許之矣，可食言乎？」何力曰：「願且遷延，敕夷男使親迎，彼必不敢來，則絕之矣。」<u>上乃召眞珠可汗會禮</u>。眞珠欲行，<u>其臣不可，謂往必不返</u>。眞珠謂：「天子聖明，遠近朝服，今親幸靈州，以愛主妻我。我得見天子，死亦不恨，薛延陀何患無君？」因多以羊馬爲聘禮，經沙磧，耗死過半，乃責以聘禮不備，絕之。褚遂良上疏曰：「往者*天下*咸言陛下欲安百姓，不愛一女，莫不懷德。今忽有改悔之心，得少失多，竊爲國家惜之。嫌隙既生，必搆邊患。彼國蓄見欺之怒，此民懷負約之慚，恐非所以服遠人、訓戎士也。」不聽。薛延陀本無府庫，至是厚斂諸部，以充聘財。諸部怨叛，延陀由是衰弱。	卷四〇： 十七年，薛延陀來納幣，詔絕其昏。（薛延陀眞珠可汗使其姪來納幣，獻羊馬。契苾何力上言薛延陀不可與昏。上曰：「吾許之矣，可食言乎？」何力對曰：「願且遷延，敕夷男使親迎，彼必不敢來，則絕之有名矣。」<u>上從之</u>，乃詔幸靈州，召眞珠可汗會禮。眞珠欲行，<u>其臣曰：「不可，往必不返。」</u>眞珠曰：「天子聖明，遠近朝服，今親幸靈州，以愛主妻我。我得見天子，死不恨矣。薛延陀何患無君？」又多以羊馬爲聘，經沙磧，耗死過半，乃責以聘禮不備，絕之。褚遂良上疏曰：「往者*夷夏*咸言陛下欲安百姓，不愛一女，莫不懷德。今一朝忽有改悔之心，得少失多，臣竊爲國家惜之。嫌隙既生，必構邊患。彼國蓄見欺之怒，此民懷負約之慚，恐非所以服遠人、訓戎士也……」*上*不聽。薛延陀先無府庫，至是厚斂諸部，以充聘財，諸部怨叛，薛延陀由是遂衰。）

58	十九年九月，眞珠二子，長曰曳莽，次曰拔灼，初分立爲小可汗，至是眞珠死，拔灼殺其兄曳莽而自立，是爲多彌可汗。十二月，薛延陁寇夏州。	卷四○： （十九年）九月，薛延陀眞珠可汗死，子多彌可汗拔灼立。（初眞珠可汗請分國，立其二子皆爲可汗，詔從之。至是，灼殺其兄曳莽而自立，是爲多彌可汗）……十二月，薛延陀寇夏州。
59	二十年正月，夏州兵擊薛延陁，大破之。	卷四○： 二十年春正月，夏州兵擊薛延陀，大破之。
60	二十一年八月，多彌猜褊好殺，廢父時貴臣，專用己所親昵，國人不附。回紇諸部落擊之，大敗。上詔王道宗等將兵擊之，國中驚擾。多彌出走，回紇殺之，盡據其地。餘眾西走，猶七萬，共立眞珠兄子咄摩支，遣使奉表，請居鬱督軍山之北，詔遣使安集之。鐵勒九姓酋長聞其來，皆懼，朝議亦恐其爲磧北之患，乃遣李世勣圖之，上自幸靈州招撫之。世勣至鬱督軍山，咄摩支降。道宗兵既渡磧，薛延陁拒戰，道宗擊破之。遣使招諭鐵勒諸部，其酋長皆喜，請入朝。駕至涇陽，回紇等十一姓各遣使歸命，乞置官司。上喜，遣使納之，詔曰：「朕聊命偏師，遂擒頡利；始弘廟畧，已滅延陀。鐵勒百餘萬戶請爲州郡，混元以降，書未前聞。宜備禮告廟，仍頒示普天」上又爲詩曰：「雪恥酬百姓，除凶報千古。」勒石於靈州。	卷四○： （二十年）秋八月帝如靈州，遣李世勣擊薛延陀……（薛延陀多彌可汗猜褊好殺，廢棄父時貴臣，專用己所親昵，國人不附。回紇諸部擊之，大敗。上詔江夏王道宗等將兵擊之。國中驚擾。多彌出走，回紇殺之，盡據其地，餘眾西走。猶七萬餘口，共立眞珠兄子咄摩支，遣使奉表，請居鬱督軍山之北，詔遣使安集之。鐵勒九姓酋長聞其來，皆懼，朝議亦恐其爲磧北之患，乃遣李世勣國之，上自詣靈州招撫……李世勣至鬱督軍山，咄摩支降。道宗兵既渡磧，薛延陀拒戰，道宗擊破之。遣使招諭鐵勒諸部，其酋長皆喜，請入朝。駕至涇陽。回紇等十一姓各遣使歸命，乞置官司。上大喜，遣使納之，詔曰：「朕聊命偏師，遂擒頡利，始弘廟畧，已滅延陀，鐵勒百餘萬戶請爲州郡，混元以降，殊未前聞。宜備禮告廟，仍頒示普天。」上爲詩曰：「雪恥酬百主，除兇報千古。」勒石於靈州。

61	景龍二年十一月，突厥施烏質勒卒，子娑葛自立爲可汗，故將闕啜忠節不服，數相攻擊。遣馮嘉賓持節安撫忠節，呂守素處置四鎮，以牛師獎爲西安副都護，發甘、涼兵，兼徵吐蕃，以討娑葛。忠節逆嘉賓於討舒河口，娑葛遣兵襲之，<u>擒忠節，殺嘉賓。守素、牛師獎與娑葛戰敗</u>，遂陷西安，斷四鎮路。遂赦娑葛，<u>立爲可汗</u>。三年七月，娑葛遣使請降。	卷四二下： （景龍二年十一月）突騎施烏質勒卒，子娑葛自立爲可汗，故將闕啜忠節不服，<u>數相攻擊</u>……遣馮嘉賓持節安撫忠節，侍御史呂守素處置四鎮，以將軍牛師獎爲安西副都護，發甘、涼兵，兼徵吐蕃，以討娑葛，忠節逆嘉賓於討舒河口，娑葛遣兵襲之，<u>生擒忠節，殺嘉賓、守素</u>……牛師獎與娑葛戰敗沒娑葛，遂陷安西，斷四鎮路……赦娑葛罪，<u>冊爲十四姓可汗</u>……（三年）秋七月，突騎施娑葛遣使請降。
62	開元九年<u>二月</u>，突厥毗伽遣使求和，帝賜書論之曰：「果有誠心，則共保遐福，不然無煩使者往來。若<u>仍</u>侵邊，亦有以待<u>之</u>，<u>其</u>審圖之。」	卷四三： （開元九年<u>二月</u>）突厥毗伽遣使求和，<u>上賜書論以曩</u>：「……果有誠心，則共保遐福，不然無煩使者徒爾往來。若<u>其</u>侵邊，亦有以待<u>可汗，其</u>審圖之。」
63	十五年九月，吐蕃寇瓜州，遣突厥毗伽書，欲與俱入寇。毗伽獻其書於朝，上嘉之，聽於西受降互市，於是遣使入貢。	卷四三：（十五年九月）突厥遣使入貢。（吐蕃之寇瓜州也，遣突厥毗伽可汗書，欲與之俱入寇。毗伽獻其書，上嘉之，聽於西受降城互市。）
64	二十二年十二月，<u>毗伽爲其臣梅錄啜毒死，子登利立</u>。	卷四三下： （二十二年十二月）突厥殺其毗伽可汗。（<u>毗伽爲其大臣梅錄啜所毒而死，子登利可汗立</u>。）
65	二十九年七月，登利從叔二人分典兵馬，號左右殺。登利惡其專，誘右殺斬之。左察判闕特勒攻殺登利，骨咄葉護自立爲可汗。	卷四三下： （二十九年秋七月）秋七月，突厥殺其登利可汗。（初登利從叔二人分典兵馬，號左右殺。登利惡其專，誘右殺斬之……左殺判闕特勒攻殺登利，殺之。骨咄葉護自立爲可汗。）
66	天寶元年秋七月，<u>突厥拔悉密、回紇、葛邏祿自爲左右葉護</u>，餘眾共立判闕特勒之子爲烏蘇可汗。朔方節度使王忠嗣說拔悉密等攻之，烏蘇遁去。突厥西葉護阿布思等帥餘眾千餘帳相次來降，突厥由是遂微弱。	卷四三下： （天寶元年秋七月）突厥阿布思來降。（初突厥拔悉密、回紇、葛邏祿三部共攻骨咄葉護……回紇、葛邏祿<u>自爲左右葉護</u>，突厥餘眾共立判闕特勒之子爲烏蘇可汗。朔方節度使王忠嗣說拔悉密等使攻之，烏蘇遁去。突厥西葉護阿布思等帥餘眾千餘帳相次來降，突厥遂微。）

67	三載*六月*，拔悉密攻殺突厥烏蘇可汗，國人立其弟爲白眉可汗。於是敕忠嗣乘亂破其左廂十一部，會回紇葛邏祿共攻拔悉密頡跌伊施，殺之。回紇骨力裴羅自立爲骨咄祿毗伽闕可汗，上冊拜裴羅爲懷仁可汗。	卷四三下： （三載）*秋*，突厥亂，冊回紇骨力裴羅爲懷仁可汗。（拔悉密攻斬突厥烏蘇可汗，國人立其弟爲白眉可汗。於是突厥大亂，敕王忠嗣出兵，乘之破其左廂十一部，會回紇葛邏祿共攻拔悉密頡跌伊施，可汗殺之。回紇骨力裴羅自立爲骨咄祿毗伽闕可汗……上冊拜裴羅爲懷仁可汗）
68	四載正月，懷仁爲白眉所殺，其子摩延啜立，自號葛勒可汗。	卷四三： （四載春正月）回紇懷仁可汗死。（回紇懷仁可汗擊突厥，白眉可汗殺之……子磨延啜立，號葛勒可汗。）
69	初，隋煬帝征吐谷渾，可汗伏允奔黨項。煬帝立其質子順爲主，不*之遣*。會中國喪亂，伏允還收其故地，仍自稱爲吐谷渾可汗。	卷三八： 唐使吐谷渾伐涼。（……初隋煬帝征吐谷渾，可汗伏允奔黨項。煬帝立其質子順爲主，不*架入*。會中國喪亂，伏允還收其故地。）
70	武德二年二月，涼李軌奉書於帝，稱：「從弟大涼皇帝臣軌。」帝怒，議討之。遣使與伏允連和，使引兵擊李軌，許以順還之。伏允喜，起兵擊軌，數遣使入貢，<u>請其質子順，帝遣還之</u>。	卷三八： （武德二年二月）唐使吐谷渾伐涼。（初唐冊使至涼州，李軌欲去帝號……奉書稱：「皇從弟大涼皇帝臣軌。」唐主怒，使議討之……遣使與伏允連和，使擊李軌，許以順還之。伏允喜，起兵擊軌，數遣使入貢，<u>請順，唐主遣之</u>。）
71	四年*七月*，吐谷渾寇洮、岷二州，遣岐州刺史柴紹救之，爲其所圍。且乘高射之，矢下如雨。紹遣軍士彈琵琶，二女子對舞，虜怪之，相與聚觀。紹察其無備，潛遣精騎出其陣後擊之，眾大潰。	卷三八： （四年*六月*）唐岐州刺史柴紹擊吐谷渾敗之。（先是吐谷渾寇洮、岷二州，遣柴紹救之，爲其所圍。虜乘高射之，矢下如雨。紹遣人彈胡琵琶，二女子對舞，虜怪之。相與聚觀，紹察其無備，潛遣精騎出虜陳後擊之，虜眾大潰。）
72	八年正月，吐谷渾、突厥各請互市，詔皆許之。先是，中國喪亂，民乏耕牛，至是資於戎狄，雜畜被野。	卷三九上： 八年正月，詔許突厥、吐谷渾互市。（突厥、吐谷渾各請互市，詔皆許之。先是，中國喪亂，民乏耕牛，至是資於戎狄，雜畜被野。）

73	貞觀八年十月，吐谷渾可汗伏允老耄。其臣天柱王用事，數入塞侵盜，詔大舉兵討之。上欲以李靖爲將，<u>因其老，不欲重勞之</u>。靖聞之，請行。上大悅，以靖爲西海道行軍大總管，節度諸軍討之。	卷三九下： （貞觀八年^冬十月）吐谷渾寇涼州，以李靖爲大總管，帥諸軍討之。（吐谷渾可汗伏允老耄。其臣天柱王用事，數入塞侵盜，詔大舉討之。上欲以李靖爲將，<u>爲其老重勞之</u>，靖聞之，請行，上大悅，以靖爲西海道行軍大總管，節度諸軍討之。）
74	九年五月，李靖悉燒野草，輕兵走入磧。諸將以爲馬無草，未可深入。侯君集曰：「虜一敗之後，鼠逃鳥散，取之易於拾芥，此而不乘，後必悔之。」靖從之，分軍爲兩道，敗吐谷渾於牛心堆，又敗諸赤水源。令君集追伏允於烏海，與戰，大破之。靖襲破伏允牙帳，伏允子順斬天柱王來降，伏允爲左右所殺，國人立順爲可汗，詔以爲西平王。後順爲國人所殺，上遣侯君集將兵，立其子諾曷鉢爲可汗。	卷三九下： （九年^夏五月）李靖伐吐谷渾破之。（李靖擊吐谷渾伏允，悉燒野草，輕兵走入磧，諸將以爲馬無草，未可深入。侯君集曰：「虜一敗之後，逃鳥散，取之易於拾芥，此而不乘，後必悔之。」李靖從之，中分其軍爲兩道……靖等敗吐谷渾於牛心堆，又敗諸赤水源……追及伏允於烏海，與戰，大破之……（靖）襲破伏允牙帳……伏允子順斬天柱王來降，伏允脫身走……爲左右所殺，國人立順爲可汗。詔以爲西平郡王……順竟爲國人所殺，上復使侯君集將兵，立其子諾曷鉢爲可汗。）
75	十年三月，吐谷渾請頒曆，遣子入侍。	卷三九下： （十年）三月，吐谷渾請頒曆，遣子入侍。
76	永徽三年正月，吐谷渾遣使入貢。	卷四〇： （永徽）三年春正月，吐谷渾、<u>新羅</u>、<u>高麗、百濟</u>並遣使入貢。
77	咸亨三年二月，徙吐谷渾於靈州，其故地皆入於吐蕃。	卷四一上： （咸亨）三年^春二月，徙吐谷渾於靈州。（吐谷渾畏吐蕃，徙靈州，其故地皆入於吐蕃。）
78	乾寧元年六月，李克用大破吐谷渾。	卷五二： （乾寧元年）六月，李克用大破吐谷渾。

　　殿本《唐會要》卷九四共 78 條，與《通鑑綱目》比較，其中第 5、18、32、34、37、38、39、59、75 條等文字完全相同，第 3、21、44 條等除個別

文字小異外，基本一至。此類當屬傳抄中的譌誤。如「十月」，誤作「十一月」。「永徽二年七月」，誤作「永徽三年七月」等。

多數條目中，補撰者刪削了《通鑑綱目》的一些語句，這是《唐會要》補撰者較常採用的方式，補撰者或直接將《通鑑綱目》的文字刪削，如4、6、10、11、12條等等；或將二條並爲一條，而減刪文字，如第3條。或改動句式，將人物的對話省頭減尾，轉變成客觀敘述，再刪去某些文字，如第7、8、57條等。

除此之外，補撰者還對某些條目小有改寫，其方式大至有以下三種：

1. 據上、下文而增：

如第1條，《唐會要》多出「高祖初起義兵」，「煬帝十三年六月，遣使如北突厥」，「帝即位之」三句，當是據《通鑑綱目》「李淵起兵太原」，「（大業十三年）六月，李淵遣使如突厥」，「（五月）唐王淵稱皇帝」而增。又如，第13條，《通鑑綱目》：「初，突利可汗之弟結社率入朝爲中郎將」，然《唐會要》載：「十三年四月，突利之弟結社率，貞觀初入朝爲中郎將」，多出「貞觀」二字，當據《通鑑綱目》此條上文「貞觀十三年夏四月」所增。

2. 因上、下文而誤寫：

補撰者在抄撮的過程中，常將沒有直接繫時間的條目，誤繫於上、下文時間下。如第4條，檢《通鑑綱目》卷三八、《資治通鑑》卷一百九唐紀五並他書均繫於武德四年三月下，絕無可疑。《會要》概據《通鑑綱目》卷三八載：「三月唐襲夏鄎城……突厥寇汾陰……夏五月，唐秦王世民大破，擒之。鄭主世充降」，誤「三月」爲「三年」，又誤繫於下文「夏五月」之下。又如第7條，《資治通鑑》卷一九一唐紀七、《通鑑綱目》卷三八等書並繫於「七年八月」下，《唐會要》當因抄錄時漏檢「八月」，而誤屬前文「秋閏七月」之文。

此類文字改動還有第33條、第35條、第42條等。

3. 因不明書法而誤改：

史家於武氏朝史實的書寫，歷來頗有爭議。唐吳兢、劉子玄等撰《則天實錄》，爲則天作《實錄》，肯定了聖帝的身份，新、舊《唐書》，《資治通鑑》亦秉承此史法。而另一脈的史學家則堅持正名以尊王室，書法以觀後嗣的態度，反對爲則天作帝紀。沈既濟當爲這一書法的肇始者，他反對則天入帝紀，認爲中宗以始年即位，季年復祚，雖尊名中奪，而天命未改。周側唐，列爲

帝紀是謂亂名〔註 15〕。宋范祖禹《唐鑑》繼承了沈既濟的觀點，以武周朝事
繫於中宗「嗣聖」年號。而《資治通鑑綱目》則將這種筆法發揮到了極至。《通
鑑》採用則天朝年號，而朱子據之所作《綱目》則繫於中宗下，凡光宅元年
至神龍元年史實，皆稱「嗣聖某年」（始元年，迄二十一年），以明李氏正統。

　　殿本《唐會要》卷九四抄撮《通鑑綱目》，紀年法當源於《綱目》，然《唐
會要》除第 24 條，第 51 條外均爲武后年號〔註 16〕，疑後人抄錄《綱目》，至
遲聚珍版刊刻時，因不明書法而回改，卻未改淨，留下兩處嗣聖年號。其誤
改處正爲抄撮之明証。如第 24 條：

　　案：長壽無十年、十一年。《資治通鑑》卷二〇四唐紀二〇載「（永昌元
年）九月壬子，以僧懷義爲新平道行軍大總管，將兵二十萬以討突厥骨篤祿。」
〔註 17〕永昌元年，即嗣聖六年。然《通典》卷一九八邊防：「長壽三年（「三
年」當作「二年」），率衆寇靈州，殺掠吏人。武太后遣白馬寺僧薛懷義爲代
北道行軍大總管，領十八將軍以討之」，〔註 18〕考《舊唐書・薛懷義傳》：「長
壽二年，默啜復犯塞，又以懷義爲代北道行軍大總管……以討之。」〔註 19〕
又，卷一九四突厥上「長壽二年，（默啜）率衆寇靈州，殺掠人吏。則天遣白
馬寺僧薛懷義爲代北道行軍大總管，領十八將軍以討之既不遇賊尋班師焉」。
〔註 20〕可知長壽二年，懷義討默啜爲代北道行軍大總管，與《通鑑》所稱「新
平道行軍大總管」抵牾。

　　考《舊唐書・薛懷義傳》：「永昌中，突厥默啜犯邊，以懷義爲清平道大
總管，率軍擊之。」〔註 21〕則懷義當兩次出兵突厥，永昌年以新平道行軍大
總管討之，長壽年則以代北道行軍大總管討之。後人以嗣聖不當有六年，又
據諸書載長壽二年（嗣聖十一年）懷義討默啜事而改作「長壽二年」，而不知

〔註 15〕《新唐書》卷一三二《沈既濟傳》載：「沈既濟，蘇州吳人，經學該明。……
　　　　初吳兢撰《國史》爲《則天本紀》，次高宗下。既濟奏議，以爲：『則天皇后……
　　　　魯昭公之出，《春秋》歲書其居曰：『公在乾侯』。君在，雖失位。不敢廢也。
　　　　請省天后紀合中宗紀，每歲首必書孝和在所以統之，曰：『皇帝在房陵，太后
　　　　行其事，改某制』，紀稱中宗而事述太后，名不失正，禮不違常矣』」。
〔註 16〕此二條於四庫本《唐會要》中實爲一條。
〔註 17〕《資治通鑑》卷二〇四，頁 6460。
〔註 18〕《通典》卷一九八，頁 5435。
〔註 19〕《舊唐書》卷一八三，頁 4742。
〔註 20〕《舊唐書》卷一九四，頁 5168。
〔註 21〕《舊唐書》卷一八三，頁 4742。

《通鑑綱目》自有書法，故誤改之，以至時間淆亂，抵悟踳駮。

　　由上可基本判斷《唐會要》卷九四抄錄《通鑑綱目》，而稍有所改動。朱熹編就《通鑑綱目》，文字主要採用《資治通鑑》〔註22〕，試列數條以証：

表7

序次 同表4	《通鑑綱目》	《資治通鑑》
2	卷三八： （八月）唐遣鄭元璹以女妓賂始畢可汗，始畢遣使報之。唐主與之宴，引升御坐以寵之。	卷一八六唐紀二： 庚申，上遣從子襄武公琛、太常卿鄭元璹以女妓遺突厥始畢可汗。壬戌，始畢復遣骨咄祿特勒來。戊寅，宴突厥骨咄祿，引骨咄祿升御坐以寵之。
4	卷三八： （四年三月）突厥寇汾陰。（突厥頡利可汗士馬雄盛，有憑陵中國之志。王世充使人說之曰：「昔啓民奔隋，賴文帝之力，有此土宇，子孫享之，今唐天子非文帝子孫，宜奉楊政道代之，以報文帝之德。」頡利然之。唐主以中國未寧，待突厥甚厚，而頡利求請無厭，言辭驕慢，至是，寇汾陰。）	卷一八九唐紀五： （武德四年三月）突厥頡利可汗承父兄之資，士馬雄盛，有憑凌中國之志。妻隋義成公主，公主從弟善經避亂在突厥，與王世充使者王文素共說頡利曰：「昔啓民爲兄弟所逼，脫身奔隋，賴文皇帝之力，有此土宇，子孫享之，今唐天子非文皇帝子孫，可汗宜奉揚政道以伐之，以報文皇帝之德。」頡利然之。上以中國未寧，待突厥甚厚，而頡利求請無厭，言辭驕慢。甲戌，突厥寇汾陰。
8	卷三九上： （九年）秋七月，突厥寇邊，詔右衛大將軍張瑾禦之，敗績。（先是，上與突厥書，用敵國禮。至是，上謂侍臣曰：「突厥貪婪無厭，朕將征之，自今勿復爲書，皆用詔敕。」突厥遂寇靈、相、潞、沁、韓、朔等州。張瑾與戰太谷，全軍皆沒，瑾僅以身免，長史	卷一九一唐紀七： 丙戌，頡利可汗寇靈州。丁亥，以右衛大將軍張瑾爲行軍總管以禦之……先是，上與突厥書，用敵國禮。秋七月甲辰，上謂侍臣曰：「突厥貪婪無厭，朕將征之。自今勿復爲書，皆用詔敕。」……己酉，突厥頡利可汗寇相州……癸亥，寇靈州。丁卯，寇潞、

〔註22〕《御批資治通鑑綱目題要》曰：「宋朱子撰，因司馬光《資治通鑑》、胡安國《通鑑舉要補遺》而折衷之」，《通鑑綱目·序例》亦曰：「先正溫國司馬文正公受詔編集《資治通鑑》既成，又撮其精要之語，別爲《目錄》三十卷并上之。晚病本書太詳，《目錄》太簡，更著《舉要曆》八十卷，以適厥中，而未成也。紹興初，故侍讀南陽胡文定公，始復因公遺稿，修成《舉要補遺》若干卷……輒與同志因兩公四書別爲義例，增損隱括，以就此編」。

	溫彥博爲虜所執……靈州都督、任城王道宗擊破之，虜兵頡利遣使請和而退。）	沁、韓三州……頡利汗將兵十餘萬大掠朔州。壬申，并州道行軍總管張瑾與突厥戰於太谷，全軍皆沒。瑾脫身奔李靖，行軍長史溫彥博爲虜所執……甲申，靈州都督、任城王道宗擊破之。丙戌，突厥寇綏州。丁亥，頡利可汗遣使請和而退。
11	卷三九下： 四年春二月。李靖襲破突厥於陰山……夏四月，行軍副總管張寶相擒突厥頡利可汗以獻。（頡利敗走，往依沙鉢羅設蘇尼失部落，任城王道宗引兵逼之，使蘇尼失執頡利，行軍副總管張寶相取之以獻，蘇尼失舉眾來降，漠南遂空。）	卷一九三唐紀九： （四年三月）及頡利敗走，往依之，將奔吐谷渾。大同道行軍總管、任城王道宗引兵逼之，使蘇尼失執送頡利，頡利以數騎夜走，匿於荒谷。蘇尼失懼，馳追獲之。庚辰，行軍副總管張寶相帥眾奄至沙鉢羅營，俘頡利，送京師，蘇尼失舉眾來降，漠南之地遂空。
12	卷三九下： 十年春正月，突厥阿史那社爾來降。（社爾，處羅可汗之子也。年十一，以智畧聞，處羅以爲拓設，建牙於磧北。頡利既亡，西突厥亦亂，社爾詐往降之，襲取其地幾半，有眾十餘萬，乃曰：「破我國者薛延陀也，我當爲先可汗報讎擊滅之。」諸部皆諫，社爾不從，擊之大敗，遂帥眾來降。）	卷一九四唐紀一〇： 十年春正月甲午，上始親聽政。辛丑，以突厥拓設阿史那社爾爲左驍衛大將軍。社爾，處羅可汗之子也。年十一，以智畧聞。可汗以爲拓設，建牙於磧北。與欲谷設分統敕勒諸部……頡利可汗既亡，西突厥亦亂。咄陸可汗兄弟爭國，社爾詐往降之，引兵襲破西突厥，取其地幾半，有眾十餘萬，自稱咄布可汗。社爾乃謂諸部曰：「首爲亂破我國者薛延陀也，我當爲先可汗報仇擊滅之。」諸部皆諫曰……社爾不從，擊薛延陀於磧北……社爾大敗，遂帥眾來。
15	（十八年十二月）突厥徙居河南可汗李思摩入朝。（突厥俟利苾可汗北渡河，薛延陀惡之，數相攻。俟利苾有眾十萬，不能撫御。其眾悉南渡河，請處於勝、夏之間，上許之。群臣皆曰：「陛下方遠征遼左，而置突厥於河南，距京師不遠，豈得不爲後慮？」……上曰：「夷狄亦人耳……以德治之，則可使如一家，且彼不北走薛延陀而南歸我，其情可見矣。」俟利苾既失眾，輕騎入朝。）	卷一九七唐紀一五： （貞觀十八年十二月）戊午，悉棄俟利苾度河請處於勝、夏之間。上許之群臣皆以爲陛下方遠征遼左，而置突厥於河南，距京師不遠，豈得不爲後慮？願畱鎮洛陽遣諸將東征。上曰：「夷狄亦人耳。其情與中夏不殊，人主患德澤不加，不必猜忌異類。蓋德澤洽則四夷，可使如一家，猜忌多，則骨肉不免爲讎敵……且彼與薛延陀嗜欲畧同，彼不北走薛延陀，而南歸我。其情可見矣。」……候利苾既失眾，輕騎入朝，上以爲右武衛將軍。

　　可見《通鑑綱目》文字源於《資治通鑑》，而自有取捨，但這些差異處卻與《唐會要》一至。因此，《唐會要》完全抄撮《通鑑綱目》無疑。《通鑑綱目》問世後，備受帝王及學者的推崇，探究書法，發明大義。明清兩代影響甚大，治是書者絡繹不絕，諸如《綱目續麟》二十卷《校正凡例》一卷《附錄》一卷《彙覽》三卷，明張自動撰；《通鑒綱目》訂誤四卷，清陳景雲撰等等。《通鑑綱目》的影響如此巨大，那麼後人據《通鑑綱目》而補《唐會要》則不足為奇了。

第五章 《唐會要》佚文考

第一節 《玉海》徵引《唐會要》考述

　　王應麟（1223～1296）字伯厚，號厚齋，晚年又號深甯居士。明州慶元府（今浙江寧波）人。淳祐元年（1241）進士，寶祐四年（1256）又中博學弘詞科。官至禮部尚書，入元不仕。王應麟家承師學，著述宏富，《宋史》本傳著錄：《玉堂類稿》二十三卷、《掖垣類稿》二十二卷、《深甯集》一百卷、《詩考》五卷、《詩地理考》五卷、《漢書‧藝文志考証》十卷、《通鑑地理考》一百卷、《通鑑地理通釋》十六卷、《通鑑答問》四卷、《困學紀聞》二十卷、《蒙訓》七十卷、《小學紺珠》十卷、《玉海》二百卷、《詞學指南》四卷等二十三種，近七百餘卷。可惜多數殘佚，完整流傳下來的著作只有十六種，另有三種尚有殘缺。著作內容涉及經學、史學、文獻學、目錄學、考據學等多個領域。《玉海》凡二百卷，分天文、律曆、地理、帝學、聖文、藝文、詔令、禮儀、車服、器用、郊祀、音樂、學校、選舉等二十一門。每部各分子目，共二百四十餘類。《玉海》具有重要的輯佚價值，全書採輯廣泛，選材豐富，徵引文獻覆蓋經、史、子、集，百家傳記、雜書縱橫披覽，無所不容。這些引書有些早已散佚，爲後來史志所不備，如《唐典》、《唐曆》、《唐登科記》、《中興館閣書目》，有些雖存於今而文有殘闕。可以說，《玉海》將出現在唐代中晚期的實用性類書發展到一個新的階段。

　　《玉海》徵引體例尤爲嚴謹。保存至今的新、舊《唐書》、《資治通鑑》等，與原書對比，文字面貌大多保持一至。王應麟非常重視文獻的出處，尤重眾史典故，制度名物。每一種類目前，都冠以小序，辨析此類目的主旨及

源流變遷。多數材料都注明出處。王應麟反對妄改文字，主張保持文獻的原貌。他認爲「經史校讎，不可以臆見定也」〔註1〕對於被不同史書引用的材料，則一並列出。列舉諸說，考証異同。《四庫全書總目》對於《玉海》有極高的評價：「宋自紹聖置宏詞科，大觀改詞學兼茂科。至紹興，而定爲博學宏詞之名，重立試格，於是南宋一代通儒碩學多由是出，最號得人。而應麟尤爲博洽，其作此書，即爲詞科應用而設，故臚列條目，率鉅典鴻章，其採錄故實，亦皆吉祥善事，與他類書體例迥殊。然所引自經、史、子、集、百家傳記，無不賅具，而宋一代之掌故，率本諸實錄、國史、日曆，尤多後來史志所未詳，其貫串奧博，唐宋大類書未有能過之者。」〔註2〕

　　《玉海》徵引《唐會要》的形式極爲統一，注明出處於文首或者文尾。文中小注部份，有些是《唐會要》原文，有些是王應麟的案語，包括所涉他書史料，以及王氏考訂謬誤，校釋文字等。《唐會要》文獻引用國史、實錄，是研究唐代歷史經常參閱和徵引的史書。由於刊刻不多，又經連年戰火等天災人爲原因，後代所能見到的僅有鈔本形式了。而《玉海》徵引的《唐會要》其中的一些文字，今本《唐會要》已經散佚，《玉海》保存了《唐會要》的原貌，爲研究《唐會要》提供了客觀的材料。後人既可以據《玉海》補今本《唐會要》的闕文，又可以考訂謬誤，對唐代文獻的輯佚和整理工作有著重要的作用。

　　《玉海》引《唐會要》近三千條，包括不少重出的條目。與今本《唐會要》對校，發現一些異文，可校《唐會要》之訛誤。如《玉海》卷九五引《會要》：「陳正節議曰：『魏晉迄梁，雖規制或殊，而所居之地，常取景巳，百王不易之道也。』」案：《舊唐書》卷二二《禮儀志》載：「博士馮宗、陳貞節等議，以武氏所造明堂有乖典制，奏議曰：『明堂之建……至孝平元始四年，始創造於南郊，以申嚴配。光武中元元年，立於國城之南。自魏晉迄於梁，朝雖規制或殊，而所居之地常取丙巳者。斯蓋百王不易之道也。』」文字與《玉海》引《會要》大致相同。《唐會要》卷一一載陳正節等奏議，而文字有所省減：「太常博士馮宗、陳貞節等咸以則天所造明堂有乖典制，奏曰：『明堂之建……至孝平元始四年，創造南郊，以申嚴配。但取丙巳而已，斯蓋百王不易之道也。』」無「魏晉迄梁，雖規制或殊，而所居之地」三句，疑《唐會要》

〔註1〕〔宋〕王應麟《困學紀聞》卷六，上海古籍出版社，2009年，頁837。
〔註2〕《四庫全書總目》卷一三五，頁730。

有脫文。

又如《玉海》卷一四四《兵制》載：「《會要》：『先天二年十月十三日，講武於驪山之下。發兵二十萬，旌旗互五十餘里，戈鋋金甲，耀照天地，列大障於長川，坐作進退，以金鼓之聲節之，三軍出入，號令如一。親擐戎服，持沉香大鎗立於陣前。』」案：《唐會要》卷二六載：「先天二年十月十三日，講武於驪山之下。徵兵二十萬，戈鋋金甲，耀照天地，列大陣於長川，坐作進退，以金鼓之聲節之，三軍出入，號令如一。上體擐戎服，持大鎗立於陣前。」《通典》卷七六《軍禮》：「先天二年十月十二日（當作「十三日」），講武於驪山之下。徵兵二十萬，戈鋋金甲，照耀天地，列大陣於長川，坐作進退，以金鼓之聲節之。元宗親擐戎服，持大鎗立於陣前。」《冊府元龜》卷一二四《帝王部》又載：「玄宗先天二年十月癸亥，親講武於驪山之下。徵兵二十萬，旌旗連互五十餘里，戈鋋金甲，照曜天地，列大陣於長川，坐作進退，以金鼓之聲節之，三軍出入，號令如一。帝親擐戎服，持沉香大鎗立於陣前。」《通典》、《冊府元龜》文字與《玉海》引《會要》相同，殿本當脫「旌旗互五十餘里」句。

《玉海》引《會要》不見於今本《唐會要》共一百一十六條。大致可分為以下幾種情況：

（一）《玉海》徵引《唐會要》文字同時能夠考見於他書，但是較他書更為詳細。如《玉海》卷八五引《會要》：「大和五年四月，鑄銅魚，賜麟州。楊綰言：『舊制，刺史被代，若別追，皆降魚書，乃得去。開元時，置採訪使，得專停刺史，威柄外移。』」案：大和年鑄銅魚賜於麟州事不見考於他書，惟楊綰所上奏議，其本傳有載，檢《新唐書》卷一四二《楊綰傳》：「復言：『舊制，刺史被代，若別追，皆降魚書，乃得去。開元時，置諸道採訪使，得專停刺史。威柄外移，漸不可久。』」當為同一條史實，而《玉海》較為詳細。卷七〇引《會要》：「（貞元）八年五月（乙卯朔）、十四年五月朔，宣政受朝見。」案：《舊唐書》卷一三載：「五月乙卯朔，上御宣政殿受朝。」無「十四年五月朔」句。《冊府元龜》卷一〇七《帝王部》所載闕「八年五月乙卯朔」句：「（十四年）五月朔，御宣政殿受朝。」卷八九引《會要》：「開元九年三月，汝州奏魯山縣之堯山有白鳩見。於許昌縣之唐祠，掘地得古銅樽，上又隱起雙鯉篆書，文曰『宜子孫』。請付史官，從之。」案：《太平御覽》卷八一三引《唐書》載：「開元中，許昌縣之唐祠，掘地得古銅樽。又隱起雙鯉篆

書，文曰『宜子孫』。」《玉海》所載開元九年三月，汝州奏許昌唐祠掘地得古銅樽事，不僅時間、所奏州縣比《太平御覽》具體，更多出白鳩祥瑞之兆及「請付史官從之」六字。《玉海》卷九四引《會要》：「（乾封）二年五月二十三日，詔：『皇地祇壇依舊置於渭水北。』」案：《通典》卷四五《吉禮》載：「乾封初，又詔依舊祀神州（皇地祇壇依舊於渭水北置）。」《玉海》引《唐會要》與《通典》所載顯爲同一詔令。《通典》僅載此詔令頒布的年號「乾封初」，而《玉海》則詳細記載其日期爲「五年二十三日」。

又如卷九六《郊祀》引《唐會要》：「垂拱元年七月五日，議圜丘、南郊、明堂嚴配之禮，成均助教孔元義請奉太宗、高宗配天於圜丘，神堯配感帝於南郊，太宗、高宗配明堂。右論德沈伯儀議曰：『得禮之序莫尚於周……則神無二主之遵，禮崇一配之義。貞觀、永徽其遵專配，顯慶之後始並兼尊。請高祖配圜丘、方澤，太宗配南北郊，高宗配五天。』鳳閣舍人元萬頃、范履冰議請高宗配五祠。從之。（自是郊丘請祀以三祖俱配。開元十一年十一月十六，中書令張說以高祖配祭，始罷三祖同配之禮。二十年，享明堂，以唐宗配。永泰元年正月，杜鴻漸奏以肅宗配。元和元年八月，以順宗。十五年，太常奏以憲宗配。）案：《通典》卷四三《吉禮》載武太后臨朝垂拱元年，有司議圜丘、方丘及南郊、明堂嚴配之禮。成均助教孔玄義奏議請郊丘諸禮，皆以三祖俱配。又載開元十一年十一月，中書令張說爲禮儀使，建議請以高祖配祭，始罷三祖同配之禮。《通典》所載與《唐會要》文義相同，當同採用國史、實錄。《通典》、《唐會要》同爲典制類史書，內容重合的情況經常出現。但在時間的記載上，《唐會要》一般都比《通典》更爲詳細。「永泰元年正月」，《通典》作「永泰二年」，有年份而闕月份。順宗、憲宗配神主事，他書不載。卷九七引《會要》：「開元五年十月丙子，京師修太廟成。十一月丙申，親謁。」案：《舊唐書》卷八《玄宗本紀上》載：「（五年）京師修太廟成。」兩書相較，《玉海》多出「十月丙子」、「十一月丙申」、「親謁」字。

（二）《玉海》徵引《唐會要》內容與他書相比較爲簡略。《玉海》引《會要》文字，能考見於其他史書，而較他書簡略的情況較少，蓋爲《玉海》徵引文獻時簡省之故。如卷四九引《會要》：「元和二年十二月，謂宰臣曰：『近讀《貞觀政要》，粗見當時之事。以太宗神武，一事少差，諫者往復數四。況朕寡昧，事不得中者，卿須十論，不得一二而已。』」案：《冊府元龜》卷一〇三《帝王部》載：「憲宗元和二年十二月，謂宰臣曰：『朕近讀《貞觀政要》，

粗見當時之事。以太宗神武，每有一事少涉過差，群臣進諫者往復數四。況朕寡昧。自今每有事不得中者，卿須十論，不特一二而已。』多出《玉海》引《會要》「朕」、「涉過」、「群臣」等字。卷一四四引《會要》：「咸亨二年十二月，幸許州。癸西，陳冬狩之禮，因校獵昆水之陽。」案：《冊府元龜》卷一一五《帝王部》載：「咸亨二年十二月，車駕幸許州。癸西，陳冬狩之禮，因較獵於許州華縣昆水之陽。」「癸西」，當作「癸酉」。兩書對校，《冊府》多出「許州華縣」四字。《玉海》卷七二引《唐會要》：「代宗女嘉豐、普寧公主同降，有司具冊禮光順門。貞元元年，嘉誠出降，德宗幸望春亭，臨餞曰：『朕翟敝不可乘，以金根代之。』（乘金根車自主始）」案：此條惟《新唐書》卷八三《諸公主》載：「嘉豐公主下嫁高恰，與普寧公主同降。有司具冊禮光順門。以雨不克，罷。貞元元年，徙封嘉誠，下嫁魏博節度使田緒。德宗幸望春亭，臨餞厭翟敝不可乘，以金根代之。公主出降乘金根車自主始。」《玉海》引《唐會要》、《新唐書》所載皆爲代宗、德宗朝公主出降禮制。《新唐書》詳出嘉豐公主駙馬高恰及公主出嫁因雨而冊禮罷停事。又多徙封嘉誠，下嫁魏博節度使田緒事。

（三）《玉海》引《唐會要》與他書文字互有詳略不同。如卷二〇《地理》引《會要》：「開元九年正月二十八日，御史宇文融請檢察逃戶。二月乙酉詔作招攜法。丁亥融充使，奏置勸農判官長安尉裴寬等二十九人，並攝御史，分往天下，檢責田疇，招攜戶口。皇甫景楊相如上疏，以爲煩擾不便，寬等使還。得客戶八十餘萬田。亦稱是。」案：《通典》卷七《食貨》載：「九年正月，監察御史宇文融陳便宜奏請檢察僞濫兼逃戶，及籍外田……融遂奏置勸農判官、長安尉裴寬等二十九人，並攝御，分往天下。」《通典》多出宇文融奏議的詳細內容，《玉海》多出宇文融上奏具體時間及「並攝御史，分往天下」以下三十餘字。卷四八《藝文》引《會要》：「七年七月（己未），延英謂宰臣言甫曰：『覽《代宗實錄》，見先朝紀綱不立，嘉歎卿先人事蹟。』」案：「言甫」，當作「吉甫」。《冊府元龜》卷七六《帝王部》文字略有不同：「憲宗元和七年秋七月己未，帝於延英顧謂宰臣李吉甫曰：『朕近日畋遊悉廢，唯務讀書。昨因覽《代宗實錄》，見先朝紀綱不立，朝廷多事，亦有所鑑誡向後，見卿先人事蹟深可嘉歎。』」《玉海》卷四九引《會要》：「元和六年三月，帝曰：『嘗讀《貞觀政要》，見太宗立言行事，動本至仁。』《冊府元龜》卷一〇四載：「帝曰：『朕嘗讀《貞觀政要》，見太宗文皇帝立言行事，動本至仁。』」

《冊府》多出「朕」、「文皇帝」，而具體時間「元和六年三月」闕載。卷七〇引《唐會要》：「貞觀五年正月，詔：『諫官隨中書門下及三品官入閣。』」案：《新唐書》卷九八《王珪傳》載：「帝嘗曰：『正主御邪臣不可以至治。』珪進曰：『昔者天子有爭臣七人，諫不用則相繼以死』……乃詔諫官隨中書門下及三品官入閣。」太宗之言、王珪奏議皆詳於《玉海》，而詔令頒布的時間「元和六年三月」，《新唐書》亦闕載。卷七二引《會要》：「貞元三年四月，李晟拜太尉、中書令。帝坐宣政殿引見，備冊禮，受冊訖，備羽儀，乘輅謁太廟，視事尚書省。」案：《新唐書》卷一五四《李晟傳》載：「貞元三年，帝坐宣政殿引見晟，備冊禮，進拜太尉、中書令，罷其兵，語晟乘輅謁太廟，視事尚書省。」《玉海》引《唐會要》與《新唐書》李晟本傳同載冊封李晟太尉、中書令儀禮。典禮中受冊訖，備羽儀，《新唐書》不載。本傳云罷其兵權後，方乘輅車祭祀太廟。《玉海》未云「罷其兵」三字。卷七六引《會要》：「元和五年十月丁亥，詔取來年正月十六日東郊藉田，敕有司修撰儀注。十一月九日丙午，停藉田。」案：《冊府元龜》卷一一五《帝王部》載：「憲宗元和五年十月丁亥，制：『來年正月十四日，朝獻太清宮。十五日，謁太廟。十六日，藉田於東郊，宜令所司準式。』十一月丙午，制曰：『其來年正月十六日藉田禮宜停於戲。』」內容更爲詳盡，而闕「丙午」等字，當是採用同一史源而文字有所刪減。

　　（四）《玉海》引《唐會要》的文字他書無考。如卷二〇《地理》引《會要》：「二十年，戶七百八十六萬一千二百三十六，口四千五百四十三萬一千二百六十五。天寶元年，戶八百三十四萬八千三百九十五，口四千五百三十一萬一千二百七十。二十四載，戶八百九十一萬四千七百九，口五千二百九十一萬九千三百九。」案：《唐會要》卷八四載：「二十年，戶部計戶七百八十六萬一千二百三十六。二十四年，計戶八百一萬八千七百一十。天寶元年，計戶八百五十三萬五千七百六十三。」此條記載開元二十載、二十四載、天寶元年國家戶口數量，而《唐會要》人口數量皆闕。「八百一萬八千七百一十」，《玉海》引《會要》作「八百九十一萬四千七百九」。「八百五十三萬五千七百六十三」，《玉海》引《會要》作「八百三十四萬八千三百九十五」。《通典》卷七《食貨》載：「（開元）二十年，戶七百八十六萬一千二百三十六，口四千五百四十三萬一千二百六十五。」《舊唐書》卷八《玄宗本紀》記載與《通典》相同：「（開元二十年）其年戶部計戶七百八十六萬一千二百三十六，口

四千五百四十三萬一千二百六十五。」則開元二十年，天下戶七百萬餘，口四千五百萬餘無疑。又檢《冊府元龜》卷四八六《邦計部》：「天寶元年正月制節文，如聞百姓之內，或有戶高丁多苟爲規避……是年，戶八百三十四萬八千三百九十五，口四千五百三十一萬一千二百七十二。」《唐會要》天寶元年戶數當誤，又脫開元二十年、二十四年、天寶元年人口數量。開元二十四年戶數及人口數，他書皆闕載。

又《玉海》卷五一引《會要》：「《大要書》三十卷。歷十六年，知院四人，參撰官十二人，內自省臺寺監，外逮鎭戍嶽瀆關津。上自三師、三公，至令、丞、曹、掾、簿、尉。貞元二年，定班序，每班以尚書省爲首，及監察涖祭。元和元年十二月，高郢奏警嚴及牛僧爲奏升諫議爲三品，皆據《六典》。」案：《雍錄》卷一載：「今案：《會要》則牛僧孺奏升諫議爲三品用《六典》也。貞元二年定著朝班次序，每班以尚書省官爲首，用《六典》也。」牛僧孺奏建議爲三品、貞元二年定班序二條《玉海》、《雍錄》皆云引自《會要》，當爲《唐會要》闕文。「大要書三十卷」云云，他書不可考。卷九〇引《會要》：「顯慶五年八月，東、西京置嘉石。」案：顯慶年間，東、西京置嘉石事，他書皆無所考。嘉石，《周禮》云以嘉石平罷，有罪者坐於嘉石之上。又云凡萬人有罪者，身戴桎梏而坐於嘉石之上。卷一二一引《會要》：「司天臺內有靈臺，以候雲物。崇七丈，周八十丈，總置官六十員，臺在永寧坊。」案：《舊唐書》卷三五《天文志》載：「乾元元年三月，改太史監爲司天臺。於永寧坊張守珪故宅置。」卷一七〇引《會要》：「會昌四年十八日，御興安門受獻。程宗楚入自延秋門（苑西門也）。」《資治通鑑》卷第二五四《唐紀》七〇載中和元年四月，黃巢率軍東逃，程宗楚從延秋門入，繼而唐弘夫率軍進入長安。會昌四年，興安門受獻，他書不考。

綜之，《玉海》徵引的《唐會要》基本上是採用直接引用的方式，少數條目因爲簡省之故而有刪減，大部分情況下比他書所引史料更加詳細，或者與他書所引互有詳略，甚至有不考見於他書的文字，可以補充引用材料的不足。尤其對於他書不見載的佚文，《玉海》引用的《唐會要》具有輯佚的重要作用，保存了材料的原始性和眞實性，是彌足珍貴的唐代史料文獻。

第二節 《文獻通考》徵引《唐會要》考述

馬端臨（1254～1324），字貴與，號竹洲。江西樂平（今江西樂平）人。宋末元初傑出的史學家。馬端臨的《文獻通考》是中國典制體通史類的一部皇皇巨著，與唐杜佑的《通典》、南宋鄭樵《通志》被並稱爲「三通」。

《文獻通考》共348卷，24考，論述了上古時代至南宋甯宗嘉定末年（1224）的歷代典制沿革，涵蓋政治、經濟、文化、藝術等各個方面。馬端臨對《通典》的評價極高，認爲「唐杜岐公始作《通典》，肇自上古，以至唐之天寶，凡歷代因革之故，粲然可考」〔註3〕，稱讚《通典》綱領宏大，考訂該洽。因此繼承了杜佑《通典》的分類方式，除了經籍、帝系、封建、象緯、物異 5門，是馬氏所獨創，其他 19 門都是倣仿《通典》。同時又離析了《通典》的食貨、選舉、職官、禮、樂、兵刑、州郡、邊防八門，分爲十九門。

馬端臨立足於「會通」的歷史觀，旨在「融會錯綜，原始要終」，通過理析歷代典章制度之間相因相承的規律，進而探索歷史的興衰成敗，倡言：「變通張馳之故，非融會錯綜，原始要終而推尋之，固未易言也。」包含著一種商榷千古的史學眼光，在「會通」的史學理論形成過程中具有承上啓下的作用。《文獻通考》輯錄文獻的形式別具匠心，文獻網羅廣泛，考訂經審。徵引史料遍採經、史、歷代《會要》、百家傳記，堅持「信而有証者從之，乖異傳疑者不錄」的徵引宗旨，注重材料來源的可信性和眞實性。如卷二九《選舉考》二載：「天寶六載，上欲廣求天下之士，命通一藝以上皆詣京師。李林甫恐草野之士對策，斥言其姦惡，建言舉人多卑賤愚憒，恐有俚言污濁聖聽。乃令郡縣長官精加試練，灼然超絕者，具名送省，委尚書覆試，御史中丞監之。取名實相副者聞奏。既而至者皆試以詩、賦、論，遂無一人及第者。林甫乃上表賀野無遺賢。案：溫公《通鑑》載此事於天寶六載。然以《唐登科記》考之，是年進士二十三人，風雅古調科一人。不知何以言無一人及第也？當考。」《資治通鑑》卷二一五《唐紀》三一載天寶三載科舉受李林甫把持，士子全部落選，「遂無一人及第」。而《唐登科記》所載與《通鑑》不同。馬端臨引用了這段文字，但同時又據《唐登科記》考校，對於《通鑑》的眞實性頗有疑竇，堅持史實的客觀性。

《文獻通考》中使用的唐代史材，遍涉經、史，採用了《通典》、《新唐

〔註3〕〔元〕馬端臨《文獻通考》，中華書局，1986年，頁3。本論文所引皆據此版，不另注。

書》、《唐會要》、《大唐開元禮》等。「唐杜岐公作《通典》，肇自上古至唐之天寶，凡歷代因革之故，粲然可考……天寶以後蓋缺焉。有如杜書綱領宏大，考訂該洽，固無以議爲也。然時有古今，述有詳略，則夫節目之間，未爲明備；而去取之際頗欠精審，不無遺憾焉……王溥作唐及五代《會要》，首立『帝系』一門，以敘各帝歷年之久近，傳授之始末，次及后妃、皇子、公主之名氏封爵，後之編《會要》者仿之，而唐以前則無其書。」雖然馬端臨對《通典》有極高的評價，但是同時又指出了《通典》的缺陷。馬氏認爲《通典》的問題是天寶以後制度闕而不載，並且有欠精審。馬端臨在《文獻通考》的總序中多次提及《唐會要》，高度的評價了《唐會要》創立「帝系」一門的價值及對於後世史學的影響。總序又云「凡敘事則本之經、史，而參之以歷代《會要》，以及百家傳記之書。信而有証者從之，乖異傳疑者不錄，所謂文也。」由此可見，《唐會要》當是馬端臨考論唐代典章經制所要參考的重要文獻。

　　《文獻通考》中雖然沒有直接注明諸條文字的來源，但是今所考見唐代典章制度，大多來自於《通典》、《新唐書》、《唐會要》以及《唐開元禮》，而且基本上不作改動，最大程度地保留了史料的原始面貌。如採用《新唐書》材料，《文獻通考》卷二五八《帝系考》載：「（平陽昭公主）武德六年，薨。葬加前後部羽葆、鼓吹、大路、麾幢、虎賁、甲卒、班。太常議：『婦葬古無鼓吹。』帝曰：『鼓吹，軍樂也。往者主身執金鼓，參佐命，於古有邪？宜用之。』」案：《新唐書》卷八三《公主傳》載平陽昭公主：「武德六年，薨。葬加前後部羽葆、鼓吹、大路、麾幢、虎賁、甲卒、班劍。太常議：『婦人葬，古無鼓吹。』帝不從，曰：『鼓吹，軍樂也。往者主身執金鼓，參佐命，於古有邪？宜用之。』」文字與《文獻通考》相同，惟「婦」作「婦人」，當是傳本不同形成的差異。又如：「帝以主長孫后所生，敕有司裝齎倍長公主。魏徵曰：『昔漢明帝封諸主言：「朕子安得同先帝子？」然則長公主尊公主矣。制有差等，豈可越乎？』帝以語后。后贊徵，勸帝從之，乃賞徵。」案：檢《新唐書》卷八三《公主傳》：「長樂公主下嫁長孫沖。帝以長孫皇后所生，故敕有司裝齎視長公主而倍之。魏徵曰：『昔漢明帝封諸王曰：「朕子安得同先帝子乎？」然則長公主者尊公主矣。制有等差，渠可越也？』帝以語后。后曰……帝大悅，因請齎帛四百匹、錢四十萬，即徵家賜之。」翻檢他書，皆無載此二條，《文獻通考》當是據《新唐書》錄入。

　　《文獻通考》採用《唐會要》的文字，也往往是完整地保留整條文字，雖然其他史書如《通典》、《冊府元龜》也記載了同樣的史實和相近的文字，但《唐會要》與《文獻通考》的文字，甚至是文字的訛誤，都如出一轍，其淵源關係仍然是能夠確定下來的。如《文獻通考》卷九十三《宗廟考》三：「武宗會昌五年七月，中書門下奏：『孟州汜水縣武牢關，是太宗擒王世充、竇建德之地。關城東峰有高祖、太宗像，在一堂之內。伏以山河如舊，城壘猶存，威靈皆畏於軒臺，風雲疑還於豐、沛。誠宜百代嚴奉，萬邦所瞻。西漢故事，祖宗所嘗行幸，皆令郡國立廟。今緣定覺寺例合毀拆，望取寺中大殿材木，於東峰改造一殿，四面兼置垣牆。伏望號爲昭武廟，以昭聖祖武功之盛。與功日，望令差東都分司郎官一人薦告。至畢功日，別差使展敬。』制可。（王者大勳，備於率土，宗社之典，敬而不私，郡國立廟，非古也。）」案：此條文字同時見於《唐會要》及《冊府元龜》。《唐會要》卷一二文字與《文獻通考》完全相同，《冊府元龜》則有文字的差異。考《冊府元龜》卷三一《帝王部》：「五年十月，中書奏云：『汜水武牢關，是太宗擒王世充、竇建德之地。關城東峰有二聖塑像，在一堂之內。伏以山河如舊，城壘猶存，威靈皆畏於軒臺，風雲凝還於豐沛。誠宜百代嚴奉，萬邦所瞻。西漢故事，祖宗嘗所行幸，皆令郡國立廟。今緣定覺寺例合毀拆，望取寺中大殿材木，於東峰改造一殿，四面兼置宮監。伏望號爲昭武廟，以昭聖祖武功之盛。望委孟懷節度使差幹事判官一人勾當……初興功日，望令東都差分司郎官一人薦告畢日，別差官展敬。』從之。」「垣牆」，《冊府》作「宮監」；「高祖太宗」，作「二聖」；「制可」，作「從之」；「孟州」及小注「王者大勳，備於率土」句，《冊府》皆不載。《文獻通考》此條文字當抄撮《唐會要》無疑。

　　《文獻通考》徵引《唐會要》的文字分佈在不同的卷中，大多數條目今本《唐會要》仍然存在，其中的異文處，對校訂今本《唐會要》有重要的作用。《文獻通考》對於研究《唐會要》更珍貴的價值還在於，我們今天所能見到的《唐會要》卷七至卷十這四卷皆非原本，而這些條目很可能保存在《文獻通考》中。

　　有唐一代封禪、郊議、明堂制度、親饗廟這一部份內容主要集中在《文獻通考》卷六八至九〇共二十三卷的「郊社考」類。《文獻通考》卷六八具有總論性質，採錄了《禮記》、《詩序》、《孔子家語》等經傳所載古郊祀之禮、祀天禮物樂舞、祭天祝辭樂章。並引先賢論述「楊氏曰」、「長樂陳氏曰」「山

陰陸氏曰」及朱子、程子等理學家禮制觀點，中間穿插自己的案語，或考校文字、史實，或辨析典制。提綱挈領，總序郊廟制度源流。卷六九引《史記》、《漢書》、《後漢書》、《隋書》、《通典》等史書，以時繫事，始春秋僖公三十一年夏四月卜郊事，訖章武三年詔丞相諸葛亮營南郊事。卷七〇首條載魏文帝南巡，至隋圓丘歌樂辭。以下接 18 條唐代祭祀南郊、圓丘禮制，又繼以《開元禮》之《齋戒》、《陳設》、《省牲器》八個門類爲終。卷七一至九〇情況大致相同。

《唐會要》殘卷七至卷十，據目錄有封禪、藉田、藉田東郊議、后土等類目，其闕文主要保留在《文獻通考》卷七〇、七六、八〇、八七這四卷，涉唐代禮制共 47 條，其中 15 條當徵引《通典》、《舊唐書》及《冊府》：13 條與《通典》相同，1 條與《冊府》相同，1 條與《舊唐書》相同。餘下 32 條文字，有 4 條與今本《唐會要》相同，而不同於他書，可知是徵引《唐會要》無疑。不見考於今本《唐會要》，且不同與他書者 26 條（有 16 條文字與《玉海》引《會要》重合），疑爲《唐會要》闕失的文字。另有兩條標注《開元禮》的文字，記載了唐代的藉田東郊儀制，其中一條長達五百餘字，但是考《開元禮》，兩條文字皆不見載，疑同是來源於《唐會要》佚本。今對於《文獻通考》關涉《唐會要》佚文的情況略考於下：

（一）《文獻通考》與他書所載史實相同，但文字不同，互有多出的內容。此類情況共有 10 條。如卷七〇《郊社考》：「元宗開元三年，左拾遺張九齡上表請郊祀曰：『臣伏以天者，百神之君……則聖朝典則可謂無遺矣。』」案：《舊唐書》卷九九《張九齡傳》奏議多出三十餘字，而無「開元三年左拾遺」句。卷七八《郊社考》：「唐高祖武德元年，制：『每歲季秋，祀五方上帝於明堂，以元皇帝配。孟春辛日，祀感帝於南郊，以元皇帝配。』」案：《通典》卷四四《吉禮》載：「大唐武德初定令：『每歲季秋，祀五方上帝於明堂，以元帝配。』」「孟春辛日」句，《通典》不載。檢《太常因革禮》卷一四載唐武德年間祭祀於明堂，配元皇帝事：「唐武德中，祀感生帝於南郊，以元皇帝配。」文字與《文獻通考》不同。又如：「至永泰二年六月久旱，言事者云：『太祖景皇帝追封於唐，高祖受命之祖。唐有天下，不因於景皇帝。今配享失德，故神不降福，愆陽爲災。』」案：《冊府元龜》卷五九〇《掌禮部》同載永泰二年上封事：「永泰二年，夏大旱。時上封事者云：『太祖景皇帝追封唐國，高祖受命之祖。唐有天下，不因於景皇。今配享失位，故神不降福，愆陽爲

災。詔下百司就尚書省議。」無「六月」。「言事者」，作「上封事者」；「唐」，作「唐國」；「失德」，作「失位」，又多出「詔下百司就尚書省議」句。如卷八七《郊社考》：「唐制，皇帝孟春吉亥，饗先農於東郊，親耕於籍田。太宗貞觀三年正月，親祭先農，籍於千畝之甸。」案：《通典》卷四六《吉禮》「唐制」條不載：「大唐貞觀三年正月二十一日，太宗親祭先農，籍於千畝之甸。」又多出「二十一日」。「高宗永徽三年正月，親享先農。躬御耒耜，率公卿耕於千畝之甸。」案：《冊府元龜》卷一一五《帝王部》載：「高宗永徽三年正月丁亥，親享先農。御耒耜，率公卿耕於籍田，賜群官帛各有差。」「千畝之甸」，《冊府》作「籍田」。如卷七八《郊社考》載：「德宗時，術士巨彭祖上疏云：『大唐土德千年……立秋前十八日……王在四季，土生於火，用事於未，而祭三季……彭祖今請用四季祠，多憑緯候之說，且據陰陽書，事涉不經，恐難行焉。』」案：《冊府元龜》卷五《帝王部》「德宗時」，作「代宗永泰中」；「立秋前十八日」，作「先立春十八日」；「之說」，作「之文」；「陰陽書」，作「陰陽之說」。其他諸如上述各條例證，《文獻通考》中的內容與《冊府元龜》、《通典》、《太常因革禮》等顯然爲同一史實，但文字不同，而且互有多出的內容。《文獻通考》的這些文字很可能就採自《唐會要》。

（二）《文獻通考》有4條可考見今本《唐會要》，其中3條文字二書略同，而與他書所載並有差異。如卷八〇《郊社考》：「四載，敕：『風伯、雨師，濟時育物，謂之小祀，頗紊彝倫。去載眾星以爲中祀，永言此義，固合同升。自今以後，並宜升入中祀……宜以雷師同壇祭，共牲，別置祭器。』」案：《唐會要》卷二二文字相同，惟「四載」後有「七月二十七日」。《文獻通考》引文通常不引具體月日，僅有年份而已。《通典》卷四五《吉禮》文字不同，闕載「濟時育物謂之小祀」以下十餘字。「憲宗元和十五年，太常禮院奏：『來年正月三日，皇帝有事於南郊……伏以皇帝有事南郊，偏祭之儀，百神咸在。其五方帝，并日、月、神州已下……其時祭如常儀。』」「十五年」，《冊府元龜》卷五九一《掌禮部》作「十五年十二月」，又多「《開元禮》：『祀昊天上帝於圜丘』」等句。

除去上述3條文字外，《文獻通考》另有一條與《唐會要》相較，有多出今本《唐會要》的文字，而重合的部分文字訛誤相同。《文獻通考》卷八〇載：「元宗開元二十四年，有上封事者言：『《月令》云：「八月，日會於壽星，居次列宿之長。」請每至八月社日，配壽星祠於太社壇，享之。』敕曰：『宜令

有司特置壽星壇，常以千秋節日修其祠典。』又敕：『壽星壇宜祭老人星及角、亢七宿，著之常式。』」案：《玉海》卷一○一、《太常因革禮》卷八○引《唐會要》同《文獻通考》。《唐會要》卷二二載：「開元二十四年七月十二日，有上封事者言：『《月令》云：「八月，日會於壽星。」祠於大社壇，享之。』敕曰：『宜令所司特置壽星壇，常以千秋節日修其祀典。』二十六日敕：『壽星壇宜祭老人星及角、亢七宿，著之常式。』」「居次列宿之長。請每至八月社日，配壽星」十餘字皆闕。「八月日」，《冊府元龜》卷三三《帝王部》載：「二十四年七月庚子，有上封事者言：『《月令》云：「八月，日月會於壽星，居列宿之長。」五者，土之數以生……每至八月社日，配壽星祠至於大社壇享。』」《禮記》鄭玄注：「仲秋者，日、月會於壽星，而斗建酉之辰也。」《唐會要》、《文獻通考》並脫「月」字。可証二書之因襲關係。

（三）《文獻通考》徵引的文字有 16 條文字與《玉海》引《會要》重合。二書重合的條目，並不同與他書所載，當採錄自同一書。如卷七○《郊社考》：「天寶元年二月，敕：『凡所祀享，必在躬親。其皇地祇，宜就南郊合祭。』」案：《玉海》卷九四引《會要》：「天寶元年一月二日，敕：『皇地祇宜如南郊合祭。』」「一月」，當作「二月」，《通考》多出「幾所祀享，必在躬親。」《玉海》多出「二日」。當是二書同引《唐會要》，故雖有重合，但文字互有多出。又如卷七八《郊社考》：

> 元宗開元十一年正月一日，制：「獻歲之吉，迎氣方始。敬順天時，無違月令。所由長吏，可舉舊章。」二十五年十月一日，制：「自今已後，每年立春之日，朕當帥公卿親迎春於東郊。其後夏及秋，常以孟月朔於正殿讀時令，禮官即修撰儀法。既爲常式，乃是常禮，務從省便，無使勞煩也。」至二十六年正月八日，親迎氣於東郊，祀青帝壇，以句芒配，歲星及三辰、七宿從祀（忠王璵爲亞獻，穎王璬爲終獻……青帝壇北）。

案：《玉海》卷一○一《郊祀》引《會要》：「開元十一年正月一日，制：『獻歲之吉，迎氣方始。敬順天時，無違月令。所由長吏，可舉舊章。』開元二十六年正月丁丑，迎氣於東郊。開元二十五年十月一日（辛丑）制：『自今立春，親迎春於東郊。』二十六年正月八日，親迎氣於東郊，祀青帝壇。」《玉海》引《會要》與《文獻通考》文字基本相同，而《文獻通考》多出《玉海》「朕當帥公卿」、「其後夏及秋」句，以及「祀青帝壇」以下百餘字。十一年

制文，《冊府元龜》卷四二、《唐大詔令集》卷八六《歲初處分德音》見載而文字不同。「十一年」，作「二十一年」。據下文接二十五年、二十六年詔令，疑《玉海》、《文獻通考》並因襲《唐會要》而誤也。

卷七六《郊社考》：

　　　　開元十一年，上將還西京。便幸并州。兵部尚書張説進言曰：「陛下今因行幸，路由河東，有漢武后土之祠。此禮久闕，歷代莫能行之，願陛下紹斯墜典，以爲三農祈穀，此誠萬姓之福。」至十二年二月二十二日，祠后土於汾陰脽上。太史奏：「榮光出河，休氣四塞。祥風繞壇，日揚其光。」（初，有司奏：「修壇掘地，獲古銅鼎二。其大者容四升，小者容一升，色皆青。又獲古磚，長九寸。有篆書『千秋萬歲』字及『長樂未央』字。又有赤兔見於壇側。」舊祠堂爲婦人塑像，則天時，移河西梁山神塑像就祠中配焉。至十一年，有司遷梁山神像於祠外之別室焉。兼以中書令張嘉貞爲壇場使，將作少監張景爲壇場副使，張説爲禮儀使。）

案：《通典》卷四五載：「開元十一年，玄宗自東都將還西京。便幸并州。至十二年二月二十二日，祠后土於汾陰脽上，太史奏：『榮光出河，休氣四塞。祥風繞壇，日揚其光。』（舊祠堂爲婦人塑像，武太后時，移河西梁山神塑像，就祠中配焉。至十一年，有司遷梁山神像於祠外之別室。）《通典》闕載張説進言、獲大小古銅鼎、以張嘉貞等人爲壇場使三條，顯然不是《文獻通考》的文字來源。《玉海》卷九四引《會要》：「開元十二年二月二十二日，祠后土汾陰脽上。太史奏：『榮光出河，休氣四塞。祥風繞壇，日揚其光。』初，有司奏：『修壇掘地，獲銅鼎二，又獲古磚，有篆書「千秋萬歲」、「長樂未央」字，又赤兔見壇側。』」又，卷八八引《會要》：「開元十二年二月二十二日，祠后土。初，有司奏：『修壇獲銅鼎二。大者容四升，小者容一升，色皆青。』」可知《玉海》引用的二條材料在《唐會要》中前後相繼，順序與《通考》相符。《通考》文字較《玉海》更爲詳細，絕無抄錄《玉海》的可能，當是同時抄錄《唐會要》。

卷八〇《郊社考》：

　　　　天寶三載，術士蘇嘉慶上言：「請於城東置九宮神壇。」

案：《玉海》卷一〇一《郊祀》引《會要》：「天寶三載十月十六日，術士蘇嘉慶上言：『請於城東置九宮神壇。』」《舊唐書》卷二四《禮儀志》：「天寶三年，

有術士蘇嘉慶上言:『請於京東朝日壇東置九宮貴神壇。』」「三載」作「三年」;「術士」前多「有」字;「城東」,作「京東」,又多出「朝日壇東」、「貴」等字。《通考》、《玉海》引《會要》皆曰「城東」,而無載於朝日壇東建置神壇。

> 肅宗乾元元年,詔:「九宮貴神,減冬、夏二祭。」至二年正
> 月,上親祠之。至德三年,置泰一神壇於南郊東,命忠王璵祭之。

> 元年丑月,親拜南郊,又祭泰一壇。蓋別有禱請,非舊制也。

案:《玉海》卷一○一《郊祀》引《會要》:「至德三年(即乾元元年)六月九日,置太一神壇於南郊東,命璵祭之。元年(即上元二年。是歲去年號)建丑月一日(辛亥)親拜南郊(一作祀圜丘)又祭太一壇,非舊制也。」多出《通考》「乾元元年」、「二年正月」條,而其他文字相同。檢《大唐郊祀錄》卷六載乾元元年詔令:「至肅宗乾元元年九月,詔:『減冬、夏祭』。二年正月,上又親祀焉。」多出「九月」,闕載「九宮貴神」四字。《舊唐書》卷一○《肅宗本紀》:「(至德三載六月)己酉,初置太一神壇於圜丘東。是日,命宰相王璵攝行祠事。」「南郊」,《舊唐書》作「圜丘」;「忠王璵」,誤作「宰相王璵」。

卷八七《郊社考》:

> 唐先蠶壇在長安宮北苑中,高四尺,周迴三十步。

案:《玉海》引《會要》:「唐在長安宮北苑中,高四尺,周迴三十步。」《大唐郊祀錄》卷一○載:「其壇在宮北苑中,高四尺,周迴三十步。」不載祭壇的具體位置長安宮。

> 太宗貞觀九年三月,文德皇后率內外命婦有事於先蠶。

案:《玉海》卷七七引《會要》同《通考》:「貞觀元年三月十日,文德皇后率內外命婦有事於先蠶。」《太平御覽》卷八二五引《唐書》:「文德太后率內外命婦有事於親。」不載時間,又「皇后」作「太后」。當是與《唐會要》同採唐國史、實錄。

　　《文獻通考》卷七○《社郊考》記載了有唐一代帝王親行祭祀南郊的次數及具體時間。《新唐書》在本紀中也分別記載了高祖至昭宗祭祀南郊的情況,但是將唐代所有帝王的南郊次數、時間完整的記錄在一起,僅見於《文獻通考》及《玉海》。為便於比較,筆者將《新唐書·本紀》中南郊祭祀的時間一並檢出,列於下表:

表 8

《文獻通考》	《玉海》	《新唐書》
高祖在位九年，親祀南郊一（武德四年十一月一日）	高祖南郊一（武德四年十一月甲申。）	（武德四年）十一月甲申，有事於南郊。
太宗在位二十三年，親祀南郊四（貞觀二年十一月十九日。五年十一月十一日。*十七年八月四日。一闕年月*。）	太宗四（貞觀二年十一月*辛酉*。五年十一月*丙子*。十四年十一月*甲子朔旦冬至*。*十七年十一月己卯*。）	（貞觀二年）十一月*辛酉*，有事於南郊。（五年）十一月*丙子*，有事於南郊。（*十四年*）*十一月甲子。有事於南郊*。（*十七年*）*十一月己卯*，有事於南郊。
高宗在位三十四年，親祀南郊二（永徽二年十一月*二日*。總章元年十二月*十七日*。）	高宗二（永徽二年十一月*辛酉*。總章元年十二月*丁卯*。）	時間同《玉海》。
中宗在位五年，親祀南郊一（景雲三年十一月*十三日*。）	中宗一（景龍三年十一月*乙丑*。）	時間同《玉海》。
睿宗在位四年，親郊二（*景雲三年正月十一日拜南郊。太極元年二月一日拜北郊*。）	睿宗二（*先天元年正月辛巳南郊。五月戊寅北郊*。）	（*先天元年*）*正月辛巳，有事於南郊。五月戊寅，有事於北郊*。
元宗在位四十五年，親祀南郊五（開元十一年十一月十六日。天寶元年二月二十日。六載正月十二日。十載正月十日。*十三載二月八日*。）	玄宗五（開元十一年十一月*戊寅*。天寶元年二月*丙申*。六歲正月*戊子*。十載正月*甲午*。*十三載二月八日*。）	（開元十一年）十一月*戊寅*，有事於南郊。（天寶元年）二月*丙申*，合祭天地於南郊。（六載）正月*戊子*，有事於南郊。（十載）正月*甲午*，有事於南郊。
肅宗在位七年，親祀南郊二（乾元元年四月*十四日*。上元二年建子月十七日。）	肅宗二（乾元元年四月*甲寅*。元年建丑月辛亥。）	時間同《玉海》
代宗在位十七年，親祀南郊一（廣德二年二月*五日*。）	代宗一（廣德二年二月*乙亥*。）	時間同《玉海》
德宗在位二十六年，親祀南郊四（建中元年正月*五日*。貞元元年十一月*十一日*。六年十一月*八日*。九年十一月*十日*。）	德宗四（建中元年正月*辛未*。貞元元年十一月癸卯。六年十一月*庚午*。九年十一月*乙酉*。）	時間同《玉海》

憲宗在位十四年，親祀南郊一（元和二年_正月_。）	憲宗一（元和二年_正月辛卯_。）	時間同《玉海》
穆宗在位四年，親祀南郊一（長慶元年_正月_。）	穆、敬、文宗皆一（長慶元年_正月辛丑_。）	時間同《玉海》
敬宗在位二年，親祀南郊一（寶曆元年_正月_。）	寶曆元年_正月辛亥_。	時間同《玉海》
文宗在位十四年，親祀南郊一（太和三年_十一月_）	太和三年_十一月甲午_。	時間同《玉海》
武宗在位六年，親祀南郊二（會昌元年_正月一日五年正月一日_。）	武宗二（會昌元年_正月辛巳。五年正月辛亥_。）	時間同《玉海》
宣宗在位十三年，親祀南郊一（大中七年正月_十七日_。）	宣宗一（大中七年正月_戊申_。）	（大中元年正月）_甲寅_，有事於南郊。（七年）正月_戊申_，有事於南郊。
懿宗在位十四年，親祀南郊二（咸通元年_十一月_。四年_正月_。）	懿宗二（咸通元年十一月_丁丑_。四年_正月庚午_。）	時間同《玉海》
僖宗在位十七年親祀南郊一（乾符二年_十一月_。）	僖昭宗皆一（乾符二年_正月辛卯_。）	時間同《玉海》
昭宗在位十六年親，祀南郊一（龍紀元年_十一月_。）	龍紀元年_十一月己酉_。	時間同《玉海》

　　由圖表可見，《玉海》記日方式與《新唐書》相同，均使用干支紀法，惟玄宗南郊條載「十三載二月八日」。《新唐書》載玄宗有事南郊四次，並不載天寶十三年祭祀南郊。《玉海》此條正文後小字注曰：「已上依《本紀》，月、日間與《會要》不同。」王應麟當是採錄了《新唐書·本紀》記載的南郊儀時間，又據《唐會要》進行了增改。玄宗天寶十三載二月八日祭拜南郊為《玉海》據《唐會要》增入。大中元年正月，戊戌朔，甲寅十七日。七年正月，壬辰朔，戊申十七日。大中元年正月南郊，他書無考。太宗「貞觀十四年十一月甲子」南郊，《文獻通考》闕載；「十七年十一月己卯」，《通考》作「貞觀十七年八月四日」。十一月丁丑朔，己卯三日。當是《玉海》所見《唐會要》與《本紀》不同，故云：「月、日間與《會要》不同。」《文獻通考》卷七〇《社郊考》的這段記載唐代帝王祭祀南郊的文字，應當是來自於《唐會要》佚文。

　　《通考》卷七〇另有兩條文字云引自《唐開元禮》，然而遍檢《開元禮》

卻不見載。《通考》的這兩條文字引用格式與他條不同，首句皆同「案語」形式，低於正文數格，不同於正文的提行滿格，且無標目。考其文字，又與他書不同。一條載多至祀圓丘及五帝日月壇座次、配饗、眾星位次諸文，另一條載藉田東郊儀。從《文獻通考》徵引《唐會要》的整體情況來看，這兩條應該也是《唐會要》的佚文。其一《藉田東郊儀》載：

> 皇帝夾侍二人，正衣二人（右合以祀先農壇上行事，夾侍正衣充）下先奏：「侍中一人（奉耒耜進，耕畢，復受，奏禮畢）中書令一人（侍從）禮部尚書一人（侍從官已下，並合便取祀先農壇上行事官充）司農卿一人（授耒耜於侍中，侍耕）右衛將軍一人（已上並侍衛）太尉、司徒、司空各一人，行五推禮（舊例，宰臣攝行事）九卿九人，行九推禮（舊例差左右僕射、六尚書、御史大夫攝行事。諸侯三人，行九推禮，差正員三品官，及嗣王攝行事）……三公、九卿、諸侯耕牛四十頭（內十頭副，每頭隨牛人一人，須明嫺農耕者差）庶人耒耜二十具、畚二具、鍤二具（以木爲刃。府司差一人專知）管藉田縣令一人（具朝服，當耕藉田時，立於田畔，候耕畢去）畿甸諸縣令（準舊例集，先期到城。藉田日，服常服赴耕所，陪位而立）耆老量定二十人（並常服。藉田日，於庶人耕藉田位之南陪位。以上見《開元禮》）

案：《文獻通考》稱徵引《開元禮》的文字，皆可考見於《唐開元禮》，但此條「藉田東郊儀」的儀注卻不著一字。由於《唐開元禮》傳本較爲完好，不應當出現這樣前後完整的佚文，而從其徵引諸書的整體情況看，視其爲《唐會要》的佚文可能更爲可信。《新唐書》卷一四《禮樂志》載：「憲宗元和五年，詔以來歲正月藉田。太常修撰韋公肅言：『藉田禮廢久矣，有司無可考。』乃據《禮經》參採開元、乾元故事，爲先農壇於藉田。皇帝夾侍二人、正衣二人，侍中一人奉耒耜，中書令一人、禮部尚書一人侍從，司農卿一人授耒耜於侍中，太僕卿一人執牛，左、右衛將軍各一人侍衛……三公、九卿、諸侯耕牛四十，其十，副也，牛各一人。庶人耕牛四十，各二牛一人，庶人耒耜二十具……畿甸諸縣令先期集，以常服陪耕所。耆艾二十人，陪於庶人耕位南。三公從者各三人，九卿、諸侯從者各一人，以助耕。」文字雖有不同，而顯見同爲大唐皇帝祭祀先農禮注，《唐會要》羅列饗先農的次序和具體實施的步驟，記載的祭祀制度更爲豐富詳盡。

　　唐代禮制基於「五禮」構架之上，不僅是先秦禮儀制度的總結和發展，還奠定了後世歷代王朝典禮的基本格局，是中國封建社會禮制重要的時期。《唐會要》卷七至卷九記載了唐代「封禪」、「郊議」、「藉田」等儀禮制度的程式、規定及相關的詔令奏議，橫向展現了唐代禮制體系的情況。還原《唐會要》這部份內容，有助於我們瞭解唐代禮制和政令奏議中的禮制規定，對於進一步探討唐代禮儀有著極為深遠的意義。

第六章 《唐會要》校訂

　　《唐會要》流傳千年，久無善本傳世，在相當長的時間內僅以鈔本形式存在，故傳本舛誤乖謬頗多，今雖有點校本問世，但遠未臻於盡善。現以上海古籍出版社點校本（其底本爲《武英殿聚珍版叢書》本之翻刻本，爲明源流，故行文中稱「殿本」，而文字和頁碼皆以點校本爲準。）爲底本，採用明鈔本、汪啓淑家藏本（簡稱「汪藏本」）、文淵閣《四庫全書》影印本（簡稱「《四庫》本」）等爲校本，並旁搜博采唐宋文獻，充分運用他校法，對《唐會要》的文字訛脫做進一步的訂正，以期爲《唐會要》善本的形成貢獻一份力量，同時也借此向專家請教。

　　本章採用條校的方式，凡所訂正，一般屬於底本有誤者；若有底本不誤而別本多誤者，亦酌情收入；對別本異文，亦酌情予以保留。

卷一

1. 至德元載七月十二日，傳位，冊位太上皇帝。乾元元年正月五日，加尊號太上至道聖皇天帝。（頁6）

　　「十二日」，明鈔本、汪藏本、《四庫》本並作「二日」。「乾元元年」，諸本並作「三年」。案：本卷下文云肅宗「天寶十五載七月十二日即位於靈武郡」。《舊唐書》卷一〇《肅宗本紀》亦載：「（天寶十五載，即至德元載）是月（七月）甲子，上即皇帝位於靈武。禮畢，冕等跪進曰：『自逆賊憑陵，兩京失守，聖皇傳位陛下。』」是年七月癸丑朔，甲子即十二日。是殿本不誤。

2. 上元二年九月二日，改爲元年。以今年十一月建子爲歲首，以斗所建辰爲名。至建巳月，改元寶應。後以正月爲歲首，建巳月仍爲四月。（頁7）

　　「以今年十一月建子爲歲首，以斗所建辰爲名。至建巳月，改元寶應。

後以正月爲歲首，建巳月仍爲四月」，明鈔本、汪藏本作「以今年十一月爲天正，使稱建丑，每月所建爲數。建丑月十五日，爲寶應元年」。元年建子月爲十一月，即正月。《冊府元龜》卷八七載：「（上元二年）九月壬寅，詔：『其以今年十一月爲天七歲首，便建丑、建寅，每月以所建爲數。』」《唐大詔令集》卷四《去上元年號赦》同。又，《太平御覽》卷一一二引《唐書》：「（上元二年）九月壬午制：『自今已後朕號唯稱皇帝……其以今年十一月爲歲首，便數建丑、建寅，每月以所建爲數。」元年以建子月爲歲首，建丑、建寅月皆以所建爲稱（即稱建寅月爲一日，建卯月爲二月，建辰月爲三月，建巳月爲四月。）。明鈔本、汪藏本《唐會要》、《冊府》及《太平御覽》當爲國史所載。檢《資治通鑑》卷二二二《唐紀》三八：「（建巳月）太子監國，甲子，制改元。復以建寅爲正月，月數皆如其舊。」建巳月，庚戌朔，甲子爲十五日。明鈔本、汪藏本「建丑」下當脫「建寅」，又誤下「建巳」爲「建丑」。

卷二

1. 乾符二年乙未正月，上尊號曰聖神聰睿仁哲明孝皇帝。光啓元年五月，上尊號曰至德光烈皇帝。文德元年三月，崩於武德殿。（頁 16）

案：明鈔本、汪藏本「至德光烈皇帝」後有「文德元年戊申二月上尊號曰聖文睿德光武弘孝皇帝。」《舊唐書》卷一九《僖宗本紀》載：「（文德元年）二月……韋昭度率文武百僚上徽號曰聖文睿德光武弘孝皇帝。（三月）庚子，上暴疾。」疑殿本有脫文。

卷三

1. 嗣聖二年二月七日，改爲文明。（頁 27）

案：「二年」，明鈔本作「元年」。《舊唐書》卷六《則天皇后紀》載嗣聖元年二月，立豫王輪爲皇帝，大赦天下，改元文明。《新唐書》卷四《則天皇后紀》、《資治通鑑》卷二○三載改元文明，亦在嗣聖元年。「嗣聖」年號無二年，此當據改。

2. 皇后蕭氏（寶曆三年三月冊爲皇太后）。（頁 33）

案：「三月」當作「正月」。明鈔本及《舊唐書》卷五二《蕭氏傳》並作「寶曆三年正月」，可証。

卷五

1. 神龍初，相王、太平公主同至五千戶，衛王三千戶，溫王二千戶，成王七

百戶……宣城、宣城、宣安各一千戶，相王女爲縣主者各三百戶。衛王升儲位，相王加至七千戶，安樂三千戶，長寧二千五百戶，宣城以下二千戶。長寧、安樂皆以七千戶爲限，雖水旱亦不破損免，以正租庸充數……又諸皇女爲公主者例加一千戶。其封自開元以後約以三千戶爲限。（頁 59）

「宣城、宣城、宣安各一千戶」，明鈔本、汪藏本、《四庫》本作「宣城、宜城以下各一千戶，安定公主一千戶」；「安樂三千戶」，前有「太平公主加至五百戶，前已封五千戶，未知孰是」；「長寧、安樂皆以七千戶爲限」，前有「相王、太平」。

2. 十七年五月，上親謁太廟，以謝承乾之過。（頁 67）

案：「五月」，當作「四月」。《舊唐書》卷三《太宗本紀下》、《新唐書》卷二《太宗本紀》、《太平御覽》卷一〇九引《唐書》、《冊府元龜》卷三〇皆作「四月」，可証。

3. 是日，太宗御兩儀殿，群臣盡出。詔司徒長孫無忌、司空房元齡、兵部尚書李勣、諫議大夫褚遂良謂曰：「我三子一弟，所爲如此，我心無聊。」因自投於牀，引佩刀欲自刺。無忌等驚懼，爭前扶抱，取佩刀以授晉王。（頁 68）

「因自投於牀，引佩刀欲自刺。無忌等驚懼，爭前扶抱，取佩刀以授晉王」，明鈔本作「因自投於床，無忌等爭趨抱持，太宗抽佩刀，無忌驚懼，遂良於太宗手中爭取佩刀，以授晉王」。汪藏本作「因自投於牀，引佩刀欲自刺。無忌等趨持，太宗抽佩刀，無忌驚懼，褚遂良於太宗手中爭取佩刀以授晉王」。《大唐新語》卷一載：「因自投於床，無忌爭趨持，上抽佩刀，無忌等驚懼，遂良於手爭取佩刀以授晉。」《舊唐書》卷六五《長孫無忌傳》載：「因自投於牀，抽佩刀欲自刺，無忌等驚懼，爭前扶抱，取佩刀以授晉王。」《太平御覽》卷一四八引《唐書》同。殿本《唐會要》與《舊傳》同，當無疑誤；而兩鈔本與《大唐新語》相近，可見兩本別有來源。《冊府元龜》卷二五七《儲宮部》載：「因自投於牀，引佩刀，無忌等爭趨抱持，太宗手中爭取佩刀以授晉王。」此與諸家異，當爲《冊府元龜》所改，而「太宗手中」前又似脫「於」字。

卷六《公主》

1. 高祖十九女：長沙（降馮少師）……淮南（降封道言）……臨海（降裴師律）。（頁 73）

案：「裴師律」當作「裴律師」。《冊府元龜》卷三〇〇《外戚部》載：「裴律師，寂之子。尚高祖女臨海公主」《新唐書》卷八三《高祖十九女》：「臨海

公主下嫁裴律師。」是其証。

又案：「封道言」當作「封言道」。兩《唐書》封倫本傳、《冊府元龜》卷三〇〇俱載封倫子「言道」尚高祖女淮南長公主。當據乙。

2. 元宗三十女：永穆（降王繇）、常芬（降張去奢）……萬安（入道）、上仙（早薨）。（頁 74）

案：「去奢」當作「去盈」。《舊唐書》卷五二《肅宗張皇后》載：「其子去惑、去疑、去奢、去逸，皇姨弟也，皆至大官。去盈尚玄宗女常芬公主。」《新唐書》卷七七《張皇后傳》亦曰：「五息子，曰：去惑、去疑、去奢、去逸、去盈，皆顯官。去盈尚常芬公主。」又《唐大詔令集》卷四二《常芬公主食實封制》載：「常芬公主……今年九月丁巳出降張去盈，所司詳備，禮物式遵故事開元十九年」。是其証。《冊府元龜》卷三〇〇《外戚部》云：「張去奢尚玄宗女常芬公主（一云降張去盈）。」蓋襲《會要》。

又案：汪藏本、《四庫》本「萬安入道」後載「寧親降張垍」。《舊唐書》卷五二《玄宗元獻皇后楊氏》、卷九七《張說傳》並載張說次子張垍尚寧親公主，拜駙馬都尉。《新唐書》卷七六《玄宗楊皇后傳》亦載：「后又生寧親公主，乃薨。說以舊恩，故子垍得尚寧親。」與鈔本合。然《唐大詔令集》卷四一《封唐昌公主等制》又云：「第四女可封唐昌公主，第六女可封常山公主，第八女可封寧親公主，各食實封五百戶，唐昌公主出降張垍，俱用八月十九日所司詳備禮物，式遵故事（開元十六年）。」據《文苑英華》卷五九〇載張說作《謝觀唐昌公主花燭表》，其有「賜臣觀唐昌公主花燭。伏以天人下嫁，王宰送行，苟非榮寵，何階瞻望」句，張說為張垍之父，此言觀唐昌公主花燭，是獲「賜」而觀，感到「苟非榮寵，何階瞻望」，其身份顯然不是成親的主人（若為成親之主家，自然不用「賜觀」），則唐昌公主所嫁非張垍亦明。而《新唐書》卷八三《公主傳》亦載：「唐昌公主下嫁薛鏽……常山公主下嫁薛譚，又嫁竇澤。」《冊府元龜》卷三〇〇所載同《新傳》，可証《唐大詔令集》所載實誤。但《唐大詔令集》言之鑿鑿，「寧親公主」與「唐昌公主」又緣何而誤呢？從《唐大詔令集》所稱「俱用」一詞看，該詔令還當有同時獲封的另外兩個公主出降某人的文字，當是傳寫中「唐昌公主出降」下脫去了「薛鏽，常山公主出降薛譚，寧親公主出降」等十六字。

3. 肅宗七女：大寧（降裴清，封郯國）（頁 75）

案：「裴清」當作「張清」。《新唐書》卷八三《肅宗七女》：「郯國公主始

封大寧，下嫁張清，薨貞元時。」《冊府元龜》卷三〇七《外戚部》：「張清尚玄宗公主，爲駙馬都尉。」張清，兩《唐書》中屢見之，此當據正。

4. 伏准貞元二年五月，冊嘉誠公主……二年三月，冊長林公主。（頁81）

案：「二年」當作「元年」。《舊唐書》卷一四一《田承嗣傳》：「貞元元年，以嘉誠公主出降緒，加駙馬都尉。」《唐陸宣公集》卷第六《冊嘉誠公主文》載：「惟貞元元年歲次乙丑，六月甲子朔十二日乙亥，皇帝若日：『王者以義睦宗親……嘉誠公主孝友柔謙，外和內敏，公宮稟訓，四德備修，疏邑啓封，命爲公主。』」是其証。

5. （大和）四年正月敕：「駙馬竇澣，公主衣服逾制，從夫之義，過有所歸，宜罰兩月賜錢。」（頁84）

案：汪藏本、《四庫》本此條在「開成三年十二月條」後。《舊唐書》卷一七《文宗本紀下》、《冊府元龜》卷五六《宰輔部》載此奏並作「開成四年正月」。是殿本錯簡，當乙正。

卷一一

1. 垂拱三年，毀乾元殿。（頁318）

案：「三年」，《玉海》引《唐會要》、《太平御覽》卷五三三引《唐書》作「垂拱二年」。《舊唐書》卷六《則天皇后紀》、《新唐書》卷四《則天皇后紀》、《資治通鑑》卷二〇四則作「四年」。

2. 太常少卿王忠仁、太常博士馮宗、陳貞節等咸以則天所造明堂有乖典制，奏日：「明堂之建……至孝平元始四年，創造南郊，以申嚴配。但取丙巳而已，斯蓋百王不易之道也。」（頁322）

案：《玉海》九五引《唐會要》：「陳正節議曰：『魏晉迄梁，雖規制或殊，而所居之地，常取景巳，百王不易之道也。』」《舊唐書》卷二二《禮儀志》亦載此文：「博士馮宗、陳貞節等議，以武氏所造明堂有乖典制，奏議日：『明堂之建……至孝平元始四年，始創造於南郊，以申嚴配。光武中元元年，立於國城之南。自魏晉迄於梁朝，雖規制或殊，而所居之地常取丙巳者。斯蓋百王不易之道也。』」《文苑英華》卷七六二載此文同，疑今本《唐會要》「以申嚴配」下疑有脫文。

卷一二

1. 儀鳳二年七月，太常少卿韋萬石奏日：「明堂大饗……所謂樂章不定。」（頁327）

案：「七月」，《舊唐書》卷二一《禮儀志》同，《玉海》卷六九及卷九六引《會要》、《冊府元龜》卷五六九載韋萬石奏皆在「八月」。

卷一三

1. 其月二十八日，左司郎中陸淳奏曰：「臣竊尋七年百僚所議，雖有一十六狀，總其歸趣三端而已。」（頁362）

案：「二十八日」，《玉海》卷九七引《會要》、《舊唐書》卷二六《禮儀志》並作「二十六日」，今本當誤。

卷一四《獻俘》

1. 長慶元年四月，中書門下奏：「伏以太宗平突厥，高祖平高麗，皆告陵廟。」（頁374）

案：「高祖」當作「高宗」。《玉海》引《會要》、《冊府元龜》一二載此奏皆作「高宗」，是其証。

2. （會昌四年）其年八月，平澤潞，梟逆賊劉禎，傳首京師。十八日，御安福門受獻。（頁374）

案：「劉禎」，《玉海》卷一七〇引《會要》作「劉稹」。《太平御覽》卷一一五引《唐書》曰：「（會昌四年）八月，王宰傳稹首，與大將郭誼等一百五十人露布獻於京師，上御安福門受俘。」《新唐書》卷二一四《劉悟傳》亦載：「稹首送王宰，獻京師，告廟社。帝御興安門受之。」其名均作「劉稹」。劉稹，兩《唐書》屢見，此當據改。

卷一七《祭器議》

1. 開元二十二年正月十八日，敕文。（頁403）

案：「二十二年」，明鈔本及《玉海》卷七六引《會要》、《通典》卷四七《吉禮》並作「二十三年」，當據改。

2. 至二十三年正月二十日：「自今已後，有大祭，宜差丞相、特進、少保、少傅、尚書、賓客、御史大夫攝行事。」（頁414）

案：《冊府元龜》卷三三《帝王部》繫此詔於「正月己卯」，正月戊午朔，己卯為二十二日，存異。《舊唐書》卷二四《禮儀志》繫於正月丁酉，然月內無丁酉日，誤。

卷一八《原廟裁制下》

1. 至天寶十一載三月，初別令上食朔望進食於太廟。（頁417）

案：「三月」，《玉海》卷八九引《會要》、《冊府元龜》卷五九一皆作「閏三月」。疑殿本脫「閏」字。

卷一九

1. 開元十二年，敕：「一品許祭四廟，三品許祭三廟，五品許祭二廟，嫡士許祭一廟，庶人祭於寢。」（頁449）

案：《新唐書》卷一三《禮樂志》載此敕「一品二品」連言，據敕文下言「三品」、「四品」、「五品」之例，此亦不能無「二品」，殿本疑有脫文。唐李涪《刊誤》卷上載此亦脫「二品」二字。又「開元十二年」，《玉海》卷九七引《新唐志》文，於「開元十二年著令」下注曰：「《會要》十三年敕。」此存異。

2. 其年十一月，太常禮院奏：「據中書侍郎兼吏部尚書平章事崔龜從奏，臣官準式合立私廟。」（頁453）

案：「十一月」下，《玉海》卷九七引《會要》有「一日」二字。

卷二一《緣陵禮物》

1. 神龍二年二月，太常博士彭景直以爲諸陵每日奠祭乖於古禮。（頁471）

「神龍」，明鈔本、汪藏本、《四庫》本及《通典》卷五二、《新唐書》卷一四《禮樂志》並作「景龍」，是殿本誤，當據改。

卷二二

1. 韋叔夏等又議曰：「《韓詩外傳》云：『天子太社，廣五尺。各分置四方色訖，上冒以黃土。』」（頁490）

案：「廣五尺」，《玉海》卷九九引《會要》作「廣五丈」。《通典》卷四六《禮》載：「韋叔夏等又議曰：《韓詩外傳》云：『天子太社，廣五丈。各分置四方色訖，上冒以黃土。』」是當作「廣五丈」，今本《會要》誤。

2. 元和十二年四月，上以自春以來，時雨未降，正陽之月可行雩祀，遂幸興慶宮堂祈雨。（頁504）

案：「元和十二年」，《玉海》卷一七一及卷一九九引《會要》、《太平御覽》卷九二五引《唐書》、《冊府元龜》卷二六及卷一一四皆作「貞元十三年」，殿本誤，當據改。

卷二三

1. 夏陽侯馮異。（頁508）

案：「夏陽」當作「陽夏」。《後漢書》卷一七《馮異傳》載：「馮異字公孫，潁川父城人也……建武二年春，定封異陽夏侯。」卷五○《陳敬王羨傳》載：「及獻帝初，義兵起，寵率眾屯陽夏。（注曰：縣名，屬淮陽國）。」檢《元和郡縣志》卷九：「（陳州）太康縣（緊南至州七十里）：本漢陽夏縣，地屬淮陽國，後漢屬陳國。」卷二：「（同州）夏陽縣（緊西南至州一百三十里）：古有莘國，漢郃陽縣之地。」是陽夏屬於淮陽國，夏陽別有其地。此當據乙。《新唐書》卷一五《禮樂志》誤同《唐會要》。

2. 舊制，每歲大、中、小祀，凡七十九祭，皆克定日辰，著於祀典。其與本文相當則祭，更不卜日。三十四祭準禮但言時月，不定日辰，太卜署至時擇日。（頁514）

案：《玉海》卷一○二引《會要》：「舊制，每歲大、中、小祀，凡七十九祭，四十五祭皆定日，著於祀典，三十四祭不定日辰。」此存異。

3. 八月八祭：上丁，釋奠文宣王。上戊，釋奠武成王。秋分，祀夕月於西郊。社日，祭太社、太稷（以上著定日期），祭馬祖，享文敬太子、惠昭太子廟（以上，至時卜日）。（頁516）

案：《玉海》一○二引《會要》作「八月七祭」。稱「七祭」，蓋社日「祭太社、太稷」視爲一祭。

卷二四《受朝賀》

1. （元和）九年正月朔，上御紫宸殿受朝賀，賦朝退觀仗歸營詩。（頁535）

案：「元和九年」，《舊唐書》卷一三《德宗本紀》、《冊府元龜》卷四○《帝王部》作「貞元九年」，疑此誤。

2. 開元八年十月，敕：「諸督刺史上佐，每年分蕃朝集，限一月一十五日到京，十一月一日見。」（頁536）

案：「一月一十五日」，《玉海》卷七○引《唐會要》作「十月二十五日」，《舊唐書》卷四三《職官志》載此文亦作「十月二十五日」。唐史載外朝官分番朝集，「十一月一日」朝見，無限定於「一月十五日」到京之理，此「一月」顯誤，當據改。

3. 永淳元年十一月一日，制以周漢之後爲二王。（頁539）

案：「永淳」，汪藏本、《四庫》本及《通典》卷七四、《資治通鑑》卷二○四、《冊府元龜》卷一七三並作「永昌」，此當誤。

卷二五

1. （元和）三年六月，百官初入待漏院，候禁門啓入朝。（頁553）

　　案：「三年」，《舊唐書》卷一四《憲宗本紀》、《冊府元龜》卷一〇七及《玉海》卷一六七引《舊史》並作「二年」。《舊紀》爲編年紀事，其年份無傳寫之誤，其稱「二年六月丁巳朔」，與曆表相合，此當據改。

卷二六

1. 貞觀八年，敕：「拜三師、三公、親王、尚書令……九卿、都督及上州刺史，在京者朝堂受冊。」至光宅元年，並停。（頁569）

　　案：「光宅元年」，《玉海》卷七二引《會要》作「光宅二年」。

2. 貞元三年三月，御宣政殿，備禮冊拜李晟爲太尉，晟受冊訖。（頁570）

　　按：「三月」，《玉海》卷七二引《會要》曰：「貞元三年四月，李晟拜太尉、中書令，帝坐宣政殿，引見，備冊禮。受冊訖，備羽儀乘輅謁太廟，視事尚書省。」此作「四月」。而《舊唐書》卷一二《德宗本紀》、《新唐書》卷七《德宗本紀》載李晟爲太尉兼中書令，並在「三月」。但《唐會要》所載爲「冊拜」，兩《唐書》所載爲制授，唐代禮制於二者有別。今《唐大詔令集》卷六〇載有陸贄《李晟司徒兼中書令制》，制文末言「朕還京後，所司擇日備禮冊命，宣示中外」，是冊拜之日期在其後某日，《唐大詔令集》卷六一即載有該次冊拜文《冊李晟司徒文》。而《冊李晟太尉文》，亦收錄在《唐大詔令集》卷六一，其首曰：「維貞元元年，歲次丁卯，四月乙卯朔，二十四日戊寅。」此稱「貞元元年」顯誤，元年則當爲「乙丑」，而此云「歲次丁卯」，「丁卯」即貞元三年，四月正乙卯朔，是李晟冊拜實在「四月」，今本《唐會要》作「三月」誤，若非著者王溥不明唐代禮制而據兩《唐書·德宗本紀》誤改，就是後人誤校所致。

3. 開元六年七月十三日，初頒鄉飲酒禮於天下。（頁581）

　　案：「七月」疑作「八月」。《玉海》卷七三引《會要》、《資治通鑑》卷二一二並作「八月」。

4. 四年八月，賜三品已上射於武德殿。（頁581）

　　案：「三品」疑作「五品」。《玉海》卷七五引《會要》、《冊府元龜》卷七九及一〇五並作「五品」。

5. 貞觀六年詔：「……每年令州縣長官，親率長幼，齒別有序，遞相勸勉，依禮行之，庶乎時識廉恥，人知敬讓。」（頁581）

案：「齒別有序」，《玉海》卷七三引《會要》作「齒序有別」。

6. 二十五年三月，敕：「應諸州貢人，上州歲貢三人……以現物充。」（頁581）

案：「三月」，《玉海》卷一五五引《會要》作「二月」。

7. 開元四年三月三日，賜百官射。（頁583）

案：「四年」，《玉海》卷七五引《會要》作「七年」。

8. 先天二年十月十三日，講武於驪山之下。徵兵二十萬，戈鋋金甲，耀照天地，列大陣於長川，坐作進退，以金鼓之聲節之，三軍出入，號令如一。上體摜戎服，持大鎗立於陣前。（頁586）

案：《玉海》卷一四四：「《會要》：『先天二年十月十三日，講武於驪山之下。發兵二十萬，旌旗亙五十餘里，戈鋋金甲，耀照天地，列大障於長川，坐作進退，以金鼓之聲節之，三軍出入，號令如一。親摜戎服，持沉香大鎗立於陣前。」《通典》卷七六《軍禮》、《冊府元龜》卷一二四《帝王部》同，「發兵二十萬」下均有「旌旗亙五十餘里」一句，疑今本有脫文。又「體摜」，《玉海》卷一四四引《會要》、《冊府元龜》卷一二四作「親摜」，當據改。

卷二八

1. 開成元年三月，幸龍首池，觀內人賽雨。因賦《暮春喜雨詩》曰：「風雲喜際會，雷雨遂流滋……百辟同康樂，萬方佇雍熙。」（頁610）

《玉海》卷二九引《會要》：「開成元年三月庚申，幸龍首池。甘澤屢降。賦暮春喜雨詩曰……百官屬和。」較今本多「庚申」二字和「甘澤屢降」、「百官屬和」二句，疑為著者王溥所刪。《太平御覽》卷六一二引《唐書》亦載此文：「文宗開成中，駕幸龍首池，觀內人賽雨。自春不雨，上孜孜憂勤，偏禮群望。至是，甘澤屢降，中外感悅，上賦喜雨詩……百官咸有屬和。」以備參考。

2. 筋力驍悍，爪牙輕健。勁弩一發，未必挫其兇威；長戟繽揮，不能當其憤氣。猝然驚軼，事生慮外，如或奔近林藪，未填坑谷，駭屬車之後乘，犯官騎之清塵。（頁612）

案：「兇威」，明鈔本、汪藏本並作「畏心」；「不能當其憤氣」後，有「雖復孟賁抗左，夏說車前」二句；「猝」，二本並作「卒」；「近」，作「赴」。《冊府元龜》卷五四二載：「筋力驍悍，爪牙輕捷。連弩一發，未必挫其兇心，長戟繽揮，不能當其憤氣，雖復孟賁抗左，夏說居前，卒然驚軼，事生慮表。如或奔赴林藪，未填坑谷。」《舊唐書》卷七二《褚亮傳》略同《冊府》。殿

本《唐會要》當脫「雖復孟賁抗左，夏說車前」二句，「近」當作「赴」。

3. 其年十二月，高祖謂侍臣曰：「蒐狩以供宗廟。朕當躬其事，以申孝享之誠。」於是狩於鳴犢泉之野。（頁612）

案：《玉海》卷一四四引《會要》：「武德八年十二月，詔侍臣曰：『獵以告宗廟，朕當躬其事，以申孝享之誠。』於是狩於鳴犢之野。（辛巳）宴從官。」

《祥瑞上》

4. 十一年六月六日，滁州言野蠶成繭，偏於山阜。（頁619）

案：「十一年」，明鈔本、汪藏本、《四庫》本及《玉海》一九九引《會要》並作「十二年」。《新唐書·太宗本紀》「十一年」亦載有此事。又《舊唐書》卷三及《新唐書》卷二《太宗本紀》兩載此事，一在「十三年十二月」，一在「十四年六月」。今存異。

5. 十七年三月二日，皇太子初立。有雄雉飛集東宮顯德殿前。（頁620）

案：「十七年三月二日」，明鈔本、汪藏本、《四庫》本及《玉海》卷二〇〇引《會要》並作「十六年四月二日」，《舊唐書》卷三及《新唐書》卷二《太宗本紀》則皆載「立晉王治爲皇太子」於「十七年四月丙戌，四月庚辰朔，丙戌即七日。「三月」當作「四月」，「二日」當作「七日」。

1. 十一年十一月，賜號寶應、慶靈池。（頁622）

案：「十一年」，明鈔本、汪藏本、《四庫》本及《玉海》卷一九六引《會要》並作「十二年」。《新唐書》卷三九《地理志》載：「大曆十二年，生乳鹽，賜名寶應、靈慶池。」當據改。

2. （大和元年）其年，福建進瑞粟一千莖。（頁627）

按：《玉海》卷一九七《祥瑞》引《會要》繫此事於「太和二年」。

3. 龍紀元年二月，中書門下奏：「請今月二十二日，降聖日爲嘉會節。」（頁638）

案：「二月」，《唐會要》卷三、《冊府元龜》卷二《帝王部》並作「三月」。

卷三〇

1. 顯慶五年八月，有抱屈人齋鼓於朝堂訴，上令東都置登聞鼓，西京亦然。（頁639）

案：「登聞鼓」，明鈔本作「登聞鼓嘉石」。《玉海》卷一一〇引《唐會要》：「顯慶五年八月，有人齎鼓於朝堂訴，上令東都置登聞鼓嘉石，西京亦然。」

當據補。

2. 武德六年四月二十四日，幸龍潛舊宅，改爲通義宮。（頁 640）

按：「二十四日」，《玉海》卷一五七引《會要》作「十四日」。《舊唐書》卷一《高祖本紀》載：「（六年）夏四月己未，幸舊宅，改爲通義宮。」四月，丙午朔，己未爲十四日，殿本衍「二」字，當刪。

3. 至四年六月二十二日，發卒又修洛陽宮。（頁 642）

案：「二十二日」，《玉海》卷一五七引《會要》作「二十四日」。

4. 上元二年七月，延英殿當御坐生玉芝，一莖三花，親制《玉靈芝詩》三章，章八句，曰：「玉殿肅肅，靈芝煌煌……効此靈質，寶玉獻猷。」（646）

案：「効此靈質，寶玉獻猷」，《玉海》卷二九引《會要》、《天中記》卷五三引《唐會要》並作「放此靈質，賁其王猷」。

5. 貞觀二年八月，上每日視於西宮。公卿奏以宮中卑溼，請立一閣。（頁 652）

案：「視」，明鈔本及《玉海》卷一五七引《會要》作「視膳」。《舊唐書》卷二《太宗本紀》載：「（貞觀二年）八月甲戌朔，幸朝堂，親覽冤屈。自是上以軍國無事，每日視膳於西宮。癸巳，公卿奏曰：『依《禮》季夏之月可以居臺榭……宮中卑濕，請營一閣以居之。』」亦作「視膳」，當據補。

《興慶宮》

6. 二十四年六月，廣花蕚樓，築夾城，至芙蓉園。十二月三日，毀東市東北角、道政坊西北角，以廣花蕚樓前。（頁 650）

案：「二十四年」，明鈔本、汪藏本、《四庫》本及《玉海》卷一六四引《會要》、《舊唐書》卷八《玄宗本紀》並作「二十年」，當從之。《冊府元龜》卷一四載此事同在「二十四年」，其間關係不無疑惑。

7. （貞元）十四年三月三日，造會慶亭於麟德殿前。（頁 655）

案：「十四年」，明鈔本、汪藏本、《四庫》本作「三年」，《舊唐書》卷一三《德宗本紀》、《冊府元龜》卷一四並作「十三年」。明鈔本、汪藏本、《四庫》本當脫「十」，殿本「十四年」當作「十三年」。

8. 寶曆元年五月，神策軍於苑內古長安城中修漢未央宮。掘地獲白玉一，長六尺。其年九月，敕長春宮莊宅，宜令內莊宅使營建。（頁 656）

案：「元年」，當作「二年」。《玉海》卷一五七引《會要》、《舊唐書》卷一七《敬宗本紀》並作「寶曆二年」，可証。

9. 十五年二月，詔於西廊內開便門，以通宰臣自閣中赴延英路。（頁 656）

案：《玉海》卷一六〇引《會要》：「穆宗元和十五年二月庚辰，詔於西上閣門西廊右畔內開便門，以通宰臣自閣中赴延英路。」

卷三一

1. 武德四年七月定制：「凡衣服之令，天子之服有十二等。」（頁 659）

　　案：「七月」下，《玉海》卷七八引《會要》有「十六日」三字。

卷三二 《輿服下》

1. 武德四年八月十六日，詔五品已上執象笏，已下執竹木笏。（頁 679）

　　案：「已下」前脫「六品」二字。《玉海》卷八六引《會要》曰：「『武德四年七月十六日，詔：『五品以上，執象笏。六品已下，執竹木笏。』」《舊唐書》卷四五《輿服志》亦載：「（武德）四年八月，敕：『三品已上，大科紬綾及羅，其色紫飾用玉……五品已上，執象笏……六品已下，執竹木爲笏。』」。是其証。

2. 天授三年正月二十二日，內出繡袍，賜新除都督、刺史。（頁 680）

　　案：「三年」，《玉海》卷八二引《會要》作「二年」。

《雅樂上》

3. 麟德二年七月二四日，詔：「國家平定天下，革命創制，紀功旌德，久被樂章……仍依舊別設。」（頁 692）

　　案：「七月」當作「十月」。明鈔本、汪藏本、《四庫》本及《玉海》引《會要》、《通典》卷一四七、《舊唐書》卷二八《樂志》並作「十月」，是其証。

4. 武德四年八月十六日，敕：「三品已上，服大料、細綾及羅。」（頁 680）

　　案：「八月」，明鈔本、汪藏本、《四庫》本並作「七月」；「大料」，作「大科」。又《冊府元龜》卷六一載：「武德四年七月十六日，制：『三品已上，服大料、細綾及羅。』」是當作「七月」。又《通典》卷六一、《舊唐書》卷四五《輿服志》、《新唐書》卷二四《車服志》亦均作「大科」，當從之。

5. 二十九年六月，太常奏：「東封太山日，所定雅樂……其封泰山也，登歌、奠玉幣用《肅和》之樂，迎俎用《雍和》之樂，酌福、飲福用《壽和》之樂。」（頁 698）

　　案：「六月」下，《玉海》卷一〇五引《會要》有「十九日」三字。「壽和之樂」，明鈔本、汪藏本、《四庫》本及《玉海》引《會要》、《通典》卷一四七、《舊唐書》卷二八《禮樂志》並作「福和之樂」。今當據改。

卷三三

1. 帝臨二殿，親觀考擊，皆合五音，送太常。（頁 701）

案：「二殿」當作「三殿」。明鈔本、汪藏本、四庫本《唐會要》及《玉海》卷一〇五引《會要》、《通典》卷一四四、《舊唐書》卷二八《音樂志》、《太平御覽》卷五六四引《唐書》均作「三殿」，是爲確証，當據改。《冊府元龜》卷五六九《掌禮部》誤同。

2. 二十四年，南郊始設登歌，廟舞猶闕。孝武建元中，有司奏郊廟，宜設備樂。

案：「二十二年」，《宋書》卷一九《樂志》、《通典》卷一四一《禮》、《資治通鑑》卷一二四《宋紀》並作「二十二年」。（頁 702）

3. 顯慶元年正月十五日，詔改《破陣》樂舞爲《神功破陣》樂。（頁 715）

案：「十五日」，《玉海》卷一〇七引《會要》作「二十五日」。《冊府元龜》卷五六八《掌禮部》作「顯慶元年正月庚寅」，正月丙寅朔，庚寅正二十五日，此蓋脫「二」字。

4. 至永淳元年二月，太常博士裴守貞議曰：「竊惟二舞肇興，謳吟攸屬，義均《韶》、《夏》，用兼賓祭，皆祖宗盛德，而子孫享之。」（頁 716）

案：「謳吟攸屬」下，《太平御覽》卷五六六引《唐會要》有「贊九成之茂烈，叶萬國之歡心」兩句，《通典》卷一四六《樂》、《舊唐書》卷一八八《裴守貞傳》、《文苑英華》卷七六一《論立對破陣慶善二舞議》載此文亦有此兩句。「九成」，《舊傳》、《文苑英華》、《冊府元龜》卷三六作「九功」。

5. 貞觀六年九月二十九日，幸慶善宮……上乃賦詩十韻：「壽丘唯舊跡，酆邑乃前基……梯山咸入款，駕海亦來思……芸黃遍原隰，禾穎即京坻。共樂還鄉宴，歌此大風詩。」（頁 716）

案：「梯山咸入款」，《玉海》卷二九引《會要》、《太平御覽》卷五六六引《唐會要》並作「梯山盛入款」。「禾穎即京坻」，《太平御覽》卷五六六引作「禾穎積成坻」，《樂府詩集》卷五六作「禾穎積京坻」。「京坻」，語出《詩經‧小雅‧甫田》：「曾孫之庚，如坻如京。」謂穀米堆積如山。《河東先生集》卷三七亦有「畝有餘糧，足食之慶，充溢於京坻」句。是《御覽》誤「京」爲「成」，而此「即」則當作「積」。「共樂還鄉宴，歌此大風詩」，《太平御覽》卷五六六引《唐會要》作「兵（當作「共」）樂還譙宴，歡此大風詩」，《玉海》二九引、《樂府詩集》卷五六作「共樂還譙宴，歡此大風詩」。

6. 雲韶樂一章，十二章。（頁717）

案：「十二章」，《玉海》卷一○六引《會要》作「二十章」，《樂府詩集》卷七九載：「凡燕樂諸曲，始於武德、貞觀，盛於開元、天寶。其著錄者十四調，二百二十二曲。又有梨園別教院法歌樂十一曲，雲韶樂二十曲。」是當作「二十章」。

7. 《上雲》曲、《自然眞仙》曲、《明明》曲……《開天》曲、《儀鳳》曲、《同和》曲、《閑雅》曲、《多稼》曲、《金鏡》曲。（頁721）

案：「《明明》曲」，《玉海》卷一○六引《會要》作「《明聖》曲」；「《開天》曲」作「《聞天》曲」；「《金鏡》曲」作「《金鐃》曲」。

卷三四《論樂》

1. 調露二年，皇太子使樂工於東宮新作《寶慶》之曲成。（頁729）

案：《太平御覽》卷五六九引《唐會要》作「調露元年」。

2. 先天二年正月，胡僧婆陀請夜開門燃百千燈。（頁732）

案：《玉海》卷一○五引《會要》、《舊唐書》卷九九《嚴挺之傳》、《冊府元龜》卷一○一《帝王部》並載：「先天二年正月望，胡僧婆陀請夜開門燃百千燈。」疑此「正月」下脫「望」字。

3. 景雲三年，右拾遺韓朝宗諫曰：「《傳》曰：『辛有適伊川，見被髮野祭者。』」（頁734）

案：「三年」當作「二年」。《通典》卷一四六《樂》、《太平御覽》卷五六八引《唐會要》並作「景雲二年，左拾遺韓朝宗」，是其証。

卷三五

1. 國家自永淳以來，二十餘載，禮樂廢散，胄子棄缺。（頁740）

案：《舊唐書》卷八八《韋思謙傳》、《唐文粹》卷二七韋嗣立《請崇學校疏》、《冊府元龜》卷六○四《學校部》並載此語，「禮樂」皆作「國學」，「棄缺」則作《舊唐書》、《唐文粹》作「衰缺」，存異。

2. 乾封元年正月三十日，追贈孔子爲太師。（頁744）

案：《玉海》卷一一三引《會要》作「十三年」。

3. 二十年二月，詔皇太子於國學釋奠於先聖先師。皇太子爲初獻，國子祭酒張復裔爲亞獻。（頁747）

案：「張復裔」，《冊府元龜》卷一七二《帝王部》、二六○《儲宮部》作

「張後裔」。張後胤見兩《唐書》本傳,此誤,當據改。

4. 十九年冬,車駕發京師。集賢院四庫書,總八萬九千卷……雜有梁、陳、齊、周及隋代古書,貞觀、永徽、麟德、乾封、總章、咸亨年,奉詔繕寫。(頁752)

 案:「咸亨」後脱「舊本」,又衍「年」字。《玉海》卷五二引《會要》曰:「雜有梁、陳、齊、周、隋代古書,貞觀、永徽、乾封、總章、咸亨舊本。」《職官分紀》卷一五載:「開元十九年冬,駕發京。時集賢院四庫書總八萬九十卷……其中雜有梁、陳、周及隋代古書,貞觀、永徽、麟德、乾封、總章、咸亨舊本,置院之後新寫書,又多於前。又據諸史開元十三年方置集賢書院。」

5. 大中三年正月,祕書省據御史臺牒,準開成元年七月敕,應寫書及校勘書籍,至歲末聞奏者,令勒楷書等,從今年正月後,應寫書四百一十七卷。(頁753)

 案:「一十七卷」,《玉海》卷四三引《會要》作「一十九卷」。

6. 貞觀十八年五月(端午日)。太宗為飛白書,作「鸞」、「鳳」、「蟠」、「龍」等字,筆勢驚絕。謂司徒長孫無忌、吏部尚書楊師道曰:「五日舊俗,必用服翫相賀,朕今各賀賜君飛日扇二枚,庶動清風,以增美德。」(頁755)

 案:《太平御覽》卷七四九引《唐會要》:「貞觀十八年五日(端午日)。太宗為飛白書,作「鸞」、「鳳」、「虬」、「龍」等字,筆勢驚絕。謂司徒長孫無忌、吏部尚書楊師道曰:『五日舊俗,必用服翫相賀,朕今各賀君飛白扇二枚,庶動清風,以增美德。」《玉海》卷三三引《會要》、《冊府元龜》卷四三《帝王部》文字略同,「飛日扇」皆作「飛白扇」,當據改。「蟠」,《御覽》引作「虬」,《冊府》作「螭」,存異,《玉海》引作「蝶」,誤。又「五月」,《冊府》同,《御覽》作「五日」,《玉海》作「五月五日」。

7. 初,貞觀中,搜訪王羲之等真跡……又令遂良真書小字貼紙,影其古本。亦有是梁、隋官本者,梁則滿騫、徐增、朱異等,隋則江總、姚察等署記……又一本,長安、神龍之際,太平、安樂公主奏借,出入搨寫,因此遂失所在。(頁756)

 案:《玉海》卷四五引《會要》曰:「梁則滿騫、徐僧權、沈熾文、朱異等,隋則江總、姚察等書記……出外搨寫,因此遂失所在。」《新唐書》卷五七《藝文志》:「(太宗)命遂良楷書小字以影之。其古本多梁、隋官書。梁則滿騫、徐僧權、沈熾文、朱異,隋則江總、姚察署記。」《譚賓錄》卷七、《太

平廣記》二〇九同。今本蓋誤「僧」爲「增」，又脫其下「權沈熾文」四字。

8. 開元十六年五月，內出二王眞跡及張芝、張昶等古跡總一百六十卷，付集賢院依文搨四本進內，分賜諸王。（頁 756）

　　案：「四本」，《玉海》卷四五引《會要》作「兩本」。《墨藪》卷二云：「開元十六年五月，內出二王眞跡及張芝、張昶等古跡一百六十卷，付集賢院依文搨兩本進內，分賜諸王。」存異。

9. 開元五年，敕：「陸元悌、魏哲、劉懷信等檢校見換，標爲兩卷，總八十卷。餘並墜失。」（頁 756）

　　案：「檢校見換，標爲兩卷」，語義不明，當有訛誤。《玉海》卷四五引《會要》作：「開元五年，敕：『陸元悌、魏哲、劉懷信等檢校標，分一卷爲兩卷。』」張彥遠《法書要錄》卷四載之：「開元五年敕：『陸元悌、魏哲、劉懷信等撿校換褾，分一卷爲兩卷，總見在有八十卷，餘並墜失。」又《太平廣記》卷二〇九引《譚賓錄》云：「五年敕：『陸元悌、魏哲、劉懷信等檢校換褾，每卷分爲兩卷，總見在有八十卷，餘並失墜。」據此，「標」當作「褾」，「換褾」爲詞，不得逗開；「爲兩卷」前則當脫「分一卷」三字。

10. 其年四月十六日，太常博士呂才及諸陰陽學者十餘人，撰《陰陽書》，凡五十三卷，并舊書行者四十七卷。詔頒下之。（太宗以陰陽書行之日久，近代以來漸至訛僞，穿鑿既甚，拘忌亦多，遂命有司總令修撰）其妄穿鑿拘忌者，才駁之曰：「《易》曰：『上古穴居而野處……義理乖僻者也。』」（頁 760）

　　案：《玉海》卷五引《會要》曰：「太宗以陰陽書近代訛僞，穿鑿拘忌亦多，命太常博士呂才及陰陽學者十餘人，共加刊正，削其淺俗，存其可用者。貞觀十五年四月二六日，撰陰陽書，凡五十三卷，及舊書四十七卷，詔頒行之。才爲敍，質以經史，其穿鑿拘忌者，才有駁議曰。」《舊唐書》卷七九《呂才傳》亦載之：「太宗以陰陽書近代以來漸至訛僞，穿鑿既甚，拘忌亦多，遂命才與學者十餘人，共加刊正，削其淺俗，存其可用者，勒成五十三卷，并舊書四十七卷。十五年，書成，詔頒行之。才多以典故質正，其理雖爲術者所短，然頗合經義，今略載其數篇。」

11. 二年六月，上製元首前星維城股肱論。（頁 765）

　　案：「論」，《玉海》卷一二九引《會要》、《太平御覽》卷五九一引《唐書》、《冊府元龜》卷四〇並作「誠」，當從之。

12. 貞元十一年八月，國子司業裴澄撰《乘輿月令》十二卷，上之。（頁 769）

案：《玉海》卷五一引《會要》曰：「貞元十一年八月，司業裴澄撰《乘輿月令》十二卷，《理典》十二卷，上之。」又《舊唐書》卷一三《德宗本紀》：「（八月）閏月己丑，國子司業裴澄表上《乘輿月令》十二卷，《禮典》十二卷。」今本當脫「《理典》十二卷」五字。又《舊唐書·德宗本紀》繫於閏八月，本紀編年紀事，復有干支紀日，閏八月乙丑朔，己丑為二十五日，與曆表相合，若在「八月」，則不得有己丑日。是「八月」上當據補「閏」字。

13. 給事中陸質著《集注》二十卷、《君臣圖翼》三十五卷，上之。（頁770）

案：《玉海》卷四○引《會要》曰：「給事中陸質著《集注》二十卷、《類禮》二十卷、《君臣圖翼》三十五卷，上之。」《舊唐書》卷一八九《陸贄傳》、《新唐書》卷五七《藝文志》並載陸質著《集注春秋》二十卷、《類禮》二十卷、《君臣圖翼》三十五卷。疑此脫「《類禮》二十卷」五字。

14. 又讀貞觀、開元《實錄》，見太宗撰《金鏡書》及《帝範》上、下篇，元宗撰《開元訓誡》，思維前躅，遂採《尚書》、《春秋後傳》、《史記》、班范《漢書》、《三國志》、《晏子春秋》、《吳越春秋》、《新序》、《說苑》等書，君臣行事可為龜鑑者，集成十四篇。（頁770）

案：《太平御覽》卷五九二、《玉海》卷四八引《唐會要》「三國志」後並有「晉書」二字，當據補。

卷三六《修撰》

1. 初，聖歷中，上以《御覽》及《文思博要》等書，聚事多未周備，遂令張昌宗召李嶠……常元旦、楊齊哲、富嘉謨、蔣鳳等二十六人同撰。（頁766）

案：「常元旦」當作「韋元旦」，《玉海》卷五四引《會要》即作「韋元旦」，韋元旦見《新唐書》本傳，此當據改。

2. （貞元十二年）十月，昭義節度判官賀蘭正九進《用人權衡》、《輔佐記》各十卷，《舉選衡鏡》三卷。（頁769）

案：「賀蘭正九」，《玉海》卷一一七引《會要》、《冊府元龜》卷六○七、《新唐書》卷五九《藝文志》皆作「賀蘭正元」，是，此當據正。

3. 二年四月，翰林侍講學士韋處厚、路隨撰《六經法言》三十卷成，上之。（頁771）

案：「三十卷」當作「二十卷」。《玉海》卷四二引《會要》、卷一七一引《韋處厚集序》、《舊唐書》卷一六《穆宗本紀》、《新唐書》卷五九《藝文志》皆作「二十卷」，是其確証，當據改。

4. 至貞觀初，詔中書令房元齡、祕書監魏徵禮官學士，備考舊禮，著《吉禮》六十一篇，《賓禮》四篇，《軍禮》二十篇，《嘉禮》四十二篇，《凶禮》六篇，《國恤禮》五篇，總一百三十八篇，分爲一百卷。（頁 781）

案：「備考舊禮」，明鈔本、汪藏本及《玉海》卷六九《禮儀》引《會要》作「修改舊禮」，存異。「《軍禮》二十篇」，明鈔本、汪藏本及《玉海》作「《軍禮》十二篇」，且《玉海》小字注云「《志》《軍禮》作二十篇」，則《會要》原作「十二篇」無疑。又《通典》卷四一《禮》、《舊唐書》卷二一《禮儀》、《冊府元龜》卷五六四《掌禮部》並作「十二篇」，此當據改。

卷三七

1. 永徽二年，議者以貞觀禮未備，又詔太尉長孫無忌、中書令杜正倫……太學博士史道元、符璽郎孔志約、太常博士蕭楚材、孫自覺、賀紀等重加緝定。（頁 782）

案：「史道元」，《通典》卷四一《禮一》、《舊唐書》卷八二《李義府傳》、《新唐書》卷五八《藝文志》、《冊府元龜》卷二六〇《儲宮部》載此事並作「史玄道」，《唐會要》卷三六作「史元道」，「元」爲「玄」之諱字，「道元」蓋誤倒之。《舊唐書》卷二一《禮儀志》誤同。

2. 上元三年二月，敕：「五禮行用已久，並依貞觀年禮爲定。」（頁 782）

案：「二月」，《唐會要》卷一二、《舊唐書》卷二一《禮儀志》並作「三月」。

3. 天寶九載正月，置禮儀使，以太子左庶子韋述爲之。（頁 784）

案：「正月」，《玉海》卷六九引《會要》作「十月」。

卷三八

1. 左補闕穆質上疏曰：「臣謹案《禮經》兼徵近古……以周年爲定，乃得禮之中矣。」（頁 801）

案：「左補闕」，明鈔本、汪藏本並作「右補闕」，《新唐書》卷二〇〇《暢當傳》亦作「右」。《舊唐書》卷一四九、《新唐書》卷一三二《柳冕傳》同殿本。

卷三九

1. 永徽二年閏九月十四日，上《新刪定律令格式》。太尉長孫無忌、開府儀同三司李勣……尚書右丞段寶元、吏部侍郎高敬言……大理丞元詔、太府丞王

文端等同修。（頁 820）

案：「段寶元」，明鈔本、汪藏本及《玉海》卷六六《詔令》引《會要》並作「段志玄」。「段志玄」於唐宋史籍中屢見之，而「段寶元」亦不乏見，本書同卷上文及卷六八均作「段寶元」，要之，原本疑作「段志玄」，而「段寶元」則可能爲後人所改。又「元詔」，明鈔本、汪藏本、四庫本及《舊唐書》卷五〇《刑法志》、《新唐書》卷五八《藝文志》、《文苑英華》卷四六四《詳定刑名制》、《冊府元龜》卷六一二皆作「元紹」，當據改。

2. 太尉長孫無忌、司空李勣、尚書左僕射于志寧、刑部尚書唐紹、大理卿段；寶玄、尚書右丞劉燕容、御史中丞賈敬行等同撰。（頁 820）

案：「唐紹」當作「唐臨」。《舊唐書》卷五〇《刑法志》、《新唐書》卷五八《藝文志》、《冊府元龜》卷一三六《帝王部》、六一二《定律令》並作「唐臨」，可証。《舊唐書》卷八五《唐臨傳》載唐臨高宗朝任刑部尚書。

3. 右司郎中唐詔，刑部員外郎邵知與，大理丞陳義海，左衛長史張處斌，大理評事張名播，左衛倉曹參軍羅思貞，刑部主事閻義顥等同修。

案：「唐詔」，《舊唐書》卷五〇《刑法志》、《新唐書》卷五八《藝文志》、《冊府元龜》卷六一二《定律令》並載大極元年，右司郎中唐紹、刑部員外郎邵知與等十人刪定《格式律令》事。當據改。

4. 二十五年九月一日，復刪輯舊格式律令……總七千二十六條，其一千三百四條於事非要，並刪除之。二千一百五十條隨文損益，三千五百九十四條仍舊不改，總成《律》十二卷，《疏》三十卷，《令》三十卷，《式》二十卷，《開元新格》十卷。（頁 822）

案：「七千二十六條」，明鈔本、汪藏本、《四庫》本及《玉海》引《會要》並作「七千九十八條」；「一千三百四條」作「一千三百二十四條」；「二千一百五十條」作「二千一百八十條」。《通典》卷一六五《刑》載：「總七千四百八十條，其千三百四條於事非要，並刪除之。二千一百五十條隨文損益，三千五百九十四條仍舊不改。」《通典》總數與其所載「刪除」、「隨文損益」及「仍舊不改」三項數字不合，各項合計應是「七千四十八條」，而不是「七千四百八十」，蓋計算時「四十八」誤進一位。鈔本則總數與各項數目完全一致。又檢《舊唐書》卷五十《刑法志》、《冊府元龜》卷六百一十二載：「刪緝舊格式律令及敕，總七千二十六條，其千三百二十四條於事非要，並刪之。二千一百八十條隨文損益，三千五百九十四條仍舊不改，總成《律》十二卷，《疏》

三十卷，《令》三十卷，《式》二十卷，《開元新格》十卷。」《舊志》總數「七千二十六條」，與三項合計之數不合，當是計算有誤。雖然其總數與鈔本不合，但三項條數則與鈔本完全一致，合計正如鈔本文字「七千九十八條」，是《唐會要》原本各類條數和總數皆當如鈔本。

5. 至大中五年四月，刑部侍郎劉瑑等等奉敕修《大中刑法統類律令》爲六十卷。（頁842）

　　案：「《大中刑法統類律令》」，《玉海》卷六六引《會要》作「《大中刑法總要格後敕》」。《舊唐書》卷五〇《刑法志》云：「大中五年四月，刑部侍郎劉瑑等奉敕修《大中刑法總要格後敕》六十卷。」《新唐書》卷五八《藝文志》著錄：「《大中刑法總要格後敕》六十卷（刑部侍郎劉瑑等纂）。」此存異。

卷四〇《君上慎恤》

1. 天寶元年二月二十一日，敕：「官吏準律應枉法贓十五匹合絞者，自今已後，特宜加至二十四。仍即編諸律，著爲不刊。」（頁841）

　　案：「四」當作「匹」。《通典》卷一七〇《刑》：「天寶元年二月，敕：『官吏準律應犯枉法贓十五匹合絞者，自今以後特加至二十四，仍即編諸格律，著自不刊。』」《舊唐書》卷九《玄宗本紀》、《冊府元龜》卷六一三《刑法部》並云天寶元年加至二十四，「四」字顯爲形誤，當據改。

2. 八年月，敕：「朕比屬暇日，周覽國史……豈可以至輕之刑，而或致之死？」（頁843）

　　案：「而或致之死」，《新唐書》卷五六《刑法志》同，明鈔本、汪藏本並作「致重之命」，《唐大詔令集》卷八二《禁罪人鞭背敕》、《冊府元龜》卷一五〇《帝王部》則作「傷至重之命」，存異。

3. 十八年八月，冀州武強縣令裴景仙犯乞取贓積五千匹。（頁847）

　　案：「十八年」當作「十年」。《通典》卷一六九《刑》、《舊唐書》卷一〇〇《裴景仙傳》、《資治通鑑》卷二一二《唐紀》並作「十年」，是其証。

卷四二

1. 至（麟德）二年正月二十日，以祕閣郎中李淳風所撰《麟德曆》頒於天下，詔曰：「朕仰觀七曜，傍總五家……自我大唐，年將八百，事異當仁……來年正月行用之。」（頁879）

　　案：「仰觀七曜」，《唐大詔令集》卷八二《頒行麟德曆詔》、《天中記》卷

六引《會要》作「自火德洎我」,「事異當仁」作「事合當仁」。

2. 開元八年六月十五日,左金吾衛長史南宮說奏:「《渾天圖》空有其書。今臣既修《九曜占書》,要須量校星象,望請造兩枚,一進內,一留曹司。」許之。(頁881)

案:「空有其書」,《玉海》卷一引《會要》作「空有其書,今無其器」;「一留曹司」作「一留司占測」。

3. 第一儀名六合儀,有天經雙規、渾緯規、金常規,相結於四極之內,備二十八宿、十干、十二辰,經緯三百五十五度。(頁881)

案:「三百五十五度」,《舊唐書》卷七九《李淳風傳》作「三百六十五度」。《新唐書》卷三一《天文志》載:「一日六合儀,有天經雙規、金渾緯規、金常規,相結於四極之內,列二十八宿、十日、十二辰,經緯三百六十五度。」古人分周天爲三百六十五度,此誤,當據改。

4. (開元)十三年,造成游儀。(頁882)

案:《玉海》卷四引《會要》作「十三年十月三日」,並注曰:「《志》云『十一年』,《集賢注記》云『十二年五月』。」

5. 調露元年十一月十一日,於周立測影臺所得圭長二尺七寸。(頁884)

案:「周立」,《玉海》卷五、一七三引《會要》並作「陽城周公」;「二尺七寸」,作「一丈二尺七寸」。《通典》卷二六《職官》載:「陽城測影臺,依古法立八尺表。夏至日中測影,有尺五寸,正與古法同。調露元年十一月,於陽城立表,冬至日中測影,得丈二尺七寸。」此測影臺,或稱「陽城測影臺」,或稱「周公測影臺」,或合成「陽城周公測影臺」,今本《唐會要》「周立」爲「周公」之誤無疑,又「二尺」上脫「一丈」二字。

卷四五《功臣》

1. 神龍元年七月,制:「段志元、屈突通、蕭瑀、李靖……李孟嘗等二十五家,所食實封,並依舊給。」(頁939)

案:「元年」當爲「二年」之訛。《唐會要》卷九〇、《冊府》卷五〇六《邦計部》並作「神龍二年」。

卷四八

1. 太和二年十月,河中觀察使薛苹奏:「中條山蘭若營建之初,有兩泉湧出,請賜額爲太和寺。」從之。(頁999)

案：「太和」當作「元和」。《資治通鑑考異》卷二二、《河東先生集》魏仲舉注皆引《會要》作「元和二年」，可証。

卷五一

1. 至永淳三年七月，中書令裴炎以中書執政事筆。（頁 1036）

案：「三年」當作「二年」。《通典》卷二一《職官》、《舊唐書》卷四三《職官志》載：「至永淳二年七月，中書令裴炎以中書執政事筆。」可証。

2. 太和四年五月，制：「以司空兼門下侍郎、同平章事裴度可司徒平章軍國事。」（頁 1038）

案：「四年五月」，《舊唐書》卷一七《文宗本紀》、卷一七〇《裴度傳》、《冊府元龜》卷三一九《宰輔部》並作「四年六月」。

卷五四

1. 至上元三年閏三月，詔、制、敕並用黃麻紙。（頁 1087）

案：「閏三月」，《玉海》引《會要》作「二月」。據曆表，高宗上元三年正閏三月，《玉海》引疑誤。

卷五五

1. 貞元四年五月十五日，分爲左、右，加置八員，左、右各二員，其左、右諫議隸中書省。（頁 1133）

案：「二員」當作「四員」。若作「二員」，左、右合爲四員，不足「八員」之數。《玉海》卷一二一引《會要》、《通典》卷二一《職官》均載：「貞元四年五月，分爲左、右，各四員，其右諫議隸中書省。」可証。

卷五七

1. （長慶四年）其年十月，翰林院侍講學士諫議大夫高重，侍講學士、中書舍人崔郾，中書舍人高釴於思政殿中謝。（頁 1151）

案：「十月」，《玉海》卷一六〇引《會要》作「十二月」。

2. 德宗既封雍王，爲天下兵馬元帥，收復東都，至廣德元年，遂拜爲尙書令……至建中二年十一月，除郭子儀，尋亦懇讓而罷。（頁 1160）

案：「廣德元年」下，《玉海》卷一二一引《會要》有「七月十一日」五字；「十一月」作「十二月三日」。

3. 景雲二年十月，韋安石除左僕射、東都留守，不帶同一品，自後空除僕射，不是宰相，遂爲故事。（頁 1161）

　　案：「同一品「，《玉海》卷一二〇引《會要》作「同三品」。《唐六典》卷九載：「自天后已後，兩省長官，及同中書門下三品并平章事爲宰相，其僕射不帶同中書門下三品者，但釐尚書省而已。」是此當作「同三品」。

4. 會昌二年正月，宰臣陳夷行、崔珙等請改僕射上日受京四品官拜儀注：「自左右丞、部侍郎、御史中丞，皆羅拜階下，以爲隔品致敬。」（頁1166）

　　案：「部侍郎」，《玉海》卷一二〇引《會要》、《新唐書》卷八一《陳夷行傳》並作「吏部侍郎」。「部侍郎」可包括各部侍郎，此言受拜儀注，似乎不能僅有吏部侍郎。但《唐會要》卷五八載「會昌二年十月左丞孫簡奏」，論班位云：「伏以班位等……據元和元年臺司所奏，敕戶部侍郎兼大夫，班位合在兵部侍郎之上，左右丞、吏部侍郎之下。若今因循往例，不議改正，遣戶部侍郎兼大夫在左右丞之上，有紊典章。」此「左右丞、吏部侍郎」，二者地位相當，在其他侍郎之上。據此，今本《唐會要》「部侍郎」上疑脫一「吏」字。

卷五九《鑄錢使》

1. （天寶）四載十一月，度支郎中楊釗充諸道鑄錢使。（頁1199）

　　案：「四載」，明鈔本、汪藏本、《四庫》本及《事類備要》卷六八、《玉海》卷一八〇並引《會要》作「六載」，當據改。

2. 貞元元年十二月九日，敕：「立春日前，內外兩井納冰，總二千五百段，每段長一尺，厚一尺五寸。宜令府縣句當，澄瀘淨潔供進。」（頁1223）

　　案：「一尺」當作「三尺」。《玉海》卷二四引《會要》作「三尺」。《唐六典》卷一九載：「凡季冬藏冰（每歲藏一千段，方三尺，厚一尺五寸。所管州於山谷鑿而取之。）先立春三日，納之冰井。」可証。

卷六三《史館上》

1. 二十年閏三月四日，詔令修史所更撰《晉書》……刑部員外郎辛邱馭……屯田員外郎李懷儼，詳其條例，量加考正。（頁1288）

　　案：「辛邱馭」，《玉海》卷四六引《會要》及《冊府元龜》卷五五四及五五六載此事並作「辛玄馭」，當據正。

2. 貞元元年九月，監修國史、宰臣韋執誼奏：「伏以皇王大典，實存簡冊，施於千載，傳述不輕。」（頁1294）

　　案：「貞元」當作「永貞」。汪藏本、《四庫》本及《玉海》卷四七引《會要》並作「永貞元年」，當據改。

卷六四《文學館》

1. 十三年四月五日，上曰：「宜改集仙殿、麗正殿書院爲集賢院。」（頁1322）

案：汪藏本、《四庫本》「集仙殿」後有「爲集賢殿」。《玉海》卷一六七引《會要》、兩《唐書・太宗本紀》並載：「改集仙殿爲集賢殿，麗正殿書院爲集賢院。」今當據補。

卷六五《宗正寺》

1. 唐制，內侍省，其官有內侍四人，內常侍六人，內謁者監六人，內給事十八人，謁者十二人，典引十八人，內侍伯二人，寺人六人。（頁1336）

案：「內給事十八人」，《玉海》卷一二一引《會要》、《大唐六典》卷一二、《通典》卷二六《職官》、《舊唐書》卷四四《職官志》並作「內給事八人」，此衍「十」字。《新唐書・百官志》作「內給事十人」。「內寺伯二人」，《新唐書・百官志》又作「內寺伯六人」。

2. 太和二年六月，修玉牒官屯田郎中李衢等奏：「竊以聖唐玉牒，與史冊並驅，立號建名，期於不朽。伏乞付宰臣商量，於玉牒之上，特創嘉名，以光帝籍。」（頁1351）

案：「太和」當作「開成」。汪藏本、《四庫》本及《玉海》卷五一引《會要》皆作「開成二年」，是其証。

卷六六

1. 上元五年四月，右衛中郎將邱義除檢校隴右群牧監。（頁1354）

案：《冊府元龜》卷六二一《卿監部》載：「上元元年，以右衛中郎將丘義檢校右群牧監。」存疑。

2. （麟德三年）三年正月，太僕少卿鮮于正俗檢校隴右群牧監。（頁1354）

案：「鮮于正俗」，《玉海》卷一四九《兵制》引《會要》作「鮮于匡裕」。《新唐書》卷五〇《兵志》載：「太僕少卿鮮于匡俗檢校隴右群牧監。」《冊府元龜》卷六二一《卿監部》載：「高宗麟德三年，以太僕少卿鮮于正俗簡校隴右群牧監。」作「匡」、作「正」，皆爲避宋諱而改；《玉海》引作「裕」，當爲字誤。

3. （十四年）其年八月，於襄州穀城縣置臨海監牧以牧馬。仍令山南東道節度使兼充監牧使。（頁1355）

案：「臨海」，明鈔本、汪藏本並作「臨漢」。臨漢縣、穀城縣同屬襄州治

管。臨海縣，屬台州，與山南東道不相及。《元和郡縣志》卷二三載：「臨漢縣：周天和五年改屬襄州，天寶元年改爲臨漢縣。」卷二七載：「臨海縣：本漢回浦縣地，後漢更名章安。吳分章安置臨海縣，屬會稽。武德五年，改置台州縣屬焉。」檢《舊唐書》卷一五《憲宗本紀》載：「（十四年八月）甲寅，於襄州穀城縣置臨漢監以牧馬，仍令山南東道節度使兼充監牧使。」「臨海」當爲「臨漢」之誤。

4. 太和七年正月，山南東道節度使裴度奏請停臨漢監牧。先，置牧養馬三千三百匹，廢百姓田四百餘頃，詔許定停之。（頁 1355）

　　案：「三千三百匹」，《舊唐書》卷一七《文宗本紀》、《冊府元龜》卷六二一《卿監部》並作「三千二百匹」。

5. 武德八年九月敕：「諸州斗秤經太府較。」（頁 1364）

　　案：「經」，《玉海》卷八引《會要》作「京」。《通典》卷一二《食貨》載：「（武德）八年，敕：『諸州斗秤京太府校。』」存疑。

6. 西京軍器庫　開元十一年五月五日置，二十五年五月十八日廢，依舊爲甲坊。（頁 1376）

　　案：「西京軍器庫」，明鈔本、汪藏本、《四庫》本並作「北京軍器庫」。《玉海》卷一八三引《會要》：「開元十一年五月五日，置北京軍器庫。」《冊府元龜》卷六二〇《卿監部》載：「又置北京軍器庫……二十五年，廢北京軍器庫，依舊爲甲坊。」此誤「北京」作「西京」，當據改。

7. 貞元四年二月，自武德東門築垣，約在藏庫之北，屬於宮城東垣，於是武庫遂廢。（頁 1376）

　　案：「在藏庫」，《玉海》卷一八三引《會要》、《唐會要》卷七二、《冊府元龜》卷一四《帝王部》並作「左藏庫」。今當據改。

卷六七

1. 少師、少傅、少保隋朝降三師一等，皇朝因之。至先天元年二月二十六日，詔東宮三師、三少，宜開府，置令、丞各一人，仍隸詹事府也。（頁 1379）

　　案：「二月」，《通典》卷三〇《職官》載：「先天元年十二月，詔：『東宮三師、三少，宜開府，置令、丞各一人，隸詹事府。尋罷。』」此作「十二月」，待考。

《詹事府》

2. 貞觀七年，魏王泰移居武德殿院。（頁 1380）

案：「七年」當作「十五年」。明鈔本、汪藏本、《四庫》本及《玉海》卷
一六七《宮室》引《會要》並作「十五年」，是其証。

3. 司直二人，顯慶元年置。龍朔二年二月九日，改隸桂坊。（頁 1380）

案：「二年」，《玉海》卷一二八引《唐會要》作「三年」。《通典》卷三〇
《職官》一二載：「司直二人，大唐龍朔三年，置桂坊。」又《唐六典》卷二
六載：「太子司直二人，正七品上（皇朝龍朔三年，置桂坊）。」皆作「三年」，
當據改。

4. 開成二年，宰臣鄭覃兼太子太師。（頁 1381）

案：「二年」疑作「三年」。《舊唐書》卷一六八《馮宿傳》、卷一七三《鄭
覃傳》並作「三年」。

5. 咸亨元年，皇太子久在內不出，稀與宮臣接見。（頁 1384）

案：「咸亨」當作「乾封」。明鈔本、汪藏本、《四庫》本及《玉海》卷一
二八引《會要》、《通典》卷三〇《職官》並作「乾封」，是其確証。

卷六八《河南尹》

1. 貞觀十一年三月十日，改爲洛陽宮。（頁 1407）

案：「十一年」當作「六年」。《唐六典》卷七、《通典》卷七、《舊唐書》
卷三《太宗本紀》皆載貞觀六年改爲洛陽宮，是其証。

《諸府尹》

1. 開元十一年正月二十日，置北都。（頁 1409）

案：「二十日」，明鈔本、汪藏本並作「二十五日」。《文苑英華》卷六四三《奏
太原府資望及官吏選數狀》載：「謹檢開元十一年正月二十八日敕置北都府。」
然檢《冊府元龜》卷一七二《帝王部》、《資治通鑑》卷二一二《唐紀》二八並載
開元十一年正月辛卯，詔并州置北都。十一年正月丁卯朔，辛卯二十五日。疑《文
苑英華》「二十八」爲「二十五」之訛，殿本「二十」下則當脫「五」字。

3. 天寶元年正月二十八日，改爲北京。（頁 1409）

案：「正月二十八」，明鈔本、汪藏本作「正月二十」。《舊唐書》卷九《玄
宗本紀》載：「（天寶元年二月）丙申……東都爲東京，北都爲北京。」正月
無丙申。二月丁丑朔，丙申爲二十日。是「正月」當作「二月」，今本並誤，
而殿本又衍「八」字。

4. 上元元年九月停西京之號。元年建卯月一日改爲西都。（頁 1409）

案：「元年」當作「二年」。明鈔本、汪藏本、《四庫》本並作「二年」。又《新唐書》卷三七《地理志》載：「上元二年罷京，元年曰西都。未幾復罷。」是其証。

卷六九《刺史下》

1. 五年九月，中書門下奏：「諸州刺史交割……罷郡刺史未別除官者，準會昌九年敕文，令所司在州縣供給。」（頁 1432）

案：會昌無九年，明鈔本、《四庫》本作「元年」，當據正。

2. 景雲三年八月二日，敕：「諸州置司田參軍一員。」（頁 1439）

案：「景雲」，《玉海》卷一七八引《會要》作「景龍」。《舊唐書》卷七《中宗本紀》載：「（景龍三年八月）庚寅，諸州各置司田參軍一員。」景雲三年八月玄宗即位，改元先天。本月戊戌朔，無庚寅日；而景龍三年八月，則乙酉朔，庚寅爲初六，是今本《唐會要》誤，當據改。

3. 六年十月，中書門下奏：「準建中元年敕……群僚舉知，天下蒙福；薦賢相繼，敦勸大行。」（頁 1443）

案：「薦賢相繼，敦勸大行」，《玉海》卷一一七引《會要》作「薦延相饗，崇勸未行」，《冊府元龜》卷六一二《刑法部》作「薦延相繼，沮勸未行」。

卷七〇

1. 貞觀元年三月十日，並省州縣，始因關河近便，分爲十道。（頁 1458）

案：「三月」，《資治通鑑》卷一九二《唐紀八》作「二月」。

2. 九曰劍南道（古梁州之境），十曰嶺南道（古荊州之境）。（頁 1458）

案：「荊州」，明鈔本、汪藏本、《四庫》本並作「揚州」。《唐六典》卷三載：「十曰嶺南道，古揚州之南境。」《新唐書》卷四三《地理志》載：「嶺南道，蓋古揚州之南境。」此當據改。

3. 凡天下三百六十州，自後並省，迄於天寶，凡三百三十一州存焉，而羈縻之州八百。（頁 1458）

案：《玉海》卷一八引《會要》「羈縻之州八百」後有「置十節度經略使以備邊」。《資治通鑑》卷二一五《唐紀三一》載：「是時天下聲教所被之州三百二十一，羈縻之州八百，置十節度經略使以備邊。」此或爲脫文。

4. 都護府有六（單于、安西、安北、安南、安東、北庭爲大都護）。（頁 1459）

　　案：「單于、安西、安北、安南、安東、北庭爲大都護」，明鈔本、汪藏本作「單于、安西、安北爲大都護，安南、安東、北庭爲上都護」，《四庫》本誤「上都護」作「大都護」。《玉海》卷一八引《唐會要》、《唐六典》卷三並載：「單于、安西、安北爲大都護，安南、安東、北庭爲上都護。」今當據正。

卷七一《州縣改置下》

1. 嬀州　武德八年，置北燕州。貞觀八年，改嬀州。長安二年，移就清夷軍。（頁 1494）

　　案：「八年」疑作「七年」。《通典》卷一七八《州郡》、《舊唐書》卷三九《地理志》並載武德七年討平高開道，置北燕州。

2. 薊州　開元十一年閏六月一日，割漁陽、玉田、三河置。（頁 1494）

　　案：「十一年」當作「十八年」。《通典》卷一八七載：「開元十八年，析幽州置薊州，或爲漁陽郡，領縣三：漁陽、玉田、三河。」又《舊唐書》卷三九《地理志》載：「十八年，割漁陽、玉田、三河，置薊州。」皆作「十八年」。據諸家曆表，開元十八年正閏六月，而十一年無閏月，此當據改。

卷七一《州縣改置下》

1. 魏州　龍朔二年十二月二十六日，改爲冀州。（頁 1495）

　　案：「二十六日」疑作「十六日」。《舊唐書》卷四《高宗本紀》載：「（龍朔二年）……十二月辛丑，改魏州爲冀州大都督府。」十二月丙戌朔，辛丑爲十六日。

《十二衛》

6. （貞元）至二年閏二月八日敕：「四月一日以後，五更二點放鼓契。」（頁 1520）

　　案：《玉海》卷一一引《會要》作「三年閏四月」。前一條爲「貞元二年九月敕」，則此敕不當屬「二年」。又據諸家曆表，二年無閏月，三年閏五月，《舊唐書》卷一二《德宗本紀》是年亦爲閏五月，是此當作「三年」無疑，而「閏二月」、「閏四月」則皆當爲「閏五月」之誤。

7. 永徽元年，尚書左僕射褚遂良請千牛不簡嫡庶。（頁 1522）

　　案：「元年」，《玉海》卷一三八引《會要》作「六年」。

8. 初，顯慶三年，以四夷君長來朝者多，乃置懷德歸化將軍以授之，仍隸諸

衛。（頁 1524）

案：「三年」下，《玉海》卷一三八引《會要》有「八月十日」四字。

卷七二《京城諸軍》

1. 垂拱元年五月十七日，置左右羽林軍。（頁 1530）

案：「十七」，《玉海》卷一三八引《會要》、黃鶴《補注杜詩》卷二引《會要》並作「二十七日」，疑此脫「二」字。

2. 二十六年十一月，析左右羽林軍，置龍武軍，以左右萬騎營隸焉。（頁 1531）

案：「十一」下，《玉海》卷一三八引《會要》有「五日」二字。

3. 至德二年十月十四日，左右神武兩軍，先取元勳從官子弟充，如不足，任於諸色中簡取二千人爲定額。（頁 1531）

案：「十月十四日」，《玉海》卷一三八引《會要》作「十二月二十四日」。

4. 關內置府三百六十一，積兵士十六萬。（頁 1537）

案：《困學紀聞》卷一四、《玉海》卷一三八並引《會要》作「置府二百六十一，積兵士二十六萬」，當是。

卷七三

1. 神功二年五月八日，蜀州刺史張柬之上表曰：「姚州者，古哀牢之舊國……瀘南諸國悉廢，於瀘北置關。百姓非奉使入蕃，不許交通來往。」疏奏，不納。（頁 1537）

案：「五月」，《太平御覽》卷七八六《四夷部》引《唐書》同，《玉海》卷一九一引《會要》、《通典》卷一八七《邊防》並作「閏十月」。

2. 於牛頭朝那山北，置烽堠一千八百所。（頁 1553）

案：「一千八百所」，《玉海》卷一七四於「牛頭朝那山（《元和志》作今頭牟那山）北置烽候千三百所」後注曰：「《會要》一百八十所，《通典》同，《舊史》一千八百所，《元和志》同。」今檢《通典》卷一九八《邊防一四》、《舊唐書》卷九三《張仁愿傳》、《新唐書》卷一一一《張仁愿傳》、《通鑑》卷二〇九皆作「千八百所」，唯《太平御覽》卷一九二引《唐書》作「百八十所」。今本《唐會要》作「一千八百所」。

3. 於是回紇等請於迴紇以南，突厥以北，置郵驛總六十六所，以通北荒，號爲「參天可汗道」。（頁 1557）

案：《玉海》卷二四引《會要》、《資治通鑑》卷一九八《唐紀一四》皆作

「六十八所」。

5. （天寶八載）改横山爲天德軍。（頁1559）

案：「横山」，《玉海》卷一三三引《會要》、《舊唐書》卷九《玄宗本紀下》、卷一二○《郭子儀傳》及《冊府元龜》卷九九二皆作「横塞」，當據改。

《安南都護府》

6. 大足元年四月，置武安州、南城州，並隸安南都護府。（頁1565）

案：「四月」下，《玉海》卷一三三引《會要》有「二十六日」三字。「南城州」，《舊唐書》卷四一《地理志》、《新唐書》卷四三《地理志》並作「南登州」，是。《玉海》引作「南豈州」，雖然字誤，但仍可見其傳寫訛誤痕跡，今本當據改。

卷七四 《選部上》

1. 蘇氏議曰：冕每讀國史，未嘗不廢卷歎息……嗟乎！士子三年守官，十年待選。（頁1581）

案：「三年」當作「二年」。明抄本、汪藏本、《四庫》本及《玉海》卷一一七引《會要》作「二年」。《新唐書》卷四五《選舉志》載：「是時，河西、隴右沒於虜，河南、河北不上計。吏員大率減天寶三之一，而入流者加一。故士人二年居官，十年待選。」是其証。

卷七五 《選部下》

1. 至二十一年六月二十八日，蕭嵩奏：「吏部選人，請准舊例，至三月三十日團甲畢。」（頁1605）

案：《冊府元龜》卷六三○《銓選部》載：「（二十年）六月二十八日，蕭嵩奏：『吏部選人，請准舊例，至三月三十日團甲畢。』」此繫於「二十年」。

2. 十一年十二月，吏部侍郎崔林掌銓，收選人盧怡、裴登復、于孺卿等數人。（頁1607）

案：「登復」當作「敦復」。《太平廣記》卷一八六引《唐會要》曰：「十一年十二月，吏部侍郎崔琳銓曰，收選人盧怡、裴敦復、于號卿等十數人。」《冊府元龜》卷六三七亦載：「崔琳爲吏部侍郎判銓曰。收選人盧怡、裴敦復、于孺卿等十數人，無何皆入臺省。」裴敦復，兩《唐書》中屢見，此當據改。

3. 永徽元年，始制兩都舉，禮部侍郎官號皆以兩都爲名，每歲兩地別放及第。自大曆十二年，停東都舉，是後不置。（頁1620）

　　案：「永徽」，明鈔本作「永奏」。《玉海》卷一一五引《會要》曰：「永泰元年七月，始置兩都貢舉，侍郎以知兩都為名，兩地別放及第。大曆十一年，停東都貢舉，是後不置。」《唐摭言》卷一《兩都貢舉》、《冊府元龜》卷六三九、卷六四○貢舉部載此事，「永徽」並作「永泰」，「十二年」並作「十一年」。《冊府》於「永泰元年」前有「代宗」二字，此「永徽」、「十二年」並誤。蓋明鈔本誤作「永奏」，其後淺人不考，遂妄改作「永徽」。今皆當據正。

卷七六

1. 長慶元年敕：「今年禮部侍郎錢徽下進士鄭朗等一十四人，宜令中書舍人王起，主客郎中、知制誥白居易重試。」覆落十三人。（頁 1634）

　　案：「覆落十三人」，明鈔本作「覆落十人」。《玉海》卷一一五引《會要》云：「元年三月丁未，詔鄭朗等重試《孤竹管賦》，不知其事，今後雜文及策先送中書門下詳覆。四月丁丑，黜朗等十人。」文字大異，而「十三人」亦作「十人」。又《資治通鑑》卷二四一《唐紀五七》載：「乃命中書舍人王起等覆試。夏四月丁丑，詔黜朗等十人，貶徽江州刺史。」《太平御覽》卷六二九《治道部》一○、《冊府元龜》卷六五一《貢舉部》亦並作「覆落十人」。《舊唐書》卷一六八《錢徽傳》詳載此事：「（段）文昌赴鎮，辭日內殿面奏，言徽所放進士鄭朗等十四人，皆子弟藝薄，不當在選中。穆宗以其事訪於學士元稹、李紳二人，對與文昌同，遂命中書舍人王起，主客郎中、知制誥白居易於子亭重試，內出題目《孤竹管賦》、《鳥散餘花落詩》，而十人不中選。詔曰『……其呈試之文，都不知其本事，辭律鄙淺，蕪累何多……孔溫業、趙存約、竇洵直所試粗通，與及第，裴譔特賜及第。鄭朗等十人並落下。』」據此，覆落為「十人」確然無疑，而此衍「三」字亦明。又《舊唐書》卷一六《穆宗本紀》長慶元年載：「（三月丁未）敕：『今年錢徽下進士及第鄭朗等一十四人，宜令中書舍人王起，主客郎中、知制誥白居易等重試以聞。』……（四月）丁丑，詔：『……孔溫業、趙存約、竇洵直所試粗通，與及第，盧公亮等十一人可落下。』」此云復試落下「十一人」，蓋脫「裴譔特賜及第」一句，後人見「鄭朗等一十四人」重試，「孔溫業、趙存約、竇洵直」三人及第，落第者當有十一人，遂妄改「十人」為「十一人」。而《唐會要》之《四庫》本又從《舊紀》而誤改。

2. 開元二十四年十月，禮部侍郎姚奕請進士帖《左氏傳》、《周禮》、《儀禮》，通五與及第。（頁 1634）

　　案：「周禮儀禮」，明鈔本、汪藏本並作「禮」。考唐代科舉取士之制，《唐六典》卷四載：「凡進士先帖經，然後試雜文及策，文取華實兼舉，策須義理愜當者爲通。（舊例帖一小經並注，通六已上；帖《老子》兼注，通三已上；然後試雜文兩道、時務策五條。開元二十五年，依明經帖一大經，通四已上。餘如舊。）」《通典》卷一五《選舉三》亦載：「開元二十五年二月制：『明經每經帖十，取通五以上，免舊試一帖……其進士停小經，准明經帖大經十帖，取通四以上，然後準例試雜文及策，考通與及第……所試雜文及策送中書門下詳覆。』（禮部侍郎姚奕奏）」。又《封氏聞見記》卷三云：「開曜元年，員外郎劉思立以進士准試時務策，恐傷膚淺，請加試雜文兩道并帖小經……開元二十四年冬，遂移貢舉屬於禮部，侍郎姚英（一作奕）頗振綱紀焉，其後明經停墨策試口義（一作議）并時務策三道。進士改帖六經加《論語》，自是舉司多有聲牙孤絕倒拔築注之目，文士多於經不精，至有白首舉場者。故進士以帖經爲大（厄）。」於此可知，舊例進士帖一小經並注，開元二十五年，進士停小經而依明經例帖大經。其制度之轉損，正因姚奕之所請。據《唐六典》卷二載：「正經有九：《禮記》、《左傳》爲大經，《毛詩》、《周禮》、《儀禮》爲中經，《周易》、《尚書》、《公羊》、《穀梁》爲小經。《周禮》、《儀禮》爲小經，不當爲姚奕所請，此云「帖《左氏傳》、《周禮》、《儀禮》」，與上述諸書所載「帖大經」皆不合。《舊唐書》卷二四《禮儀志》載：「（開元）二十四年三月始移貢舉，遣禮部侍郎姚奕請進士帖《左傳》、《禮記》，通五及第。」此作「《禮記》」，與前正合。《玉海》卷一一五引《會要》亦云：「開元二十四年十月，侍郎姚奕請進士帖《左氏傳》、《禮記》，通五及第。」是《會要》原本作「禮記」，後傳寫脫「記」字，故鈔本僅作「禮」。「禮」雖在唐代「五經」中指《禮記》，但此爲考官奏請之文，欲如明經帖大經，自不當混大小經而簡稱爲「禮」，其有脫字不待深辯，淺人不知其爲「禮記」之脫字，而妄補作「周禮儀禮」。今當據以刪補。至於「通五及第」抑或「通四及第」，一爲姚氏所請，一爲皇帝詔敕，本不必盡同。

3. 乾元初，中書舍人李揆兼禮部侍郎，揆嘗以主司取士，多不考實，徒峻其隄防，索其書策，殊不知藝……由是數日之間，美聲上聞。（頁1634）

　　案：此條下，明鈔本、汪藏本、《四庫》本載有劉曉上疏一篇：「上元中，劉曉上疏曰：『國家以禮部爲孝廉之門，考文章於甲乙，故天下響應，騙於才藝，不務於德行。夫德行者，可以化人成俗；才藝者，可以約法立名。故有

朝登甲科，而夕陷刑制，制法守度使之然也，陛下焉得不改而張之。至如日誦萬言，何關禮體，文成七步，未足化人。昔子張學干祿，仲尼曰：『言寡尤，行寡悔，祿在其中矣。』又曰：『行有餘力，則以學文。』今捨其本而修其末，況古之作文，必諧風雅，今之末學，不近典謨，勞心於丹朱之間，極筆於煙霞之際，以此成俗，斯大謬也。昔之採《詩》以觀風俗，詠《卷阿》則忠臣喜，頌《蓼莪》而孝子悲，溫良敦厚，《詩》教也，豈有淫文哉！夫人之愛名，如水之就下，上有所好，下必甚焉。陛下若以德行為先，文藝為末，必須勵行，以佇甲科。鄙舒俊才，擯而沒齒，陳寔長者，拔而用之，則多士雷奔，四方風動，從欲於下，聖理於上，豈有不變者哉！」劉曉此疏，《通典》卷一七、《太平御覽》卷六二九引《唐書》、《資治通鑑》卷二○二《唐紀》皆有載，唯《御覽》所引與鈔本同，而其他則為節引。《資治通鑑考異》卷一○「上元元年，劉曉上疏」條云：「《會要》作『劉境』，今從《統紀》。」則上元元年劉曉所奏當為《唐會要》原本所有，殿本脫漏，今當據補。「劉曉」，原作「劉嶢」，《御覽》引《唐書》、《群書考索‧續集》卷三八同，今本與《通鑑》同，疑為後人所改。又「禮部為孝廉之門」之「孝廉」，《御覽》作「考秀」，《群書考索》作「考試」。

4. （建中）三年四月敕：「禮部進士舉人等，自今已後，如有試官及不合選，并諸色出身人等，有應舉者，先於舉司陳狀，准例考試。如才堪及第者，送名中書門下，重加考覈。如實才堪，即令所司追納告身，注毀官甲，准例與及第。至選日，仍稍優與處分，其正員官，不在舉限。」（頁1635）

案：「追納告身，注毀官甲」，明鈔本及《太平御覽》卷六二九《治道部》同殿本，汪藏本及《冊府元龜》卷六四○《貢舉部》「追」作「進」，「甲」作「申」。

5. 太和七年八月，禮部奏：「進士舉人先試帖經，并畧問大義，取經義精通者，次試議、論各一首，文理高者，便與及第，其所試詩賦並停者。伏請帖大小經各十帖，通五通六為及格，所問大義，便與習大經內，准格明經例問十條，仍對眾口義。伏準新制，進士畧問大義，緣初釐革，今且以通三通四為格，明年以後，並依明經例。其所試議論，請限五百字以上為式。」敕旨依奏。（頁1635）

案：「以上為式」，明鈔本、汪藏本並作「以上成」。檢唐宋文獻，不見「限某字以上為式」之句，而「限某某字以上成」則屢見之，如《呂衡州文集》

卷一《禮部試鑑止水賦》自注：「以澄虛納照，遇象分形爲韻，任不依次用，限三百五十字已上成。」《攻媿集》卷七三《跋金花帖子綾本小錄》云：「詩限六十字以上成，論限五百字以上成，皆與今小異。」又《冊府元龜》卷六四一《貢舉部》全載此奏，與此文字同（唯誤載於大和「三年八月」，《舊唐書》卷一七下《文宗本紀》載此事在大和七年八月，可証），末云：「『其所試議論，請各限五百字以上成。』敕旨依奏。」正作「以上成」，是此當據改。

6. 開成元年、二年、三年，並高鍇知貢舉，每年皆恩賜題目，及第並四十人。（頁 1636）

其年十月，中書門下奏「朝廷設文學之科，以求髦俊……仍委禮部明爲戒勵，編入舉格。」敕依奏。

會昌三年正月，敕：「禮部所放進士及第人數，自今後，但據才堪即與，不要限人數，每年止於二十五人。」

四年二月，權知貢舉、左僕射、太常卿王起，放及第二十五人，續奏五人堪放及第：楊質至、竇緘、楊嚴、鄭朴、源重。奉敕：「祗放楊嚴及第，餘並落下。」

案：明鈔本、汪藏本先載「會昌三年正月敕」條，次載「四年二月」條，末載「開成元年、二年、三年」條，「其年十月」條，亦置於其後。此條兩鈔本錯簡甚明，但《御覽》卷六二九引《唐書》同載此條而時間迥異：「會昌三年，敕：『禮部所放進土及第人數目，今後但據才堪者即與，不要限人數。每年止於十人五人總得。』」又曰：「會昌四年，中書門下奏：『朝廷設文學之科，以求髦俊。』」又曰：「大中元年正月，禮部侍郎魏扶放及第二十三人」。《冊府元龜》卷六四一《貢舉部》所載亦置於「會昌四年」下：「十月中書門下奏：『朝廷設文學之科，以求髦俊……仍委禮部明爲戒勵，編入舉格。』從之。」是今本《唐會要》「其年十月」條亦當爲錯簡。蓋傳本《唐會要》此條兩處錯簡，本當在「（開成）三年」下與「其年十月」上，殿本見其「會昌」與「開成」年號先後倒置，遂將此明顯錯簡「會昌三年」、「四年」兩條，移置於「（開成）三年」、「其年十月」條後，不知「其年十月」條原本連屬於「會昌四年」下。今當乙正。

「楊質至」，《舊唐書》卷八武宗本紀、卷一七七楊收傳，《新唐書》卷四四選舉志、卷一八四楊收傳等並作「楊知至」。「楊質至」者，他書無載，當以「楊知至」爲是。

案：「每年止於二十五人」，明鈔本、汪藏本及《御覽》、《冊府》並作「每年止於十人五人總得」，殿本誤。

7. 大中元年正月，禮部侍郎魏扶放及第二十三人……其月二十五日，奉進止：「並付所司放及第。有司考試，祇合在公，如涉徇私，自有典刑。從今以後，但依常例取捨，不得別有奏聞。」（頁1637）

案：「二十五日」，明鈔本、汪藏本並作「二十三日」。《太平御覽》卷六二九引《唐書》、《冊府元龜》卷六四一、六四四均日「其月二十三日」，此當據改。又「正月」，《舊唐書》卷一八《宣宗本紀》載是年進士放榜在「二月丁酉」，但是年二月朔，無「丁酉」日，因上有「二月」紀事，下有「閏月」紀事，據曆表大中元年閏三月，是《舊紀》「二月」爲「三月」之誤無疑，《四庫》本即改作「三月丁酉」。然《冊府元龜》卷六四一、六四四載此同在「正月」。唐代進士放榜，常在二月，亦有在正月與三月者，今不能決，姑存疑俟考。

8. 開元元年，直言極諫科，梁昇卿、袁楚客及第。（頁1643）

「開元元年」，明鈔本、汪藏本並作「開元二年」。案：《玉海》卷一一五引《唐會要》：「以直言極諫及第者，在開元二年，則有梁昇卿等二人。」檢《太平御覽》卷六二九《治道部》載：「開元二年，直言極諫科，梁昇卿、袁楚客及第。」《冊府元龜》卷六八、卷八五及卷六四五並載此事亦皆作「開元二年」，是爲確証。蓋「元」、「二」形近易譌也。

9. 長安二年，龔黃科，馮克麾及第。（頁1643）

案：「馮克麾」，明鈔本、汪藏本並作「馬克麾」。《玉海》卷一一五引《唐會要》、《緯畧》卷三《唐科》、《太平御覽》卷六二九並載：「長安二年，龔黃科，馬克麾及第。」又《金石錄》卷五、《寶刻類編》卷三載開元二十四年馬克麾撰《唐索法師清德碑》。是當作「馬克麾」。《冊府元龜》卷六四五誤同。

10. （先天二年）手筆俊拔超越流輩科，杜昱、張子漸、張秀明、常無咎、趙居正、賈登、邢巨及第。（頁1643）

案：「常無咎」，明鈔本、汪藏本作「常無名」。《太平御覽》卷六二九、《冊府元龜》卷六四五並載：「（先天二年）手筆俊拔超越流輩科……常無名。」考《新唐書》卷七五下《宰相世系表》，常無名乃代宗、德宗朝宰相常袞之伯父，而「常無咎」之名，他書無考。此當據改。

11. 六年博學通藝科，鄭少微、蕭識及第。（頁1643）

案：「蕭識」，明鈔本、汪藏本並作「蕭誠」。《玉海》卷一一五引《唐會要》亦稱「博學通議蕭誠二人」。檢《太平御覽》卷六二九、《冊府元龜》卷六四五載：「六年博學通議科，鄭少微、蕭誠及第。」是「蕭識」爲「蕭誠」之誤無疑，當據改。

12. 大中元年二月，吏部宏辭舉人漏洩題目，爲御史臺所劾。侍郎裴稔改國子祭酒，郎中周敬復罰兩月俸料，考試官刑部郎中唐扶出爲虔州刺史，監察御史馮顒罰一月俸料。其登科十人並落下。（頁 1651）

案：「裴稔」，明鈔本、汪藏本皆作「裴諗」。《舊唐書》卷一八下《宣宗本紀》載：「（大中九年）三月試宏詞舉人漏泄題目，爲御史臺所劾，侍郎裴諗改國子祭酒。」《東觀奏記》卷下亦載此事：「大中九年正月十九日制曰：『吏部侍郎兼判尚書銓事裴諗左授國子祭酒。』」又《太平御覽》卷六二九曰：「大中九年，吏部試宏辭舉人漏洩題目，爲御史所劾……侍郎裴諗改國子祭酒。」是「裴稔」爲「裴諗」之誤無疑。又諸書所載時間皆做「大中九年」，「元」、「九」形近易譌，《會要》當誤。

卷七八

1. 貞觀三年，吐谷渾叛，置靜邊鎮。（頁 1688）

《玉海》卷一七四引《會要》作「貞觀十三年」。

卷八三

1. 貞觀元年二月四日，詔曰：「昔周公治定制禮，垂裕後昆……永懷亭育，周切於懷。」（頁 1809）

案：《冊府元龜》卷一四七《帝王部》載此詔作「永言亭育，用切於懷」。《唐大詔令集》卷一一〇《令有司勸勉庶人婚聘及時詔》作「永言亭育，實切於懷。」

2. （顯慶）四年十月十五日詔：「後魏隴西李寶，太原王瓊，滎陽鄭溫，范陽盧子選、盧渾、盧輔，清河崔宗伯、元孫，凡七姓十一家不得自爲婚姻。」（頁 1809）

案：「十五日」，《玉海》卷五〇引《會要》、《新唐書》卷九五《高儉傳》作「十九日」，「十一家」作「十家」。《資治通鑑》卷二〇〇《唐紀》一六繫此詔於「十月壬戌」。十月甲辰朔，壬戌爲十九日，與《玉海》引《會要》合，此「十五日」當據改，「十家」存異。（頁 1811）

3. （開元十九年）其年九月二十四日敕：「禮會院宜屬司農寺，其什物合令所司供。」（頁1811）

案：明鈔本及《玉海》卷一六七引《唐會要》作：「七月二十四日，詔屬司農寺，什物令有司供。」

卷八四

1. 元和二年十二月，史官李吉甫等撰《元和國計簿》十卷，總計天下方鎮，凡四十八道，管州府二百九十三縣。（頁1839）

案：「二百九十三」，《唐會要》卷三六、《舊唐書》卷一四《憲宗本紀》、《資治通鑑》卷二三七、《太平御覽》卷一一四引《唐書》、《冊府元龜》卷四八六並作「二百九十五」，當據改。

卷八五

1. 開元九年正月二十八日，監察御史宇文融請急察色役僞濫并逃戶及藉田，因令充使，於是奏勸農判官數人，華州錄事參軍慕容琦……前大理評事盛廙等皆當時名士，判官得人於此爲獨盛。分往天下，安輯戶口，檢責勝田，議者深以爲擾民不便。（頁1852）

案：《玉海》卷二〇引《會要》：「開元九年正月二十八日，御史宇文融請檢察逃戶。二月乙酉，詔作招攜法。丁亥，融充使，奏置勸農判官長安尉裴寬等二十九人並攝御史。分往天下，檢責田疇，招攜戶口。」存異。

卷八六

1. 高祖聞而嗟賞，更賜奴婢三十人。（頁1859）

案：「三十人」，《舊唐書》卷六二《李大亮傳》、《冊府元龜》卷三八四並作「二十人」。

2. 永徽五年十一月十一日，和雇雍州夫四萬一千人，修京羅城郭，三十日畢。九門各施觀，明德觀正門，以工部尚書閻立德爲始。（1876）

案：「正門」，《玉海》卷一七〇、一七四引《會要》並作「五門」，「始」，並作「使」，此當據正。

卷八九

1. 大曆二年二月，以詔應令劉仁師充修渠堰副使。其年三月，內出水車樣，令京兆府造水車，散給沿鄭、白渠百姓，以溉水田。（頁1924）

案：「大曆」當作「大和」。上文敘元和、長慶事，此不當反敘「大曆」

年事。《玉海》卷二二兩引《會要》皆作「大和二年」，又《舊唐書》卷一七《文宗本紀》載：「（大和二年）閏三月丙戌朔，內出水車樣，令京兆府造水車，散給緣鄭、白渠百姓，以漑水田。」是其確証。

卷九一

1.（貞元）四年，中書門下奏：「京文武及京兆府縣官，總三千七十七員。」（頁 1971）

案：「四年」下，《玉海》卷一三五引《會要》有「正月十六日」五字。《山堂考索》後集卷一六載：「至（貞元）四年正月十六日，敕京文武及京兆府縣官總三千七十七員。」《冊府元龜》卷五〇六載此事在「四年正月」。

卷九五

1. 元和十三年四月，其國進樂物兩部。（頁 2025）

案：「十三年」，《玉海》卷一〇八引《會要》作「十年」。

卷一〇〇

1. 元和八年，遣使獻僧衹�及五色鸚鵡、頻伽鳥并異香。（頁 2117）

案：「八年」，當作「十年」。《舊唐書》卷一五《憲宗本紀》載：「（元和十年）八月……丙寅，訶陵國遣使獻僧衹偅及五色鸚鵡、頻伽鳥并異香名寶。」《冊府元龜》卷九七二《外臣部》載此事亦作「十年八月」，《太平御覽》卷九二四引《唐書》作「十年」，而《新唐書》卷二二二下《南蠻·訶陵國傳》載此事則在「元和八年」，與《唐會要》一致。《玉海》卷一五三引《新唐書》同，其下則注曰：「《會要》十年八月。」此引蓋蘇冕《會要》，後王溥《唐會要》據《新唐書》所據之同源史料有刪改。

結　語

　　唐代史學是中國史學發展的重要時期，不僅因爲這一時期產生劉知幾、馬總、杜佑、蘇冕等著名史學家，還在於唐代史學對史學專著的總結和創新。蘇冕《會要》作爲中國歷史上第一部《會要》體史書著作，是唐代史學發展的重要階段。以《會要》爲書名，分門別目，以類相從，探究典制的沿革和得失，鑑古誡今。體現出一種不同於傳統經學的務實學風，把中國的經世史學推進到一個新的階段。其史書體例、材料的處理以及著述書法等繼承前代、垂範後昆，對後世史學著作產生了深遠的影響。

　　《會要》編撰始於唐代德宗朝的蘇冕、蘇弁兄弟，蘇氏採高祖至德宗朝典章制度，撰成《會要》四十卷。繼蘇冕《會要》後，唐宣宗大中七年（853），弘文館大學士崔鉉又進楊紹復、崔瑑等所修《續會要》四十卷。至北宋建隆初，王溥採宣宗以後史實，並蘇、崔所錄，編撰成一百卷《唐會要》。南宋以後，《唐會要》受到越來越多的關注。晁、陳兩家讀書志收錄了《唐會要》，且《唐會要》的史材也廣泛被類書、唐人詩文注疏、史鈔、史評、筆記等書大量徵引。《續會要》的刊印情況今已難以考辨，蘇冕《會要》的文字尚可見於唐末文獻，蓋唐代末期仍然流傳於世。但隨著王溥《唐會要》的編成，百卷本《唐會要》逐漸代替了《會要》，《會要》很可能也因此堙沒不傳。《唐會要》的初刊本大約是北宋的一個吳刻本，今所見《唐會要》各鈔本「構」字闕筆或注「御名」，蓋南宋時也曾刊印。元、明兩代，《唐會要》流傳稀少，書目少有著錄。至清武英殿活字刊出，《唐會要》始廣布於世。

　　今人所見《唐會要》的兩個傳本系統一是汪啓淑家藏本系統，另一個是《武英殿聚珍本》系統。其中汪啓淑家藏本後來被收入《四庫全書》，而學界

認爲以《四庫》本爲底本的《武英殿聚珍版叢書》本實則另有所據。由於《唐會要》可能在較長的時間內僅以鈔本的形式流傳，因此訛脫頗多。汪藏本、殿本卷七、八、九、十這四卷皆非原書，清沈叔埏抄錄《五禮通考》所引《冊府元龜》、《新唐書》、《文獻通考》等文字補入。《四庫》館臣將沈氏所補的四卷納入《四庫》本，殿本又據《四庫》本補錄。但值得慶幸的是，這四卷殘闕的條目，還比較完整的保留在《玉海》與《文獻通考》中。

　　較之於汪啓淑家藏本，《武英殿聚珍版叢書》本的優點在於卷九二不殘，卷九三、九四亦完好無闕。然今所見殿本卷九二「內外官職田」及卷九三文字與明本《冊府元龜》、《新唐書·食貨志》、《文獻通考》基本相同，甚至明版《冊府元龜》所特有的誤字與避諱字也如出一轍。後世類書如宋章如愚《山堂考索》引《唐會要》相關文字，卻有不見於《唐會要》的條目，即便同一內容，文字也多有差異；卷九四文字則與《通鑑綱目》相同，尤其是在特殊的紀年方式上，更能証明《唐會要》完全抄撮《通鑑綱目》而成。考查《唐會要》其他卷，則不見上述情況，即使一些條目文字略同，亦可考其史源相同而已。殿本《唐會要》卷九二後半部分及卷九三、卷九四皆爲後人所補無疑。因其補撰不作任何交待，也不留一點痕跡，故當視爲後人僞撰。讀者閱讀此書，此三卷將不得視作原書，如欲採用這些條目，則須謹慎考校，另覓史源文獻爲尚。

參考文獻

1. **古代文獻**：（以四部分類爲序）

1. 〔清〕阮元校刻《十三經注疏》（附校勘記），中華書局 1980 年影印本。
2. 〔漢〕許愼《說文解字》，《四部叢刊初編》本。
3. 〔宋〕王應麟《小學紺珠》，《中華再造善本》影元至元六年慶元路儒學刻本。
4. 〔清〕朱彝尊《經義考》，《影印文淵閣〈四庫全書〉》本。
5. 〔漢〕司馬遷《史記》，中華書局，1982 年。
6. 〔漢〕班固《漢書》，中華書局，1962 年。
7. 〔南朝宋〕范曄《後漢書》，中華書局，1965 年。
8. 〔唐〕魏徵、令狐德棻《隋書》，中華書局，1973 年。
9. 〔後晉〕劉昫等《舊唐書》，中華書局，1975 年。
10. 〔宋〕歐陽修、宋祁《新唐書》，中華書局，1975 年。
11. 〔元〕脫脫等《宋史》，中華書局，1977 年。
12. 〔宋〕司馬光《資治通鑑》，中華書局，2011 年。
13. 〔宋〕李燾《續資治通鑑長編》，中華書局，2004 年。
14. 〔宋〕朱熹撰，朱傑人、嚴佐之、劉永翔主編《朱子全書》，上海古籍出版社、安徽教育出版社，2000 年。
15. 〔宋〕李心傳《建炎以來繫年要錄》，《影印文淵閣〈四庫全書〉》本。
16. 〔唐〕溫大雅《大唐創業起居注》，上海古籍出版社，1983 年。
17. 〔宋〕王稱《東都事略》，《影印文淵閣〈四庫全書〉》本。
18. 〔宋〕宋敏求《唐大詔令集》，中華書局，2008 年。
19. 〔宋〕佚名《宋大詔令集》，中華書局，1962 年。

20. 〔宋〕鄭樵《通志》，中華書局 1987 年影印十通本。

21. 〔宋〕王溥《唐會要》，上海古籍社出版，2006 年。

22. 〔宋〕王溥《唐會要》，中華書局，1955 年。

23. 〔宋〕王溥《五代會要》，上海古籍出版社，2006 年。

24. 〔元〕馬端臨《文獻通考》，中華書局 1986 年影十通本。

25. 〔清〕徐松輯《宋會要輯稿》，中華書局，1957 年。

26. 〔唐〕李林甫等《唐六典》，中華書局，1992 年。

27. 《大唐開元禮》（附：大唐郊祀錄），民族出版社，2000 年。

28. 〔唐〕劉肅《大唐新語》，中華書局，1984 年。

29. 〔宋〕程大昌《考古編》，中華書局，2008 年。

30. 〔宋〕程大昌《演繁露》，《學津討源》本。

31. 〔宋〕洪邁《容齋隨筆》，中華書局，2009 年。

32. 〔宋〕王應麟《困學紀聞》，《中華再造善本》影元泰定二年慶元路儒學刻本。

33. 〔唐〕李泰等撰，王恢輯《括地志新輯》，世界出版社，1974 年。

34. 〔唐〕李泰等撰，賀次君輯校《括地志輯校》，中華書局，1980 年。

35. 〔唐〕李吉甫《元和郡縣志》，中華書局，1983 年。

36. 〔唐〕林寶撰，岑仲勉校記《元和姓纂》，中華書局，1994 年。

37. 〔宋〕李昉等《太平御覽》，中華書局，1960 年。

38. 〔宋〕李昉等《太平廣記》，中華書局，1981 年。

39. 〔宋〕王欽若等《冊府元龜》，鳳凰出版社，2006 年。

40. 〔宋〕王應麟《玉海》，廣陵書社，2003 年。

41. 〔宋〕葉廷珪《海錄碎事》，中華書局，2002 年。

42. 〔宋〕章如愚《山堂考索》，廣陵書社，2008 年。

43. 〔唐〕張彥遠《歷代名畫記》，人民美術出版社，1963 年。

44. 〔宋〕朱長文《墨池編》，《影印文淵閣〈四庫全書〉》本。

45. 〔宋〕董史《書錄》，《知不足齋叢書》本。

46. 〔宋〕陳騤《南宋館閣錄》，中華書局，1998 年。

47. 〔宋〕佚名《南宋館閣續錄》，中華書局，1998 年。

48. 〔宋〕王堯臣等撰，清錢東垣等輯釋《崇文總目》，現代出版社 1987 年影粵雅堂叢書本。

49. 〔宋〕趙明誠撰，金文明校証《金石錄校証》，廣西師範大學出版社，2005 年。

50. 〔宋〕佚名《秘書省續編到四庫闕書目》，現代出版社 1987 年影清光緒葉氏觀古堂刻本。

51. 〔宋〕晁公武撰，孫猛校証《郡齋讀書志校証》，上海古籍出版社，1990 年。

52. 〔宋〕尤袤《遂初堂書目》，《海山仙館叢書》本。

53. 〔宋〕陳振孫《直齋書錄解題》，上海古籍出版社，1987 年。

54. 〔宋〕趙希弁《讀書附志》，上海古籍出版社，1990 年。

55. 〔宋〕王應麟《漢書藝文志考証》，《中華再造善本》影元至元六年慶元路儒學刻本。

56. 〔明〕楊士奇《文淵閣書目》，書目文獻出版社，1993 年。

57. 〔明〕孫能傳《内閣藏書目錄》，《續修〈四庫全書〉》本。

58. 〔明〕高儒《百川書志》，上海古籍出版社，2005 年。

59. 〔明〕陳第《世善堂藏書目錄》，《知不足齋叢書》本。

60. 〔明〕晁瑮《寶文堂書目》，《續修〈四庫全書〉》本。

61. 〔明〕焦竑《國史經籍志》，《續修〈四庫全書〉》本。

62. 〔明〕祁承㸁《澹生堂藏書目》，《續修〈四庫全書〉》本。

63. 〔清〕黃虞稷《千頃堂書目》，上海古籍出版社，2001 年。

64. 〔清〕錢謙益《絳雲樓書目》，《續修〈四庫全書〉》本。

65. 〔明〕范欽、〔清〕范邦甸、〔清〕范懋敏《天一閣書目》，《續修〈四庫全書〉》本。

66. 〔清〕季振宜《季滄葦藏書目》，《續修〈四庫全書〉》本。

67. 〔清〕徐乾學《傳是樓書目》。《續修〈四庫全書〉》本。

68. 〔清〕永瑢等《四庫全書總目》，中華書局，1965 年。

69. 〔清〕徐松輯：《四庫闕書目》，商務印書館，1957 年。

70. 〔清〕陸心源《皕宋樓藏書志》，清光緒萬卷樓藏本。

71. 〔清〕瞿鏞《鐵琴銅劍樓藏書目錄》，《續修〈四庫全書〉》本。

72. 〔清〕丁丙《八千卷樓書目》，國家圖書館出版社 2009 影錢塘丁氏刻本。

73. 〔清〕楊守敬《日本訪書志》，清光緒刻本。

74. 〔清〕王宗炎《十萬卷樓書目》，國家圖書館出版社，2010 年。

75. 〔唐〕柳宗元《河東先生集》，上海古籍出版社，2008 年。

76. 〔宋〕歐陽修《歐陽文忠公集》，《四部叢刊初編》本。

77. 〔宋〕蘇舜欽《蘇學士文集》，《四部叢刊初編》本。

78. 〔宋〕司馬光《溫國文正公文集》，《四部叢刊初編》本。

79. 〔宋〕范祖禹《范太史集》，《影印文淵閣〈四庫全書〉》本。
80. 〔宋〕李昉等《文苑英華》，中華書局，1966 年。
81. 〔宋〕姚鉉編《唐文粹》，《四部叢刊初編》本。
82. 〔清〕董誥等《全唐文》，中華書局，1983 年。
83. 〔清〕錢大昕《廿二史考異》，上海古籍出版社，2004 年。
84. 〔清〕丁子復《唐書合鈔補正》，臺灣鼎文書局，1973 年。
85. 〔清〕趙紹祖《新舊唐書互証》，臺灣鼎文書局，1973 年。
86. 〔清〕趙翼著、王樹民校証《廿二史箚記校証》，中華書局，1982 年。
87. 〔清〕章學誠著，倉修良編注《文史通義》，浙江古籍出版社，2008 年。
88. 〔清〕錢大昕《十駕齋養新錄》，上海書店出版社，2011 年。
89. 〔清〕趙翼《陔餘叢考》，河北人民出版社，1990 年。
90. 〔清〕羅士琳、劉文淇等《舊唐書校勘記》，嶽麓書社，1994 年。
91. 〔清〕王鳴盛《十七史商榷》，上海書店出版社，2005 年。
92. 〔日〕和田熙《靜嘉堂秘籍志》，北京圖書館出版社，2003 年。

2. 現代文獻：

1. 黃永年、賈憲保《唐史史料學》，陝西師範大學出版社，1989 年。
2. 〔日〕平岡武夫編《唐代的曆》，上海古籍出版社，1990 年。
3. 〔日〕平岡武夫、今井清《唐代的長安與洛陽索引》，上海古籍出版社，1991 年。
4. 〔日〕池田溫《唐代詔敕目錄》，三秦出版社，1991 年。
5. 〔日〕池田溫《唐研究論文選集》，中國社會科學出版社，1999 年。
6. 周紹良、趙超《唐代墓誌彙編》，上海古籍出版社，1992 年。
7. 周紹良、趙超《唐代墓誌彙編續集》，上海古籍出版社，2001 年。
8. 張元濟《校史隨筆》，上海古籍出版社，1998 年。
9. 武秀成師《〈舊唐書〉辨証》，上海古籍出版社，2003 年。
10. 李希泌《唐大詔令集補編》，上海古籍出版社，2004 年。
11. 陳尚君輯校《全唐文補編》，中華書局，2005 年。
12. 吳鋼主編《全唐文補遺》(千唐誌齋新藏專輯)，三秦出版社，2006 年。
13. 喬衍琯《中國歷代藝文志考評稿》，文史哲出版社，2008 年。
14. 詹宗祐《新校本新、舊〈唐書〉校勘匯釋》，自印本。
15. 陳尚君《漢唐文學與文獻論考》，上海古籍出版社，2008 年。
16. 金程宇《稀見唐宋文獻從考》，中華書局，2009 年。

17. 陳植鍔《北宋文化史述論》，中國社會科學出版社，1992 年。

18. 劉葉秋《歷代筆記概述》，北京出版社，2003 年。

19. 沈松勤《北宋文人與黨爭》，人民出版社，1998 年。

20. 沈松勤《南宋文人與黨爭》，人民出版社，2005 年。

21. 羅家祥《朋黨之爭與北宋政治》，華中師範大學出版社，2002 年。

22. 余英時《朱熹的歷史世界》，三聯書店，2004 年。

23. 祝尚書《宋人別集敘錄》，中華書局，1999 年。

24. 徐洪興《思想的轉型——理學發生過程研究》，上海人民出版社，1996 年。

25. 朱維錚《周予同經學史論著選集》，上海人民出版社，2006 年。

26. 皮錫瑞《經學歷史》，中華書局，2004 年。

27. 姜廣輝《中國經學史》，中國社會科學出版社，2003 年。

28. 馬宗霍《中國經學史》，商務印書館，1998 年。

29. 蒙文通《中國史學史》，上海人民出版社，2006 年。

30 瞿林東《唐代史學論叢》，北京師範大學出版社，1988 年。

31. 任爽《唐代典章制度》，吉林文史出版社，2001 年。

32. 陳高華《中國古代史料學》，北京出版社，1983 年。

33. 謝保成《隋唐五代史學》，廈門大學出版社，1995 年。

34. 陳寅恪《隋唐制度淵源略論稿》，三聯書店，2000 年。

35. 張榮芳《唐代的史館與史官》，臺灣私立東吳大學，1984 年。

論文類：

1. 朱仲玉《王溥和〈會要〉體史書》（《晉陽學刊》，1985 年第 6 期）。

2. 周少川《約論〈會要〉體史籍》（《北京師範大學學報》，1989 年第五期）。

3. 文革《〈唐會要〉糾誤一則》（《煙臺師範學院學報》哲社版，1993 年 7 月）。

4. 鄭明《〈唐會要〉初探》（《唐史學會論文集》，1993 年）。

5. 丁鼎《〈唐會要〉校讀箚記一則》（《渭南師專學報》，1994 年第 1 期）。

6. 陳冠明《〈唐會要〉人名校考》（《古籍整理研究學刊》，1994 年第 1 期）。

7. 涂家飛《〈唐會要〉史實辨証一例》（《南京師範大學學報》社科版，1996 年第 1 期）。

8. 李淑芬《唐五代王溥考辨與述評》（《康定民族師範高等專科學校學報》，2002 年第 1 期）。

9. 瞿林東《蘇冕與〈會要〉》(《安徽大學學報》，2003 年第 5 期)。

10. 邢永革《〈唐會要〉版本考略》(《中國典籍與文化》，2004 年 6 月)。

11. 邢永革《〈唐會要〉正文錯誤類型及成因探析》(《荷澤學院學報》，2006 年 8 月第 4 期)。

12. 董興豔《〈唐會要〉研究》(廈門大學博士論文，2007 年)。

13. 邢永革《〈唐會要〉譌誤校訂舉例》(《南京農業大學學報》社科版，2007 年 6 月第 2 期)。

14. 卓越《中國古代〈會要〉體史籍研究綜述》(《陰山學刊》，2008 年 10 月第 5 期)。

15. 卓越《論王溥〈唐會要〉的歷史編纂學成就》(《史學史研究》，2009 年第 2 期)。

16. 牛繼清師《〈唐會要校証〉前言》(《古典文獻學術論叢》，2010 年 11 月)。

17. 古畑徹《〈唐會要〉の流伝に関する一考察》(《東洋史研究》，1998 年)。

附錄：《唐會要》佚文

　　《唐會要》佚文頗見於《玉海》、《文獻通考》、《太平御覽》等書，因茲輯出，附於文後。〔註1〕

《玉海》中的《唐會要》佚文

卷四

1. 開元十三年（乙丑）十月三日癸丑，新造銅儀成。置於景運門內，以示百官。（頁79）

2. 十八年，進士試《新渾儀賦》。（頁79）

卷一二

1. 開元十一年正月一日制：「獻歲之吉，迎氣方始。敬順天時，無違月令，所由長吏，可舉舊章。」開元二十六年正月丁丑，迎氣於東郊。（頁228）

2. 開元二十五年十月一日（辛丑），制：「自今以後，每年立春之日，朕當率公卿親迎氣於東郊。其後夏及秋，常以孟月朔，於正殿讀時令，仍令禮官修撰儀注。」至二十六年正月八日，親迎氣於東郊，祀青帝壇，以句芒配。歲星及三辰、七宿從祀。其壇本在春明門外，以祠所隘，移於滻水之東，而值望春宮。壇一成，壇上及四面皆青色。句芒壇在其西，歲星以上共為一小壇，青帝壇北。（頁228）

3. 肅宗元年，敕文：「朕躬授人時，謹《月令》：每至孟月，令所司明案典禮

〔註1〕　案：《永樂大典》輯出《唐會要》16條。詳見邢永革《〈唐會要〉佚文輯考》（古籍研究，2007卷下）。其中10條頗與《玉海》文字相符。另有6條載元和、長慶、寶曆置、罷壇場戒度僧尼事，以及會昌五年，諸道留僧尼人數細目。

宣讀時令，朕當舉而行之。」（頁 234）

卷一六

1. 開元中，定天下州府。以近畿之州爲四輔，同、華、岐、蒲是也。（頁 315）

卷二〇

1. 顯慶二年十月，上幸許、汝州。問中書令杜正倫曰：「隋有幾戶？」奏如前。（頁 403）

2. 二十年，戶七百八十六萬一千二百三十六，口四千五百四十三萬一千二百六十五。天寶元年，戶八百三十四萬八千三百九十五，口四千五百三十一萬一千二百七十。二十四載，戶八百九十一萬四千七百九，口五千二百九十一萬九千三百九。（頁 404）

卷四八

1. 七年七月己未，延英謂宰臣吉甫曰：「覽《代宗實錄》，見先朝紀綱不立。嘉歎卿先人事蹟。」（頁 907）

卷四九

1. 元和二年十二月，謂宰臣曰：「近讀《貞觀政要》。粗見當時之事。以太宗神武，一事少差。諫者往復數四。況朕寡昧，事不得中者，卿須十論，不得一二而已。」（頁 926）

2. 元和六年三月，帝曰：「嘗讀《貞觀政要》，見太宗立言行事，動本至仁。」（頁 926）

卷五一

1. 《大要書》三十卷，歷十六年。知院四人，參撰官十二人。內自省臺寺監，外逮鎮戍嶽瀆關津。上自三師、三公至令、丞、曹、掾、簿、尉。貞元二年定班序，每班以尚書省爲首，及監察涖祭。元和元年十二月，高郢奏警嚴及牛僧孺奏升諫議爲三品，皆据《六典》。（頁 970）

卷七〇

1. （貞元）八年五月（乙卯朔），十四年五月朔，宣政受朝見。（頁 1326）

2. 貞觀五年正月，詔：「諫官隨中書門下及三品官入閣。」（頁 1327）

卷七二

1. 代宗女嘉豐、普寧公主同降，有司具冊禮光順門。貞元元年，嘉誠出降，

德宗幸望春亭，臨饌曰：「朕翟敝不可乘，以金根代之。」（乘金根車自主始）
（頁1350）

卷七三

1. 三月庚子，又宴。十一年上巳，賜宴曲江。元和二年上巳，賜宴曲江亭。（頁
1364）

卷七六

1. 永徽三年正月二十九日丁亥，親享先農，躬御耒耜，率公卿耕於千畝之甸。
（頁1407）

2. 景雲三年（即先天元年）正月十八日戊子，親耕於藉田。己丑，改元太極。
開元二十三年正月十八日，親祀先農。禮畢，降至耕位。侍中執耒，太僕秉
轡，上謂左右曰：「帝藉之禮，古則三推，朕今九推，庶九穀之報也。」其年
十一月十六日，親祀神農於東郊，以后稷配，親執耒耜，而九推焉。（頁1409）

3. 元和五年十月丁亥，詔取來年正月十六日東郊藉田，敕有司修撰儀注。十
一月九日丙午，停藉田。（頁1409）

4. 貞觀三年正月十八日，詔曰：「今將履千畝於近郊，復三推於舊制。」二十
一日，親祭神農，藉於千畝之甸。自晉南遷，此禮久廢，今始行之。觀者駭
躍。祕書郎岑文本獻《藉田頌》以美之。（頁1408）

5. 儀鳳二年正月乙亥（十二日），親耕藉田於東郊。禮畢，作《藉田賦》，以
示群臣。三年五月，幸藉田。所觀區種，手種數區。（頁1409）

卷七七

1. 貞觀元年三月十日，文德后率內外命婦有事於先蠶。（頁1417）

2. 永徽三年三月七日（甲子），制：「以先蠶為中祠，后不祭，則皇帝遣有司
享之，如先農。」（頁1418）

3. 先天二年三月二十八日（辛卯），皇后親祠先蠶。自嗣聖以來禮廢，至是重
行。（頁1418）

4. 開元十五年五月，上命宮中育蠶。丁酉夏至，賜貴近絲人一綟。玄宗以六
宮親蠶絲賜近臣，崔沔獻《御絲賦》。（頁1418）

卷八五

1. 大和五年四月，鑄銅魚，賜麟州。楊綰言：「舊制：刺史被代，若別追，皆
降魚書，乃得去。開元時，置採訪使，得專停。刺史威柄外移。」（頁1569）

卷八八

1. 開元十二年二月二十二日，(《紀》：十一年二月壬午。《會要》恐誤) 祠后土。初有司奏：「修壇獲銅鼎二，大者容四升，小者容一升，色皆青。」(頁1617)

卷八九

1. 開元九年三月，汝州奏魯山縣之堯山有白鳩見。於許昌縣之唐祠掘地得古銅樽，上又隱起雙鯉篆書，文曰『宜子孫』。請付史官。從之。長慶二年九月，鄜坊得古銅器一，有篆文。表獻之。(頁1632)

卷九○

1. 顯慶五年八月，東西京置嘉石。(卷1653)

卷九一

1. 乾封元年，李敬眞論封禪須明水寶樽：「令司宰陽燧，形如圓鏡，以取明火；陰鑑形如方鏡，以取明水。但比年祠祭，用陽燧立驗；陰鑑取水，未有得者，當用井水。今若依古取明水法，合用方諸。《淮南子》：『大哈也。』敬眞八、九月中，用蛤尺有二寸者依法試之，自人定至夜半，得水四五斗。望差敬眞自取蚌蛤赴泰山。」敕：「與所司對試。」(《淮南子》：「方諸見月，則津而爲水。」高誘注：「方諸，陰隧，大蛤也。熟摩令熱以向月，則水生。以銅盤受之，可至數石。」) (頁1668)

卷九三

1. 建中元年正月五日，親拜郊。司天多官正郭獻之奏：「天皇大帝、北極天一、太一，準《星經》及天寶中敕，並合升第一等。」制從之。準《開元禮》，並在第二等。至貞元元年 (一云：二年) 十一月十一日親郊，司天進圖。敕令禮官詳定。太常卿漢中郡王瑀、博士柳冕等請依禮爲定，詔復依《開元禮》。(頁1699)

2. 長慶元年正月，饗太廟。禮畢，復齋於郊壇行宮，出朱雀門。命寶臣行馳道中，以備顧問。(頁1699)

3. 吏部式，唯有南郊陪位，不別載圜丘。今從鄭說，圜丘之外，別有南郊，理宜改革。(頁1698)

4. 開元十一年十一月 (戊寅。《會要》云：十一月十六日) 親享圜丘。中書令張說、衛尉少卿韋縚爲禮儀使，乃以高祖配，而罷三祖並配。至二十年蕭嵩

等定禮，而祖宗之配定矣。

5. 十五年六月，博士錢嘉會議引《月令》及《祠令》：「九月農功畢，大享明堂。」（頁 1698）

6. 開元十一年十一月一日，參定南郊之禮。祕書少監賀知章、中書令張說等奏曰：「晉元建武二年，定郊兆於建鄴之南郊，去城七里，一壇之上，尊卑雜位，千有五百神。臣等案：《祠令》：『五星以下，內官五十三座，中官一百六十座，外官一百四座，眾星三百六十座。』臣勘史傳及《星經》舊圖，坐位升降頗錯。今據尊卑升降，又新加杠星等座總三百一十九座，并眾星三百六十九座，具圖如左。」詔頒於有司，以爲常式。（又云：「顯慶二年八月十二日，長孫無忌等議曰：『《祠令》及新《禮》並用六天之義。檢太史圜丘圖，昊天上帝坐外，別無北辰坐，與鄭義不同。請廢六天之說。』詔：『可。』」）（頁 1698）

7. 元和二年正月辛卯，郊。饗獻之次，景物澄霽。及鑾輿就次，則微雪。大駕將動，則又止。翌日，御樓宣赦畢，瑞雪盈尺。（頁 1700）

8. 元和十五年十二月，問：「南郊卜日否？」禮官奏：「《禮》令卜日。天寶後，先朝太清宮，次享廟，享天，並不卜日。」（頁 1700）

9. 顯慶二年八月十三日（己巳），太尉無忌議：「請憲章、姬、孔，取王去鄭。四郊迎氣，存太微、五帝之祀；南郊明堂，廢緯書六天之義。方丘在祭地之外，別有神州，謂之北郊，分地爲二，請合於一祀。」詔：「可。」（頁 1701）

10. 開元十一年十一月十六日（舊《紀》：戊寅）親享圜丘。命張說爲禮儀使，群縚爲副使，賀知章重定《從祀星辰圖》。（頁 1699）

卷九四

1. 天寶元年一月二日，敕：「皇地祇宜如南郊合祭。」二十日，合祭天地於南郊。（頁 1718）

2. 開元十二年二月二十二日，（張說《述聖頌》亦云十一年，此恐誤。）祠后土汾陰睢上。太史奏：「榮光出河，休氣四塞，祥風繞壇，日揚其光。」初，有司奏：「修壇掘地，獲銅鼎二。又獲古磚，有篆書『千秋萬歲』、『長樂未央』字，又赤兔見壇側。」（頁 1718）

3. 二十年，欲幸太原。中書令蕭嵩上言：「十一年，祀后土祈穀。累歲豐登，有祈必報，請行報禮。」十一月二十一日，祀后土睢上。禮畢，刊石祠所，上自爲文（憑休和，惠黎嚴）。（頁 1719）

4. 大曆十二年八月，增修北郊壇齋宮二十五間。（頁1718）

卷九六

1. 垂拱元年七月五日，議圜丘、南郊明堂嚴配之禮，成均助教孔元義請奉太宗、高宗配天於圜丘，神堯配感帝於南郊，太宗高宗配明堂。右論德沈伯儀議曰：「得禮之序莫尚於周。禘嚳、郊稷不聞二主，明堂宗祀始兼兩配。文王上主五帝，武王下配五神。《孝經·緯》曰：『后稷爲天地主，文王爲五帝宗』則神無二主之遵，禮崇一配之義。貞觀、永徽其遵專配，顯慶之後，始創兼尊請高祖配圜丘方澤，太宗配南此郊，高宗配五天。鳳閣舍人元萬頃、范履冰議請高宗配五祠，從之。（自是郊丘請祀，以三祖俱配。開元十一年十一月十六日，中書令張說以高祖配祭，始罷三祖同配之禮。二十年，享明堂，以唐宗配。永泰元年正月，杜鴻漸奏以肅宗配。元和元年八月，以頤宗。十五年太常奏以憲宗配。）（頁1740）

卷九七

開元五年十月丙子，京師修太廟成。十一月丙申，親謁。（頁1768）

卷九八

2. 貞觀初，群臣屢請，魏徵以爲不可。六年，太宗問禮官兩漢《封禪儀注》，遣杜正倫行泰山上。至十一年，始議封禪。（頁1786）

3. 十一年，師古奏議曰：「今請祭於山下，封於山上」云云。十三年，房玄齡等遂探師古之議，附於新禮，以爲定式。二十一年，詔以來辛有事泰山。八月，以河北大水而止。（頁1787）

4. 《通鑑》：「顯慶四年六月（會要二十四日）許敬宗議封禪儀。」（頁1787）

5. 乾封元年正月，封禪禮畢。上謂群臣曰：「升中大禮，不行數千年。近代帝王，雖稱封禪，其間事實不同。或爲求仙克徑，或以巡遊望拜。近隋朝喪亂，高祖發跡晉陽，撥亂反正；先朝躬擐甲胄，贊成大業。朕丕承大曆，十有七年。躬親展禮，襃贊先功，情在歸功，志非爲己。大禮既畢，深以尉懷。公等休戚是同，故應共有此慶，欲與公宴飲盡歡。」縱酒設樂，群臣及諸岳牧競來上壽起舞，日宴方止。（頁1787）

6. 麟德二年十月十四日，有司進儀注云云。（頁1788）

7. 突厥、子闐等十一蕃長扈從。（頁1788）

8. 開元十二年閏十二月（辛酉），百官上表請封嶽。手詔不從。於是侍中源乾

曜、中書令張說上言曰：「自古受命居大寶者，必登崇高邱，行封禪之禮。高宗因文武之業，盛岱亭之禮，方策所記，虞夏同風。陛下即位，十有四載。創九廟，禮二郊，睦九族，友兄弟，天平地成，人和歲稔，可以拜於神明矣。」從之。十三年四月（乙丑），撫州三脊茅生。八月（己未），詔張說、徐堅、韋縚等於集賢院刊撰《東封儀注》。十一月九日（己丑），日南至，上備法駕登山。十日（庚寅），祀昊天上帝於封臺之前壇，以神堯配享，禮畢，還齋宮。慶雲隨馬，祥風繞輅。張說等蹈舞拜賀。十一日（辛卯），祀享地祇於祉首之泰折壇，以睿宗配享。初畢，至嶽西，大風裂幕折紖，張說昌言海神來迎。至升壇，休氣四塞，登歌奏樂，有祥風自南而至，絲竹之聲飄若天外。及禪社首，五色雲見，日重輪。十二日（壬辰），上御朝覲之帳殿，朝群臣。大赦天下。上製《紀泰山銘》，親札勒於山頂之石。中書令張說撰《封祀壇頌》，侍中源乾曜撰《禪社首壇頌》，禮部尚書蘇頲撰《朝覲壇頌》，以紀聖德。（頁1789）

卷一〇一

1. 天寶三載十月十六日，術士蘇嘉慶上言：「於京城置九宮壇。壇一成，三尺四陛，其上依位置小壇。高尺五，東南日招搖，正東日軒轅，東北日太陰，正南日天一，中央日天符，正北日太一，西南日攝提，正西日咸池，西北日青龍，五數爲中，戴九履一，左三右七，二四爲上，六八爲下，符於遁甲。」十月十六日，詔曰：「漢禱八神，晉祠六宗，惟九宮神，實司水旱，其令有司以來月甲子日立壇，禮次昊天上帝壇，雨在太清宮、太廟上，用牲牢璧幣。」十二月二十四日，親祀於東郊。五載四月己亥，制：「自今四孟月，擇吉日祀天地九宮，令宰臣行禮。」乾元二年正月丁丑，上親祠。至德三年六月九日，置太一神壇於南郊東。九宮以四孟隨歲改位行棋，謂之飛位。乾元後遂不易位。」（頁1845）

2. 開元二十五年十月一日（辛丑）制：「自今立春，親迎春於東郊。」二十六年正月八日，親迎氣於東郊，祀青帝壇。天寶五載十月十六日，術士蘇嘉慶上言，請於城東置九宮神壇。（頁1844）

3. 二年五月二十三日，詔：「皇地祇壇依舊置於渭水北。（頁1718）

4. 至德三年（即乾元元年）六月九日，置太一神壇於南郊東，命璵祭之。元年（即上元二年，是歲去年號。）建丑月一日（辛亥）親拜南郊（一作祀圓丘）又祭太一壇，非舊制也。（頁1846）

5. 太和三年，崔龜從言九宮皆列星，不容為大祠，遂詔降為中祀。會昌元年十二月，令有司崇飾舊壇，以宰相行事。二年正月，左僕射王起等奏：「案：《黃帝九宮經》及蕭吉《五行大義》：『一宮，其神太一，星天逢，封坎，行水，方白；二宮，其神攝提，星天內，封坤，行土，方黑；三宮，其神軒轅，星天衝，封震，行木，方碧；四宮，其神招搖，星天輔，卦巽，行木，方綠；五宮，其神天符，星天禽，封坤，行土，方黃；六宮，其神青龍，星天心，卦乾，行金，方白；七宮，其神咸池，星天柱，卦兌，行金，方赤；八宮，其神太陰，星天任，卦艮，行土，方白；九宮，其神天一，星天英，卦離，行火，方紫。』統八卦，運五行，土飛於中，數轉於極，兩朝親祠，而臻百祥，干造化於混茫，賦品彙於陰隲，與天地日月相參。請復用大祀之禮，祝版以社稷為準。」（頁 1845）

卷一〇六

1. 大和八年十月，令太常閱習《雲韶樂》，樂成，獻諸梨園亭。帝案之會昌殿。」（頁 1947）

卷一〇七

貞元九年，宏詞試《太清宮觀紫極舞賦》。（頁 1971）

卷一二九

1. 天寶八載，玄宗製《仁孝詩》六章，札於步障，以賜太子，令中官以示朝臣。宰相林甫奏曰：「伏見太子生日，撰《仁孝詩》障子并書。爰於誕育之日，授以仁孝之經。望具寫六章，頒示中外，編諸史策，傳之不朽。」上手詔從之。（頁 2384）

卷一三二

1. （大曆十二年）是年合浙江東、西道，置都團練觀察使（建中元年，分二道）。（頁 2438）

2. 貞觀二年，邊州別置經略使。（頁 2438）

3. 廣德二年，置河中五州都團練觀察使。（頁 2438）

4. 永泰元年，置丹、延都團練使。（頁 2438）

5. （開元）二十七年，置福建經畧使。開耀後，桂州置管內經畧使。開元二十一年，黔州置五溪經畧使。天寶十四載，置邕容管經畧使（十載，置安南管內經畧使）。（頁 2438）

卷一三四

1. 開元二十年五月十日，敕諸食實封，並以三丁爲限。（頁 2488）
2. 睿宗先天二年八月己亥，以中書令張說、祭酒褚無量輔導有功，說封燕國公，食實封三百戶。無量，舒國公，二百戶。（頁 2488）

卷一三五

1. 貞元三年十一月二十八日，敕：「京官及京兆府縣官加給料錢。」（頁 2520）

卷一三八

1. 開元二十年七月，敕：「裴光延，蕭嵩分押左、右廂兵。」（頁 2572）

卷一四四

1. 咸亨二年十二月，幸許州。癸酉，陳多狩之禮，因校獵昆水之陽。（頁 2688）
2. （開元）二十年冬，校獵太原。（頁 2671）
3. 開元十七年十二月乙丑，校獵渭濱。（頁 2671）

卷一五三

1. 十一姓貢獻見兵捷及賜予類。（頁 2808）
2. （點戛斯）二十一年二月入朝。（頁 2809）
3. （點戛斯）咸通間三來朝。（頁 2810）
4. 十一年，勸利立。長慶三年，賜印。（頁 2815）

卷一五四

1. 長安中，獻良馬（大食）。（頁 2828）
2. 貞觀十四年，宴群臣及河源王諾曷鉢於玄武門，奏倡優百戲之樂，賜物有差。（頁 2840）
3. 貞觀十年二月。封吐谷渾諾曷鉢爲河源郡王。賜以鼓纛，十二月來朝。（頁 2840）

卷一五九

1. 玄宗開元十五年閏九月，億歲殿生芝草。（頁 2927）

卷一六一

1. 大和元年四月，宰臣對罷，召常侍、諫議、給事、舍人、起居、補闕、拾遺集於政事堂，宣旨有論奏並宜對。（頁 2963）
2. 元和八年十一月壬子，上命丞相召太史韓愈至政事堂。諭以田弘正忠義，

令撰先廟碑。（頁 2963）

卷一六四

1. 天寶二載，帝御花蕚樓覆實選人。判入等人中纔十一、二。（頁 3019）

2. 貞元九年十一月乙酉，日南至。上郊祀，禮畢，御丹鳳樓，大赦天下。（頁 3020）

卷一六七

1. 又大和二年九月，集賢院奏造昭慶門內西牆，至集賢院門南廊，舍三十九間。（頁 3064）

2. 大曆二年三月（己卯），宴吐蕃使於禮賓院。

卷一七〇

1. 大和九年九月，幸右銀臺門，觀門樓興工。（頁 3118）

2. 會昌四年十八日，御興安門受獻。程宗楚入自延秋門（苑西門也）。（頁 3119）

卷一七一

太宗有《冬日臨昆明池詩》云石鯨兮玉涓云云。代宗大曆二年二月壬子，幸昆明池。（頁 3146）

卷一七五

1. 天寶三載三月，敕：「兩省五品以下於鴻臚亭祖餞朝集使。」（頁 3206）

卷一九四

1. 破薛舉於豳州，立昭仁寺。（頁 3558）

卷一九五

1. 天寶九年，五星聚尾箕。（頁 3572）

卷一九六

1. （武德）七年九月，丹州言沘水清。

2. 天寶十載，火尋獻黑鹽（頁 3597）。

卷一九七

代宗永泰元年，夏，鼇屋穗麥生。滄州魯城，乾符元年，生野稻水穀二千餘頃。（頁 3604）

卷二〇〇

1. （武德九年）二月，蒲州河清。（頁 3660）

2. 貞觀四年二月，陝州、秦州河清。十六年正月，懷州河清。十七年二月，鄭州河清。二十三年四月，靈州河清。（頁 3661）

《文獻通考》中的《唐會要》佚文

卷七〇

1. 高宗顯慶二年，詔：「南郊祈穀、孟春雩、明堂大享，皆祭昊天上帝。罷感帝祠。」（頁 2125）

2. 又詔圓丘以高祖、太宗並配。（先是，太宗只配明堂）。（頁 2152）

3. 玄宗開元三年，左拾遺張九齡上表請郊祀，曰：「臣伏以天者，百神之君，而王者之所由受命也。自古繼統之君，必有郊配之義，蓋以敬天之命，以報所受。故於郊義，則不以德澤未洽，年穀不登，凡事之故而闕其禮。《孝經》云：『周公郊祀后稷以配天。』成王幼沖，周公居攝，猶用其禮，明不暫廢。漢丞相匡衡亦云：『帝王之事，莫重乎郊祀。』董仲舒又云：『不郊而祭山川，失祭之序，且逆於禮，故春秋非之。』陛下御極以來，於今五載，既光太平之業，未行大報之禮，竊考經傳，義或未通。況郊祀常典，猶闕其儀，有若怠於事天，臣恐不可以訓。伏望以迎日之至，展燔柴之禮，則聖朝典則，可謂無遺矣。」（頁 2155）

卷七六

1. 開元十一年，上將還西京，便幸并州。兵部尚書張說進言曰：「陛下今因行幸，路由河東，有漢武后土之祠。此禮久闕，歷代莫能行之，願陛下紹斯墜典，以爲三農祈穀，此誠萬姓之福。」至十二年二月二十二日，祠后土於汾陰脽上。太史奏：「榮光出河，休氣四塞。祥風繞壇，日揚其光。」（初，有司奏：「修壇掘地，獲古銅鼎二。其大者容四升，小者容一升，色皆青。又獲古磚，長九寸。有篆書『千秋萬歲』字及『長樂未央』字。又有赤兔見於壇側。」舊祠堂爲婦人塑像，則天時，移河西梁山神塑像，就祠中配焉。至十一年，有司遷梁山神像於祠外之別室焉。兼以中書令張嘉貞爲壇場使，將作少監張景爲壇場副使，張說爲禮儀使。）（頁 2346）

卷七八

1. 唐高祖武德元年，制：「每歲季秋，祀五方上帝於明堂，以元皇帝配；孟春

辛日，祀感帝於南郊，以元皇帝配。」（頁 2415）

2. 元宗開元十一年正月一日，制：「獻歲之吉，迎氣方始。敬順天時，無違月令。所由長吏，可舉舊章。」（頁 2416）

3. 德宗時，術士巨彭祖上疏云：「大唐土德，千年合符，請每四季郊祠祀天地。」詔禮官、儒者議之。禮官歸崇敬議曰：「按禮，立春之日迎春於東郊，祭青帝；立夏之日迎夏於南郊，祭赤帝；立秋前十八日，迎黃靈於中地，祀黃帝。秋、冬各如其方。黃帝於五行為土，王在四季，土生於火，用事於未而祭，三季則否。漢、魏、周、隋共行此禮。國家土德乘時，亦以每歲六月土王之日，祠黃帝於南郊，以后土配，所謂合禮。彭祖今請用四季祠，多憑緯候之說，且據陰陽書，事涉不經，恐難行焉。」（頁 2417）

卷八〇

1. 天寶三載，術士蘇嘉慶上言：「請於城東置九宮神壇（壇一成，三尺四陛，其上依位置小壇九，壇高尺五，縱廣八尺。東南曰招搖，正東曰軒轅，東北曰太陰，正南曰天一，中央曰天符，正北曰泰一，西南曰攝提，正西曰咸池，西北曰青龍。五數為中，戴九履一，左三右七，二四為上，六八為下，符於遁甲。）每歲四孟月祭，尊為九宮貴神。」十月十六日，敕：「無文咸秩，有功必祀。漢則八神是禱，晉則六宗置壇。皆議叶當時，禮高群望。惟九宮貴神，實司水旱，功佐上帝，德庇下民。冀嘉穀歲登，災害不作。至於祀典，歷代猶闕。豈有享於幽贊之功，而無昭報之禮？宜令所司，即擇處以來月甲子日立壇。仍議其牲牢禮秩。每至四時初節，令中書門下往攝祭者，著以成式，垂之不刊。（後議禮次昊天上帝壇，而在太清宮、太廟上，用牲、牢、璧、幣類於天地神）其年十二月二十四日，親祀九宮貴神壇於東郊（初，九宮神位，四時改位，呼為「飛位」。乾元元年後不易位，如有司行事，即宰臣為之。）（頁 2451）

2. 肅宗乾元元年，詔：「九宮貴神，減冬、夏二祭。」至二年正月，上親祠之。至德三年，置泰一神壇於南郊東，命忠王璵祭之。元年丑月，親拜南郊，又祭泰一壇。蓋別有禱請，非舊制也。（頁 2452）

3. 德宗貞元二年，詔問禮官：「其風師、雷師祝版署訖，合拜否？」（頁 2452）

4. 三年以祀。九宮壇舊是大祀，太常博士崔龜從議曰：「九宮貴神，經典不載。天寶中，術士奏請，遂立祠壇。事出一時，禮同郊祀。臣詳其圖法，皆是星名。縱司水旱兵荒，品秩不過列宿。今者，五星悉是從祀，日月猶在中祠。

豈容九宮獨越常禮，備列王事，誠誓百官？尊卑乖儀，莫甚於此。若以常在祀典，不可廢除，臣請降爲中祀。」從之。（頁2453）

卷八七

1. 玄宗開元二十三年正月，親祀先農。禮畢，降至耕位。侍中執耒，太僕執轡，上謂左右曰：「帝籍之禮，古則三推，朕今九推，庶九穀之報也。」遂進耕五十餘步，盡隴乃止。耕畢，還齋宮。大赦，侍耕、執牛官皆加級賜帛。其年十一月，親祀神農於東郊，以后稷配，親耕耒耜而九推焉。（頁2652）

2. 開元十一年十一月，親享圓丘。中書令張說爲禮儀使，衛尉少卿韋縚爲副。說建議請以高祖配祭，始罷二祖同配之禮。（頁2155）

3. 天寶元年二月，敕：「凡所祀享，必在躬親。其皇地祇宜就南郊合祭。」是月十八日，親享玄元皇帝於新廟。十九日，親享太廟。二十日，合祭天地於南郊。自後有事圓丘，皆天地合祭。若冊命大事告圓丘，有司行事亦如之。（頁2155）

4. 至永泰二年六月，久旱，言事者云：「太祖景皇帝追封於唐，高祖受命之祖。唐有天下，不因於景皇帝。今配享失德，故神不降福，愆陽爲災。」（頁2157）

5. 上又令百官就尚書省議。太常博士獨孤及議曰：「謹案《禮經》：『王者禘其祖之所自出……請仍舊典。』」及歸崇敬執前議，乃止。以景皇帝配定。（頁2157）

6. 長慶三年太常禮院奏：「郊壇祠祀，遇大雨雪廢祭。其禮物條件如後：御署祝版（既未行祭禮，無焚毀之文，請於太常寺敕庫收貯。而其小祀，雖非御署，準此。）玉幣、燎柴、神酒、燎幣、醴齋，并榛、栗、酺、醢及應行事燭等（請令郊祀署各牒有司充次祭支用矣。）牲牛（參牲既未行祭禮，無進胙、賜胙之文，請比附《禮記》及《祠令》：『牲死則埋』之例，委監祭使及禮官於祠所瘞埋。其小祀不全用牢牲，舊例用豬羊肉，亦準此。）粢盛、瓜菹、筍菹，應已造成饌物（請隨牲瘞埋）行事官明衣、絹布等（準式既祭前給訖。合充潔服，既已經用，請便收破。）公卿已下明房油煖幕炭，應宿齋日所破用物（請收破。）。」旨依。永爲定式。（頁2158）

7. 高祖在位九年，親祀南郊一（武德四年十一月一日）。太宗在位二十三年，親祀南郊四（貞觀二年十一月十九日。五年十一月十一日。十七年八月四日。一闕年月。）高宗在位三十四年，親祀南郊二（永徽二年十一月二日。總章元年十一月十七日。）中宗在位五年，親祀南郊一（景雲三年十一月十三日）。睿宗在位四年，親郊二（景雲三年正月十一日，拜南郊。太極元年二月一日，

拜北郊。）元宗在位四十五年，親祀南郊五（開元十一年十一月十六日。天
寶元年二月二十日。六載正月十二日。十載正月十日。十三載二月八日。）
肅宗在位七年，親祀南郊二（乾元元年四月十四日。上元二年建子月十七日。）
代宗在位十七年，親祀南郊一（廣德二年二月五日）。德宗在位二十六年，親
祀南郊四（建中元年正月五日。貞元元年十一月十一日。六年十一月八日。
九年十一月十日）。憲宗在位十四年，親祀南郊一（元和二年正月）。穆宗在
位四年，親祀南郊一（長慶元年正月）。敬宗在位二年，親祀南郊一（寶曆元
年正月）。文宗在位十四年，親祀南郊一（太和三年十一月）。武宗在位六年，
親祀南郊二（會昌元年正月一日。五年正月一。）宣宗在位十三年，親祀南
郊一（大中七年正月十七日）。懿宗在位十四年，親祀南郊二（咸通元年十一
月。四年正月。）僖宗在位十七年，親祀南郊一（乾符二年十一月）。昭宗在
位十六年，親祀南郊一（龍紀元年十一月）。（頁2160）

8. 唐制，皇帝孟春吉亥，饗先農於東郊，親耕於籍田。（頁2651）
太宗貞觀三年正月，親祭先農，籍於千畝之甸。（頁2651）

9. 高宗永徽三年正月，親享先農，躬御耒耜，率公卿耕於千畝之甸。（頁2652）

10. 唐先蠶壇在長安宮北苑中。高四尺，周迴三十步。（頁2671）

11. 太宗貞觀元年三月，文德皇后率內外命婦，有事於先蠶。（頁2671）

12. 高宗永徽三年三月，制以先蠶爲中祠。有司言：「案：《周官·宗伯》：『后
不祭則攝而薦豆籩徹。』明王后之事，而宗伯得攝行之。伏以農桑乃衣食萬
人，不宜獨闕先蠶之祀。無已，則皇后遣有司享之如先農可也。」（頁2671）

13. 顯慶元年三月，皇后有事於先蠶。總章二年三月，皇后親祠先蠶。咸亨五
年三月，皇后親祠先蠶。上元二年三月，天后親祠先蠶。上元元年二月己巳，
皇后親蠶。元宗先天二年三月，皇后親祠先蠶。自嗣聖以來廢闕此禮，至是
始重行焉。肅宗乾元二年三月，皇后祠先蠶於苑中。（頁2672）

14. 皇帝夾侍二人，正衣二人（右合以祀先農壇上行事，夾侍、正衣充）中書
門下先奏：「侍中一人（奉耒耜進，耕畢，復受，奏『禮畢』。）中書令一人
（侍從。）禮部尙書一人（侍從官已下，並合便取祀先農壇上行事官充。）
司農卿一人（授耒耜於侍中，侍耕。）右衛將軍一人（已上並侍衛。）太尉、
司徒、司空各一人，行五推禮（舊例，宰臣攝行事。）九卿九人，行九推禮
（舊例，差左右僕射、六尙書、御史大夫攝行事。）諸侯三人，行九推禮（差
正員三品官及嗣王攝行事。）……三公、九卿、諸侯耕牛四十頭（內十頭副。

每頭隨牛人一人，須明嫻農耕者差。）庶人耒耜二十具、畚二具、鍤二具（以木爲刃。府司差一人專知。）管藉田縣令一人（具朝服，富耕藉田時，立於田畔，候耕畢去。）畿甸諸縣令（準舊例集，先期到城。藉田日，服常服赴耕所，陪位而立。）耆老量定二十人（並常服。藉田日，於庶人耕藉田位之南陪位。）（頁2659）

15. 元和十五年十二月，宣問有司：「有事南郊，合卜日與不？」禮官奏曰：「伏準禮令，祀祭皆卜日。然自天寶以後，凡欲郊祀，必先朝太清宮，次日饗太廟，又次日饗天。相循至今，並不卜日。」從之。（頁2158）

《太平御覽》中的《唐會要》佚文

卷三三

1. 貞元九年十一月，上比日來京兆府每年及臘日府縣捕養狐兔，以充進獻，自今已後宜停。（頁156）

《補注杜詩》中《唐會要》佚文 〔註2〕

卷一

1. 吐谷渾界青海，周回八九，中有小山，放馬於其上，言得龍種。嘗得波斯草馬，放入海中，因生驄駒，日行千里。（頁52）

卷一八

1. 天寶九載正月九日，敕：「以今載十一月，有事華山。」三月二十七日，西嶽廟災，京師旱，遂停封嶽之禮。（頁347）

《北戶錄》中《唐會要》佚文

卷二

1. 都句樹似栟櫚，木中出屑如麵可啖。（頁25）

《九家集注杜詩》中《唐會要》佚文 〔註3〕

卷一九

〔註2〕 〔唐〕杜甫撰，〔宋〕黃鶴注《補注杜詩》，《四庫全書》本，第1069冊。
〔註3〕 〔唐〕杜甫撰，〔宋〕郭知達編《九家集注杜詩》，《四庫全書》本，第1068冊。

1. 開元二十五年，上以端午日，賜宰臣丞相、尚書兩省官衣服各一襲。（頁 352）

《太常因革禮》中《唐會要》佚文

卷三〇

1. 建中元年親拜郊，司天多官正郭獻之奏：「天皇大帝、北極天一、太一，準星經及天寶中敕，並宜升在第一。」制：「從之。」至正元二年，太常卿漢中郡王瑀與博士柳冕等奏：「開元定禮，垂之不刊。」（頁 198）

卷四九

1. 而宗伯得攝行之。伏以農桑、衣食萬民之本，不宜闕先蠶之祀。后有事，則遣有司攝事，如先農可也。（頁 297）

《資治通鑑考異》中《唐會要》佚文〔註4〕

卷一三

1. 二十八年，王斛斯爲平盧節度使。（頁 146）
2. 二十九年，以斛瑟羅之孫，懷道之子昕爲可汗，遣兵送之。天寶元年，昕至碎葉西南俱南城，爲莫賀咄達干所殺。三年，安西節度使馬靈察斬之，更立其首長爲伊地米里骨咄祿毗伽可汗。（頁 146）

《宋史・王溥傳》

王溥字齊物，并州祁人。

父祚，爲郡小吏，有心計，從晉祖入洛，掌鹽鐵案，以母老解職歸。漢祖鎮并門，統行營兵拒契丹，委祚經度芻粟。即位，擢爲三司副使。歷周爲隨州刺史。漢法禁牛革，輦送京師，遇暑雨多腐壞，祚請班鎧甲之式於諸州，令裁之以輸，民甚便之。移刺商州，以奉錢募人開大秦山岩梯路，行旅感其惠。顯德初，置華州節度，以祚爲刺史。未幾，改潁州。均部內租稅，補實流徙，以出舊籍。州境舊有通商渠，距淮三百里，歲久湮塞，祚疏導之，遂通舟楫，郡無水患。歷鄭州團練使。宋初，升宿州爲防禦，以祚爲使。課民

〔註4〕〔宋〕司馬光《資治通鑑考異》，《四部叢刊初編》本，第43冊。

鑿井修火備，築城北隈以禦水災。因求致政，至闕下，拜左領軍衛上將軍，致仕。

溥，漢乾祐中舉進士甲科，為秘書郎。時李守貞據河中，趙思綰反京兆，王景崇反鳳翔，周祖將兵討之，辟溥為從事。河中平，得賊中文書，多朝貴及藩鎮相交結語。周祖籍其名，將按之，溥諫曰：「魑魅之形，伺夜而出，日月既照，氛祲自消。願一切焚之，以安反側。」周祖從之。師還，遷太常丞。從周祖鎮鄴。廣順初，授左諫議大夫、樞密直學士。二年，遷中書舍人、翰林學士。三年，加戶部侍郎，改端明殿學士。周祖疾革，召學士草制，以溥為中書侍郎、平章事。宣制畢，周祖曰：「吾無憂矣。」即日崩。

世宗將親征澤、潞，馮道力諫止，溥獨贊成之。凱還，加兼禮部尚書，監修國史。世宗嘗從容問溥曰：「漢相李崧以蠟書與契丹，猶有記其詞者，信有之耶？」溥曰：「崧為大臣，設有此謀，肯輕示外人？蓋蘇逢吉誣之耳。」世宗始悟，詔贈其官。世宗將討秦、鳳，求帥於溥，溥薦向拱。事平，世宗因宴酌酒賜溥曰：「為吾擇帥成邊功者，卿也。」從平壽春，制加階爵。顯德四年，丁外艱。起復，表四上，乞終喪。世宗大怒，宰相范質奏解之，溥懼入謝。六年夏，命參知樞密院事。

恭帝嗣位，加右僕射。是冬，表請修《世宗實錄》，遂奏史館修撰、都官郎中、知制誥扈蒙，右司員外郎、知制誥張淡，左拾遺王格，直史館、左拾遺董淳，同加修纂，從之。

宋初，進位司空，罷參知樞密院。乾德二年，罷為太子太保。舊制，一品班於臺省之後，太祖因見溥，謂左右曰：「溥舊相，當寵異之。」即令分臺省班於東西，遂為定制。五年，丁內艱。服闋，加太子太傅。開寶二年，遷太子太師。中謝日，太祖顧左右曰：「溥十年作相，三遷一品，福履之盛，近世未見其比。」太平興國初，封祁國公。七年八月，卒，年六十一。輟朝二日，贈侍中，諡文獻。

溥性寬厚，美風度，好汲引後進。其所薦至顯位者甚眾。頗吝嗇。祚頻領牧守，能殖貨，所至有田宅，家累萬金。

溥在相位，祚以宿州防禦使家居，每公卿至，必首謁。祚置酒上壽，溥朝服趨侍左右，坐客不安席，輒引避。祚曰：「此豚犬爾，勿煩諸君起。」溥諷祚求致政，祚意朝廷未之許也。既得請，祚大罵溥曰：「我筋力未衰，汝欲自固名位，而幽囚我。」舉大梃將擊之，親戚勸諭乃止。

溥好學，手不釋卷，嘗集蘇冕《會要》及崔鉉《續會要》，補其闕漏，爲百卷，曰《唐會要》。又採朱梁至周爲三十卷，曰《五代會要》。有集二十卷。

子貽孫、貽正、貽慶、貽序。貽正，至國子博士。貽慶比部郎中。貽序，景德二年進士，後改名貽矩，至司封員外郎。貽正子克明，尙太宗女鄭國長公主，改名貽永，令與其父同行。見《外戚傳》。

貽孫字象賢，少隨周祖典商、潁二州，署衙內都指揮使。顯德中，以父在中書，改朝散大夫，著作佐郎。宋初，遷金部員外郎，賜紫，累遷右司郎中。淳化中，卒。太祖平吳、蜀，所獲文史副本分賜大臣。溥好聚書，至萬餘卷。貽孫遍覽之，又多藏法書名畫。太祖嘗問趙普，拜禮何以男子跪而婦人否，普問禮官，不能對。貽孫曰：「古詩云『長跪問故夫』，是婦人亦跪也。唐太后朝婦人始拜而不跪。」普問所出，對云：「大和中，有幽州從事張建章著《渤海國記》，備言其事。」普大稱賞之。端拱中，右僕射李昉求郡省百官集議舊儀，貽孫具以對，事見《禮志》，時論許其諳練云。